"十五"国家重点图书出版规划项目

现代课程与教学研究新视野文库

Principal's Curriculum Leadership:
Values and Development Strategies

现代课程与教学研究新视野文库

◎ 丛书主编：裴娣娜

校长课程领导：价值与策略

◎ 鲍东明　著

教育科学出版社

·北 京·

出 版 人　李　东
责任编辑　方檀香
版式设计　杨玲玲
责任校对　贾静芳
责任印制　叶小峰

图书在版编目（CIP）数据

校长课程领导：价值与策略／鲍东明著. —北京：
教育科学出版社，2020.12（2021.10 重印）
（现代课程与教学研究新视野文库）
ISBN 978-7-5191-2381-9

Ⅰ.①校… Ⅱ.①鲍… Ⅲ.①中小学—校长—学校管
理—研究 Ⅳ.①G637.1

中国版本图书馆 CIP 数据核字（2020）第 227957 号

现代课程与教学研究新视野文库
校长课程领导：价值与策略
XIAOZHANG KECHENG LINGDAO：JIAZHI YU CELUE

出 版 发 行	教育科学出版社				
社　　　址	北京·朝阳区安慧北里安园甲 9 号		邮　　　编	100101	
总编室电话	010-64981290		编辑部电话	010-64981252	
出版部电话	010-64989487		市场部电话	010-64989009	
传　　　真	010-64891796		网　　　址	http://www.esph.com.cn	
经　　　销	各地新华书店				
制　　　作	北京金奥都图文制作中心				
印　　　刷	唐山玺诚印务有限公司				
开　　　本	720 毫米×1020 毫米　1/16		版　　　次	2020 年 12 月第 1 版	
印　　　张	18.25		印　　　次	2021 年 10 月第 2 次印刷	
字　　　数	254 千		定　　　价	56.00 元	

图书出现印装质量问题，本社负责调换。

"现代课程与教学研究新视野文库"编委会

（以姓氏笔划为序）

总　序

探索与创新

——现代课程与教学论研究的新视域

　　课程与教学，作为基础教育的核心工程，是教育思想和教育制度的具体表现，是保证教育质量的重要措施，是实现教育目标的基本途径。教育现代化的核心问题是课程与教学改革问题。正是基于此，在教育学范畴内，以基础教育与教学改革为重点研究对象的课程与教学论学科建设成为人们关注的重点。

　　进入 21 世纪以后，立足于现代教育，依据教育实践的发展，如何构建有中国特色的现代课程与教学论体系？关键的问题是：回应中国社会的现代化发展以及基础教育课程与教学改革中涌现的新矛盾、新问题，从历史、现实与理论三个维度，从哲学、心理学、社会学、文化学和信息技术学等不同视角，把握中国课程与教学论学科的发展趋势，真正促进我国基础教育课程与教学改革的创新、发展。应该看到，伴随着我国教育改革深化发展的进程，在教育现代化发展的目标要求下，我国课程与教学论学科建设正实现着从传统走向现代的深刻转变。

进入 21 世纪以后，课程与教学论学科发展处在一个重要的转折点，面临三个重要的背景：经济结构转型与城市化建设的推进；区域性发展的极不平衡；多元文化、多种价值取向并存的发展环境。现代课程与教学论学科发展，面临着三个最紧迫的问题：如何把握课程与教学理论研究主题及界定研究域；如何在多种教育思潮理论并存的环境下，寻求研究的理论基础；在方法与方法论不断创新的当今，如何形成课程与教学论研究基本方法体系发展的新思路。也就是说，课程与教学论要实现发展，必须不断增强和提升自己的学科意识。

在这一深刻的变革中，我国基础教育课程与教学研究以现代化发展为主题，正在形成符合中国实际的研究问题域及研究的新视野。目前，研究主要聚焦于以下问题。

1. 课程与教学目标价值取向的重新审视

课程与教学论的现代化发展研究，首要的问题是目标的定位问题。出于历史和文化的原因，在课程与教学论中，我国长期以来居主体地位的是工具理性论，即强调知识专精化和窄化，过分强调学科体系的形式化，主要表现在：从概念定义出发，着眼于逻辑上的严密，重视形成演绎推理系统，忽视从实际出发，忽视掌握科学事实与现象；过分强调本学科地位作用，忽视学科体系整体的综合功能；片面强调知识的全面性、系统性和基础性，忽视知识对学生发展的作用；片面强调技能方面的训练，忽视人文精神、文化素养的陶冶。也就是说，没有把人格的完善发展作为课程建设与教学实施的重要目标。

通过我国教育工作者的理论研究与实践探索，我们正在逐步形成对课程与教学目标价值取向选择的新思路。这就是从我国产业结构的非均衡性调整所导致的劳动力结构、人口结构的变化出发，探讨高素质人才培养问题；从我国经济、科技、文化、社会发展极不平衡的区域性发展实际出发，考虑课程目标如何适应多样化人才规格需要以及区域要求；面对市场经济发展导致的价值观基本取向的变化以及网络文化背景下新的伦理问题带来的挑战和困惑，面对多元文化并存的格局，在课程与教学目标价值选择中探讨如何处理传统与现代、国际化与本土化的关系，在继承与改造、创新中推进现代社会的发展问题；在重新审视"基础性"的同时，以促进儿童生动活泼主动发展为目标，既重视正常儿童发展，又关照特殊儿童群体和处境不利儿童群体，从而在课程与教学目标、内容及实施上体现基础教育课程与教学的基础性、全面性和发展性特点。

2. 面向现代化的基础教育课程结构与形式问题

根据经济、文化发展极不平衡与区域性发展的特点，我国尝试建构了与社会现代化发展和市场经济体制发展相适应的基础教育课程结构体制，从而突破了长期以来计划经济体制下形成的大一统课程结构体制。

这方面的研究，不仅涉及突破时空局限形成立体的发展性课程结构体系，从而体现课程结构的灵活性、多样性和选择性，而且涉及如何依据学科发展的内在规律形成学科群，如何根据自然科学、社会科学、思维科学发展的新成果不断调节和完善课程结构，从而使基础教育课程成为一个开放的、不断生成发展的系统。

3. 基于现代化发展的课程与教学内容的选择与建构问题

应该说，该问题的探讨成为近年来研究的重点和热点。主要涉及：关于课程与教学的基础性问题，关于基础教育课程与教学面向生活实际的问题，关于科学教育与人文教育的结合与双向拓展问题，以及课程的综合（整合）问题。尽管人们至今未取得共识，但在课程内容选择与建构上已形成明晰的研究域。特别是学者们从课程哲学角度，从新的知识观出发，对课程知识问题进行审视和反思，通过对课程知识的重新定位，使课程与教学回归个体精神自由，体现了对课程与教学研究的价值反思与人文倾向。

4. 现代课程文化建设问题

面对我国经济体制改革所导致的民众文化心态的根本变革，社会经济转型导致的文化转型，以及改革开放后多元文化并存导致的文化价值冲突，我国的课程改革与建设面临复杂的文化生态环境。我国的学者从文化学、社会学视野对现代课程文化建设以及课程改革中涉及的若干基本问题进行了理性思考。

在课程文化建设方面，首先将学校课程文化定位于按照一定社会对下一代获得社会生存能力的要求，基于对人类文化的选择、整理和提炼而形成一种课程观念和课程活动形态。也就是说，将课程文化作为现代学校文化的重要内容，作为学校教育活动的存在方式，从而从理念和活动形态上来加以把握。其次是课程文化的内涵、特点问题，即关于课程文化的存在形式、存在形态问题，形成了在课程目标、课程内容及课程实施三个层面的分析框架。在课程目标上，凸显多元化的课程目标价值取向；在课程内容上，借助于学科课程的文化价值和精神财富，对蕴含在学科知识技能中的价值观念、审美情趣、思维方式和行为规范等加以挖掘和提升，结合不同学科特点，在差异中形成共同的标志性话语，这是在深层次上的文化价值定位；在课程实施上，体现为以参与、合作、理解、体验等为标志的课程实施文化。

课程改革的文化研究，将课程改革作为一种价值负载活动，并在价值、制度、行为三个方面形成课程改革文化研究的分析思路。

对课程建设的文化学研究，是一种建构新课程理论形态的积极尝试，不仅拓展了课程理论研究的视野，而且对我国基础教育课程开发和建设具有根本性的导引意义。

5. 体现现代化发展要求的教学策略问题

如何构建体现发展性的教学活动实施方式？核心的问题是学习观问题，即重新界定"学习"的概念，揭示学习过程的基本结构与要素，重点阐明现代学习的自主性、选择性、实践性、社会性与创新性，从而揭示学生学习与发展的真实过程。正是基于"在活动、实践基础上通过交往促进学生发展"这一基本思路，不同的教学活动方式得以涌现，从而使教学活动体现出以"参与、合作、体验、探究"为特征的发展性特点。

作为发展性教学策略问题的延伸，研究者必然触及现代意义下的课堂教学特征的研究。基于对现代教学的现代意义的理解，课堂教学应体现建构性特征、过程性特征、交往性特征和情境性特征，终极目标在于使学生获得真实的发展，而不是虚假的发展。

6. 现代课程与教学发展的教育技术支撑问题

现代教育技术的开发，对课程与教学产生了重大的影响，导致了教学活动的时间和空间的变化。数字化学习资源和教学资源等课程资源的开发，促成了网络学习、虚拟学习、弹性学习、远程学习等新的学习方式的出现。人们开始思考，如何不拘泥于多媒体技术的应用层面、工具功能层面，提炼出更上位的研究问题。以计算机和网络为核心的现代教育技术的发展，不仅提高了课堂教学效率，更重要的是影响了课程资源的开发，促成了学习方式的变革，甚至影响到课程开发和课程研究的方法论。

7. 课程与教学现代化发展研究的方法论问题

基础教育现代化发展，重要的是研究方法论的科学化。为构建具有中国特色的教育体制，1985 年以后在中国大地上兴起的声势浩大的教育改革实验，以"发展"为主题，以基础教育课程与教学现代化发展为研究内容，以马克思主义关于人的发展学说以及先进的教育理论为基础，以不同类型层次的多样化的实验、优势互补的科研群体为支撑，创建了中国教育实验观以及实验方法论特色。"教育实验首先是教育思想实验"这一重要命题的提出及论证，激发了广大教育工作者潜在的巨大创造力，使中国基础教育改革进入了国际先进行列。

在教育实验研究基础上，学者们不断提升研究的理论概括程度，将"形而上"的理论引导与"形而下"的实验研究相结合，从而形成我国基础教育课程与教学现代化发展研究的基本范式："理性+实验"。正是研究方法论的现代化变革，促进了现代课程观念的变革及现代课程与教学体制的构建。

现代课程与教学论研究视野的扩展，要求在现代教育观指导下不断寻求学科发展的新基点，重新构建学科的理论框架，并为新的观点、思路、理论的产生提供基础和条件。这也正是"现代课程与教学研究新视野文库"诞生的背景。

"现代课程与教学研究新视野文库"将依托课程与教学改革的理论与实践，整合我国高校课程与教学论学科队伍各研究方向的优势，对我国基础教育乃至高等教育课程与教学改革中的重大现实问题进行理性思考与实践探索，并以国际视野把握世界课程与教学发展的新动向。通过对 21 世纪我国基础教育课程与教学改革发展基本规律的探索，促进我国课程与教学论学科建设，并为国家基础教育、高等教育课程与教学改革提供理论依据与政策建议。

文库的选篇及分册撰写，要求努力体现以下特点：选题是理论前沿重大问题；研究有新视角；体现学术性和个性特色；立足现实，强调实践性；注重规范性和可读性。

文库包括两个系列：一是课程研究系列；二是教学研究系列。文库的出版是开放式的，将以专题形式确定每一批著述的研究域和选题，以跟进国家课程与教学改革的发展进程。每一本书都以专著形式出版，强调研究的原创性，反映作者个人的研究成果。著作力求做到立论严谨、观点鲜明、论述清晰、资料丰富翔实、研究方法合理，且文字简洁流畅。

要保证该文库永葆学术生命力，核心的问题在于，在回答不同时期课程与教学研究发展的重大问题时，我国的学者如何以敏锐的学术意识，实现基于原创的研究方法论的不断自我超越。而研究方法论的现代构建，涉及"理论先导""现实指向""历史回溯"三个维度的结合问题，涉及对教育实验首先作为教育思想实验的研究特质的把握，涉及课程与教学研究的跨文化性质及文化学分析，涉及对哲学方法论基础、心理学方法论基础的审视以及现代科技发展带来的方法论启示等诸多问题。我们相信，伴随文库系列专著的出版，研究方法论将会有新的突破。

我们企盼，借助"现代课程与教学研究新视野文库"的出版，张扬我国课程与教学论学科发展与建设的理性价值，为我国课程与教学理论的世纪转换、教育思想流派的孕育和产生，以及我国课程与教学改革实践的深化发展，提供一个交流、探讨的平台；同时为我国的课程与教学论研究工作者，特别是中青年学者提供一个发展和展示自我的平台。

文库的出版得到了教育科学出版社副总编辑李东的真切关注和大力支持，责任编辑尽心尽力，对书稿从内容到形式都提出了弥足珍贵的意见，在此一并深致谢忱！

裴娣娜

2005 年 1 月

目　录

前　言

校长课程领导：教育深化改革的时代呼唤

21 世纪以来，中国教育始终面临着建设创新型国家、把沉重的人口负担转化为人力资源优势、建设人力资源强国的挑战。中国的教育改革与发展进入了一个十分关键的时期。在这样一个新的发展时期，中国的教育正经历着由数量发展向着力提高教育质量的重要转变，"提高质量"成为教育改革发展的核心任务。《国家中长期教育改革和发展规划纲要（2010—2020 年）》（以下简称《教育规划纲要》）指出："把提高质量作为教育改革发展的核心任务。树立科学的质量观，把促进人的全面发展、适应社会需要作为衡量教育质量的根本标准。树立以提高质量为核心的教育发展观，注重教育内涵发展，鼓励学校办出特色、办出水平，出名师，育英才。"我们知道，课程与教育质量、人才培养规格及水平密切相关。一个国家的学校课程集中反映了这个国家的教育方针和培养目标，体现了国家对国民素质的基本要求，这种基本要求也一定是要在学校这个层面来落实的。

　　课程是实现教育培养目标的载体，也是学校实现培养目标的施工蓝图和组织教育教学的最主要依据，是教师实现专业发展最重要的平台。校长作为教育的具体实施组织——学校的旗手和掌控者，其课程建设和实施水平是课程领导能力的重要标志和具体体现。如何通过校长课程领导研究，促进以人的发展为宗旨的现代学校课程的建设与实施，已成为目前中国基础教育实现内涵发展、提高教育质量、有力推进素质教育的重要课题。

一、校长课程领导：我国教育深化改革和学校发展的时代诉求

（一）基础教育发展重点：从数量发展转向着力提高教育质量

　　新中国成立 70 年来特别是改革开放 40 年来，党和国家对教育在社会主义现代化建设中的地位的认识不断提高，提出科教兴国和人才强国战略，坚持教育优先发展，中国教育事业取得了举世瞩目的成就。到 2007 年年底，"两基"（基本普及九年义务教育，基本扫除青壮年文盲）人口覆盖率达到 99%。在 2007 年农村全面实行免费义务教育后，2008 年秋季开学时城市也全面实行了免费义务教育。2007 年高等教育毛入学率达到 23%，进入公认的高等教育大众化阶段。全国 15 岁以上人口平均受教育年限超过 8.5 年，比世界平均水平高一年。新增劳动力平均受教育年限达到 11 年。总人口中具有大学及以上文化程度的超过 7000 万人，位居世界第二；具有初中以上文化程度的劳动力数量在世界上遥遥领先。中国教育事业的发展成就表明，人人有学上的问题已基本解决，教育机会的公平已初步实现。

　　教育事业的发展成就表明，教育已经进入一个新的发展阶段。从新的历史起点出发，全面推进素质教育，坚持面向全体学生，努力办好每一所学校，不断促进人才培养模式的创新，着力提高各级各类教育的质量，培养数以亿计的高素质劳动者、数以千万计的专门人才和一大批拔尖创新人才，实现国家从人力资源大国向人力资源强国的根本性转变，是教育面临的新的挑战。基础教育作为社会主义现代化建设人才成长的

奠基阶段，它的质量直接影响着社会各行各业所需人才的培养水平和质量规格。要建设创新型国家、建设人力资源强国，基础教育的质量就必须达到一个更高的要求。如果说增加教育投入、改善教育发展的宏观环境主要是政府的事情、政府的责任的话，那么提高教育质量对学校来说，是义不容辞的责任，是重要的使命。因为学校是教育变革的主体，是贯彻国家教育方针、实施素质教育的主阵地。以 2010 年 7 月《教育规划纲要》的颁布实施为标志，中国的教育改革和发展进入了新的历史阶段。国家确立了到 2020 年"基本实现教育现代化，基本形成学习型社会，进入人力资源强国行列"的教育改革发展战略目标，"提高质量"成为教育改革发展的核心任务。如果说普及教育主要是各级政府的责任的话，那么在提高质量成为教育改革发展核心任务的新阶段，学校的责任和使命越来越大。因为只有一所所学校实现了教育现代化，才能汇聚成中国教育现代化波涛汹涌的大河；只有一所所学校达到了教育的高质量，才能擎起中国教育质量的摩天大厦。提高教育质量迫切需要改革人才培养体制，创新学校育人模式，提高学校育人水平。

学校面临的主要问题是提高教育质量，这里的质量不单纯是我们所讲的合格率、优秀率或者分数，而是每个学生个体的充分发展，是学生兴趣、潜能的极大发挥——既不让一个学生掉队，又能让每一个学生得到适应其潜能的各得其所的发展。学校是育人的场所，这里的"育"不是一个狭义的教育概念，而是促使学生成长的一切计划、活动的总称。而课程是"育人"的载体、内容，学校的"育人"功能是因课程这个载体而实现的。课程直接关系到学生的素质，课程改革及发展是改进教育过程、提升学校效能的重要途径，是新时期推进人才培养模式转变、实现教育创新、推进素质教育的重要抓手。因此，校长必须把学校课程建设和实施作为提高人才培养质量的关键加以重视。

（二）基础教育课程改革：从指令性课程范式走向弹性课程范式

新中国成立以后，我国实行的是高度统一的计划经济模式和集中管理的行政管理体制，受此制约，教育管理体制也是集中管理的，课程管理体制自然反映着教育管理体制的这种特征。课程计划（教学计划）

由国家颁布和统一实施。特别是新中国成立初期，我国教育全盘学习苏联的经验，形成全国统一教学计划、统一教学大纲与统一教科书的"大一统"课程模式和指令性课程范式。正如有学者指出："建国初期，我们在学习前苏联经验的过程中，不加批判地照搬了前苏联的单一课程结构模式。按照这种模式制订的教学计划，课程结构整齐划一，所有课程全为必修。这种单一的课程结构一经形成，就在50年代一直沿用下来。60年代进行的课程改革虽然对这种单一的课程形态作了一定的调整，设置了选修课，但见效甚微。这种不合理的课程结构沿用到今天，已对学生的发展产生了严重的阻碍。"（田慧生 等，1997）[14]

我国指令性课程范式的形成，除了有深刻的社会政治背景外，也有教育自身发展的背景。从教育发展史来看，指令性课程范式是在现代机器大生产发展早期，受机器大生产工业生产方式影响而产生和发展起来的。机器大生产的特点是批量化、标准化和高效率，它所需要的是批量的统一的"标准化人才"。适应这种机器大生产的工业生产方式而产生的课程制度的突出特征是"标准化"，标准化发展到极致，就成了机械化、程式化、僵硬化。从全球来看，自课程研究创始人博比特（John F. Bobbitt）于20世纪初倡导"目标模式"并历经泰勒（Ralph W. Tyler）、布卢姆（Benjamin S. Bloom）等人推广以后，各国课程领域普遍存在以学科内容为本位，致使对人的塑造预定化、共性化和机械化等弊病。

适应机器大生产方式的指令性课程范式，最大的优点就是能够提高满足这种生产方式需求的人才培养效率。但是随着社会的发展，其弊端日益凸显，最大的弊端就是它拒斥学生发展的差异性和个性化，由此也淹没了学生的创造性。这与当代信息化社会、知识经济社会所要求的人才培养的多样性、个性化、创造性相悖。于是，指令性课程范式受到越来越多的诟病。改革高度统一的、僵化的指令性课程范式，成为世界课程改革的重要趋势之一。中国在这方面的改革力度最大。

1999年6月，《中共中央国务院关于深化教育改革　全面推进素质教育的决定》中明确提出，要建立新的基础教育课程体系，"试行国家课程、地方课程、学校课程"。以2001年6月教育部颁布《基础教育课程改革纲要（试行）》为标志，新中国成立以来规模最大的一次课程改革——第八次课程改革正式拉开帷幕。《基础教育课程改革纲要（试行）》的亮点之一，就是在基础教育课程管理方面确定了鲜明的改革目标："改变课程管理过于集中的状况，实行国家、地方、学校三级课程管理，增强课程对地方、学校及学生的适应性。"文件明确划分了国家教育行政部门、省级教育行政部门和学校的课程管理权限："学校在执行国家课程和地方课程的同时，应视当地社会、经济发展的具体情况，结合本校的传统和优势、学生的兴趣和需要，开发或选用适合本校的课程。各级教育行政部门要对课程的实施和开发进行指导和监督，学校有权力和责任反映在实施国家课程和地方课程中所遇到的问题。"以开放、多元、创生为特征的新课程，在课程价值取向、课程结构、课程内容、课程实施、课程评价、课程管理诸方面突破了指令性课程范式的局限。这昭示着我国长期以来实行的统一的指令性课程管理制度被打破，由原来过于集中的国家课程管理走向国家、地方、学校三级课程管理模式，地方和学校被赋予一定程度的课程自主权，它们共同参与课程决策并承担相应的责任。三级课程管理是我国基础教育管理权力的一次再分配，意味着国家采取自上而下与自下而上相结合的双向管理体制来确保基础教育课程的适应性。

在指令性课程范式时代，学校仅是国家规定性课程的忠实执行者，基本没有自由运转的空间，国家对校长的要求就是认真贯彻落实国家的课程计划或教学计划，校长主要充当行政和教学领导角色，无权也很难有意识地进行课程审议、课程选择及课程再开发。在课程改革的背景下，学校不再单纯执行国家下达的课程改革指令，不是被动的实施机构。单纯依靠国家课程表和课程设置不能体现新课程改革的基本理念，也不能满足每个学生发展的需要。在新一轮课程改革中，学校被赋予了一定的课程权力，这就要求校长强化课程领导的角色，必须在协调国家和地方课程权力的基础上，坚持自身的管理权限，承担相应的责任与义务，行使相应的课程权力，发挥应有的作用，使国家、地方和学校的课程优化整合、有效实施。学校是课程实施的真正场所，校长的课程领导在整个课程管理体制中是至关重要的，是国家、地方的课程管理真正在学校层面发挥效用的关键，是校本课程开发和实施的重要保证，同时也是课程改革得以真正落实的关键。因此，校长必须充分发挥课程协调、优化和整合的作用，促进学校课程的变革与发展。学校是国家课程与地方课程的实施者和转化者、校本课程的开发者，充分发挥校长在课程实施和建设中的主体作用，更有利于实现课程改革目标，促进每个学生的个性发展。

也就是在这样的背景下，教育研究者从以往主要着眼于课程管理研究，转而关注课程领导研究，尤其是开始重视校长课程领导研究。

（三）现代教育理念的诉求：从重学生共性发展向重学生个性发展、差异发展转换

当今各种教育理念纷繁复杂、层出不穷，人们众说纷纭，莫衷一是。但有一种教育理念，从教育理论研究层面到教育政策制定层面直至教育实践层面，都被普遍肯定，那就是教育要"以学生发展为本"。这一现代教育理念不唯我国所接受，而且是国际教育界共同认可和遵循的教育理念，其核心是尊重学生个性发展和差异发展。

长期以来，与指令性课程范式相伴而生的现象是，学术性课程、学科本位课程等占有独尊地位。在学校课程体系中，像语文、数学、物理、化学等学术性课程，被认为是主科，而音乐、体育、美术等则是副科。相对于主科，副科的地位可想而知。课程设置单一化，课程结构封闭化，课程目标和教育模式的标准化、同步化、统一化，造成学生发展的明显分化。这一现象被不少人视为"正常"，殊不知，这会造成多大的教育浪费！正像联合国教科文组织的重要报告《教育——财富蕴藏其中》所言："每个人都应估计一下学业失败造成的人力资源大量浪费的程度。"（国际 21 世纪教育委员会，1996）[7] 以学生发展为本、尊重学生个性和差异的教育理念的兴起和发展，受到 20 世纪六七十年代兴起的以尊重人、尊重人的需要和愿望的多样化为特征的西方人本主义教育思潮的影响，而它的传播和被普遍认可，则是信息社会、知识经济时代和人自身发展的必然要求。

在迈向知识经济时代的今天，以学生发展为本的理念，其内涵更加丰富。以学生发展为本，不仅体现在教育教学过程中要以学生为主体，而且体现在给学生提供最大的选择机会，包括学习时间、学习方式和学习内容等，要使学生的主体意识得到最大的张扬。简单地说，以学生发

展为本，就是要使学生对教育享有"参与性"和"选择性"。杜威曾经指出："每一个人都同样是一个人；每一个人都享有平等的机会来发展他自己的才能，无论这些才能的范围是大是小"，"每一个人都有他自己的需要"，"每一个人都应该有机会来贡献他可能贡献的任何东西"。（杜威，1965）[46] "以学生发展为本"的基本思想比较充分地反映在20世纪70年代联合国教科文组织国际教育发展委员会编著、出版的《学会生存——教育世界的今天和明天》之中，这本经典著作中的许多思想后来成为许多国家教育改革所依循的行动纲领。时任联合国教科文组织总干事勒内·马厄在给这本著作的组织撰写者埃德加·富尔的复函中写道："这样高质量的一份调查报告肯定了目前指导着联合国教科文组织工作的思想，即教育应扩展到一个人的整个一生，教育不仅是大家都可以得到的，而且是每个人生活的一部分，教育应把社会的发展和人的潜力的实现作为它的目的。"（联合国教科文组织国际教育发展委员会，1996）[5] 这一观点在这篇调查研究报告中阐述得非常具体："教育上的平等，要求一种个人化的教育学，要求对个人的潜在才能进行详细的调查研究。机会平等并不等于把大家拉平。……机会平等是要肯定每一个人都能受到适当的教育，而且这种教育的进度和方法是适合个人的特点的。""教育有两个根本弱点，……第一个弱点是它忽视了（不是单纯地否认）个人所具有的微妙而复杂的作用，忽视了个人所具有的各式各样的表达形式和手段。第二个弱点是它不考虑各种不同的个性、气质、期望和才能。"（联合国教科文组织国际教育发展委员会，1996）[105] 报告在谈到"培养完人"的教育目的时，特别指出："每一个学习者的确是一个非常具体的人。他有他自己的历史，这个历史是不能和任何别人的历史混淆的。他有他自己的个性，这种个性随着年龄的增长而越来越被一个由许多因素组成的复合体所决定。这个复合体是由生物的、生理的、地理的、社会的、经济的、文化的和职业的因素所组成的，而这些方面对于每一个人来说，都是各不相同的。当我们决定教育的最终目的、内容和方法时，我们又如何能够不考虑这一点呢？"（联合国教科文组织国际教育发展委员会，1996）[195-196] 联合国教科文组织提出和倡导的这些思想广泛、深刻地影响了后来各国的教育改革和发展政策。

进入20世纪90年代以来，保障和提高教育质量、保障教育公平成为世界教育改革最为突出的主题之一。联合国教科文组织等发起的世界全民教育大会在历次宣言中都既强调教育公平又重视教育质量。无论是从教育公平还是从教育质量的角度看，今天的教育都要把最大限度地实现每个学生个体潜能的发展作为着眼点和着力点，注重学生发展的差异性，创造适合每个学生的教育。

中国新一轮基础教育课程改革的宗旨非常明确："为了每位学生的发展，为了中华民族的复兴。"同时，教育公平成为中国政府制定政策和执行政策的重要价值原则。教育公平是社会公平的基础。教育公平包括机会公平、过程公平和结果公平。如果说保证人人有学上的机会公平主要是政府的责任的话，那么实现学生人人有效的发展则是学校必须承担的责任和使命。

在教育活动过程中，个体在已有发展水平、可能的发展潜能、优势的发展领域、追求的发展方向等方面都存在着不同程度的差异。面对这些差异，教育除了要保证个体受教育的权利和机会均等以外，更重要的还在于正视并尊重这些差异，有针对性地采取不同的教育措施，以保证每个个体都能享受到与其发展潜能、优势领域等相适应的教育，促进他们在原有水平上获得尽可能充分的发展。唯有如此，才能最终实现真正意义上的教育公平。因为，"一个公正的社会应当是，相同条件的人相同对待，这才是公正。条件相同的人受到不同对待，条件不同的人受到相同对待，这都是不公正"（袁贵仁，1996）[268]。

面对个体在优势领域、潜能大小等方面客观存在的差异，如果非要用标准化、同步化、统一化的教育策略来实施所谓的"公平教育"，那么这种肤浅的公平很可能为才智平庸者提供超出其能力所能利用的太多的机会，而给才华出众者提供的机会则不能满足他们的需要——这两者都是不平等的。这种公平在日本曾被斥为"教育的伪善的平等主义"（佐藤正夫，1996）[334]。因此，"平均"不是"公平"，真正的公平应是在尊重人的差异性基础上，实施以满足每一个个体不同的教育需要为旨趣的"个性化教育"，从而使每一个人都拥有平等的学业成功的机会。它强调以人为本，以承认个体差异为前提，向每个儿童提供使其天赋得以充分发展的多样化的学校类型和教育条件，充分开发每个人的潜能，使每个儿童都在原有发展基础上获得尽可能充分的发展。诚如郭思乐教授所说："我们所说的生本，除了反映学生的利益、学生在学校社会中的独立的自主存在之外，更重要的是依靠学生来进行教育，把教育的全部价值归结到学生身上，以学生发展为教育的本体。也就是说，我们的生本教育的重点，不仅仅在于学生的外部地位，更在于学生的内部自然天性和潜能的发挥。这也是教育对社会的根本贡献所在。"（郭思乐，2001）[34]

我国著名教育家吕型伟曾说："人无全才，人人有才，因材施教，人人成才。"虽然2500多年前我国著名教育家孔子就提出并实践了"因材施教"的教育思想，但我们今天所强调的"因材施教"的教育思想内涵要更丰富，更富有时代性。"过去我们理解'因材施教'比较狭窄，只局限在学习同一学科、同一教材上如何因材施教，使每个学生都能掌握同一门知识。今天恐怕应该在更宏观上来理解'因材施教'，即对不同的学生施以不同的教育。"（顾明远，2007）

"一切为了学生，为了一切学生，为了学生的一切"，这"三个一切"是今天广大中小学教育工作者耳熟能详的一句话，很多校长将此作为学校的办学理念。要使教育适合我们的学生，我们就应该从适应学生多样化发展的需要出发，设置多元化的发展目标，使基础目标和发展目标处于一种开放的弹性管理的过程中，尽可能创造最丰富的教育资源，满足多层次的教育需求，让不同的学生获得适合其不同特点的有效发展。

学校课程是把教育思想或者说教育哲学转化为教育现实的载体和纽带。学校的课程设置及其建设是学校教育教学改革和发展的核心问题，而对学生的发展期望及其评量则是学校教育教学工作的根本指向。学校课程建设是学校实现"以学生发展为本"的教育的核心。因此，学校层面的课程建设和改革成为学校自身发展的重要内容。如果学校课程过分强调统一性而忽视选择性，过分偏重学科课程而忽视综合课程和实践活动课程，过分重视基础知识而忽视知识更新，那么学生的发展就会受到极大的制约。为了促进每个学生最充分、最有效的发展，学校在课程建设中不能局限于传统的智能领域，而应该从学生的多样性与差异性出发，将课程拓展至有利于学生智能全面发展、个性化发展、可持续发展的多个领域。课程设置要体现出个性化、多元化、选择化和综合化的特点。课程目标的制订、课程内容的选择和组织、课程方案的规划与评价等都应以此为核心，以促进学生获取最佳的学习效果。无疑，这对校长课程领导提出了现实的要求。

（四）学校发展方式转换的诉求：从被动发展、雷同发展向主动创新发展、特色发展转变

"千校一面、万课一模"是高度统一的教育管理体制、指令性课程范式下学校面貌和学生学习生活的真实写照，学校教育机械、呆板、僵化，缺乏生机、活力与特色。随着我国教育改革的不断深化，学校教育的这种状态越来越难以适应信息社会、知识经济时代和当代学生发展的需求，于是，要求改变学校被动发展为主动发展、雷同发展为特色发展的呼声日益高涨，并成为国家教育改革政策的关注点。早在1993年2月中共中央国务院印发的《中国教育改革和发展纲要》中就指出："中小学要办出特色。"这是我国教育文件中首次明确提出这样的要求。

从语义学上分析，"特色"中的"特"是中性词，指特殊、超出一般。"特色"中的"色"，不是人们视觉器官感知的颜色的"色"，而是与音色、货色、成色、足色等词中的"色"一样，指物品的质量。特色，就是事物特殊的质量、特殊的品质。由此推之，学校特色就是学校特殊的质量、特殊的品质，是某学校超出一般学校的特征。在当前学校改革和发展中，大家有这样一种共识："质量是立校之本，特色是强校之路。"特色越来越成为学校的核心竞争力，打造学校特色，日益成为校长办学的自觉追求。学校特色建设是没有起点的，不同类型、具有不同历史和资源设备的学校，都可以找到特色发展的着力点。任何一所学校，不论其历史长短、规模大小、级别高低、基础厚薄，总会存在某种优势，总能在某些方面焕发出自己的生命活力。学校特色有助于学校的持续发展与后发超越，一些原来水平较高的学校的持续进步，一些基础薄弱学校的成功超越，往往都是由于它们形成了自身某一方面的特色。整个教育事业的活力来自千万所学校的活力，每所学校办学活力的充分释放是我国教育事业兴旺发达的基本保证。

著名教育家陶西平曾对我国当前学校特色类型做过比较全面的描

述。例如，学校办学理念的特色，像在特定教育理念指引下进行的教育改革实验形成的学校特色，如快乐教育、情趣教育、创造教育等。学校办学模式的特色，像由学制改革试验、与国外进行项目合作的试验、办学主体多元化试验等形成的特色。学校文化的特色：有基于地域特点的文化特色，如沿海地区学校的教育国际化特色、农村学校为建设社会主义新农村服务的特色；有基于教育对象特点的文化特色，像学生来源于多个国家的国际学校的多元文化特色、以农民工子弟为主体的学校所形成的文化特色。而形成学校的学科特色则是近年来教育改革的一种潮流：有基于学校课程体系的学科特色，比如有的学校建立了比较完善的校本课程体系，也有基于优势学科的学科特色与基于优势课外教育的学科特色。（陶西平，2007）

笔者以为，在表征学校特色的诸多维度中，课程特色是核心，因为课程是学校办学思想或者说学校教育哲学的具体反映，体现着学校的培养目标。国家只能提出统一的培养目标，学校要在国家统一的培养目标下突出自己的特色培养目标，也就需要有自己的课程体系和课程特色。课程特色决定着学校在人才培养模式和培养方式上的特色及在培养人才素质方面的特色。英国的伊顿公学之所以成为世界上一所著名的特色学校，一定程度上反映了这一规律。据校长利特介绍，伊顿公学立志"为学校的每一个男孩提供尽可能'量身定做'的教育"。在这样的思想指导下，学校为学生提供的学术课程非常广泛，任由学生根据自己的兴趣挑选。例如，伊顿公学开设的外语课程有 11 门，体育活动的门类更是多达 30 种。每年有 200 多位各界名流到学校访问演讲，与学生分享他们在各自领域的独特见解。学校整年都有戏剧演出、音乐会和其他丰富多彩的文化活动。学校之所以要实施"量身定做"的教育，是因为它相信如果在某一件事情上点燃了年轻人的真正激情，那么这个激情的火种将扩散到其他事情上去。

还是在英国，20 世纪 90 年代以来，它从国家层面实施特色学校计划，通过对某一个特色学科领域的全面建设来促进和带动学校整体教学质量的提高，继而辐射和推动学校所在社区的教育文化发展。这项改革增强了学校的办学活力，提高了学校的办学质量。2006 年 12 月 1 日，时任英国首相布莱尔在伯明翰的特色学校与学院信托大会上指出："当今教育的要旨是个性化学习，要充分认识到不同的儿童在不同科目有不同的能力。但是，个性化学习不仅事关每个儿童走出独特的道路，还事关每一所学校都走出独特的道路。"（陶西平，2007）

回顾我国教育发展史，课程制度曾较长时期具有机械化、程式化的特点，学校难以形成育人特色。所谓的学校特色，也只能体现在学校的环境或学校的历史方面。自 2001 年我国开始新一轮基础教育课程改革以来，课程管理制度发生了根本性的改变，由原来的单一国家课程管理模式变为国家、地方、学校三级课程管理模式，由原来的集中型、划一型课程制度走向分权型、多样型课程制度。课程结构、课程设置的弹性化、选择性特征凸显，为学校根据本地社会发展的需要和本校学生的特点来建构特色化的学校课程体系和教学体系，为学生根据自身发展的需要与可能来设计自己独特的课程学习方案提供了必要的自由空间。而且，在这次课程改革中，促进学生个性发展是改革的基本目标，改革更加强调学生的差异发展和个性化学习。在这种背景下，校长必须树立课程领导意识，增强课程领导能力。如果校长仍然固守传统的课程管理者角色，就难以带领学校走出一片新天地。

总之，今天的校长面对着经济社会发展的新形势，站在我国教育发展新的历史起点上，责任重大，使命崇高。在当今世界，经济全球化深入发展，科技进步日新月异，国际竞争日趋激烈，知识越来越成为提高综合国力和国际竞争力的决定性因素，人才资源越来越成为推进经济社会发展的战略性资源。人才培养的水平和质量决定着人力资源强国的基础，这就要求我们的教育，特别是学校教育要去适应这种新的发展和新的要求。学校是通过课程来落实国家教育方针和培养目标、体现学校育人特色及人才培养质量的，校长在国家课程和地方课程方面的转化能力、在校本课程方面的建设能力，越来越凸显为校长诸多领导能力中的关键因素。

二、校长课程领导实践：角色缺位与"自在"行为

校长课程领导是我国近年来兴起的一个研究领域，这直接源于我国自 2001 年开始的新一轮基础教育课程改革。如果说校长课程领导是一种实践方式的话，那么它存在的时间要远远早于学校或校长"课程领

导"概念出现的时间。正因为理论研究的滞后，校长课程领导的实践往往是一种"自在"行为。在校长的头脑中占据主体地位的始终是"行政管理者"的角色，罕有"课程领导者"的位置。

据李继星等人在2003年年底针对全国不同地区1767位中小学校长的调查（见图0-1），在校长的不同角色中，选择"组织管理者"的人数达到了1618，占总数的91.6%，居于第一位；而选择"教学领导者"的人数为773，占总数的43.7%，排在了第五位。（李继星等，2006）

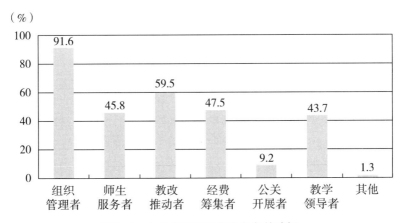

图0-1 中小学校长对自身角色的选择

北京教育学院2003年8月针对北京市772位正职中小学校长的调查结果显示，在校长应扩大的自主权问题上，校长对用人权和财权呼声最高，分别占91.8%和79.3%。只有很少一部分校长认为应该给予校长课程或教学上的自主权。另据研究者2005年对上海市某区388位中小学校长关于课程领导主体的调查（见图0-2），认为课程领导主体是国家行政部门的占45.3%，认为是地方行政部门的占23.9%，认为是学校的占13.8%，认为是校长的占11.4%，认为是教师的占5.6%。有69.2%的校长认为课程领导的主体是上级行政部门，而把自己作为课程领导者的仅占11.4%。（陈明宏，2007）[96] 身在北京、上海这样教育最发达的大城市的校长都如此认识，全国中小学校长的认识水平也就可想而知了。

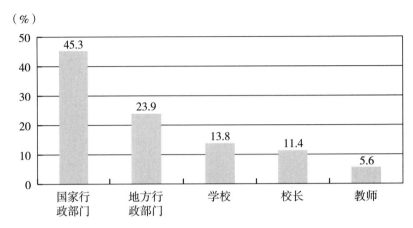

图 0-2　校长对课程领导主体的理解

摆脱旧有的课程管理思想的束缚，从课程领导的角度去推进和实施课程变革，是对校长作为课程领导者的必然要求。由于传统的课程行政意识在校长头脑中仍占据主导地位，我国中小学校长总体上缺乏课程领导意识。认识的缺位，理论的欠缺，导致我国中小学校长总的课程领导状态必然是"自在"的。正是由于处于这种"自在"的状态，校长课程领导实践中存在如下一些现象：①课程领导管理化。校长只知道照本宣科，不知道思考并建构学校课程，不能积极关注学生在课程中的成长。②课程领导表面化。只有思考，没有行动；只有理念，没有落实。③课程领导局部化。校长只能做课程"加法工程"，添加一点特色课程、校本课程，不能从学生成长需要的角度全面改革学校课程，促进学校各方面课程的结构化、一体化。④课程领导短视化。出于种种原因，校长课程领导行为只是昙花一现，一阵风潮过去就杳无音信，没有持续的跟进。

我国校长课程领导的总体"自在"状态，并不能掩盖一些先知先行校长的开拓探索。那么他们在实践中遇到了什么样的困惑呢？几位专家型校长的认识具有代表性。

> 校长课程领导包括三个方面：一是学校课程体系的构建；二是课程观和教材观；三是课程实施。在我的思想当中，课程特色是很

重要的一个方面。我从大学来到这所中学后，就力求构建一个课程体系。苦于高中办学体制的限制，这件事很难实施。一是在现行高考体制下，家长要分数、要升学率；二是现在国家规定的课时还是很多，基本上把学生的时间都占满了；三是存在师资问题。所以校长很难运作自己的课程体系。

校长课程领导首先需要考虑建设适合每个学生发展的课程体系。现在选择是一个很大的问题，课程上没有给学生选择的权利，不管学生的爱好和基础条件如何不同，我们的课程体系、教育模式都是一个。在现今情况下，学校要建立一个有较多选择的课程体系，空间并不是很大。主要原因在哪里？一是教育评价的问题，高考、中考都是指向必修课的，学校必修课开得再多都不嫌多，而选修课可有可无。二是师资的问题。这要求高等师范院校的师资培养改革要与基础教育课程改革配套。三是功利心作怪。校本课程不能马上显现出成绩来，只是为学生打基础，所以不能得到多数人的认可。但我想，校本课程的比重会随着教育观念的转变和评价方式的改变，逐步加大。

课程领导和课程管理是两个不同层面的概念。校长要做好课程领导工作，做好价值取向的引领和学校发展思路的勾画工作。副校长和中层干部要对校长负责，做好课程管理工作。没有管理上的落实，校长的思想就会成为一句空话，成为一个口号。我们不能简单地用领导取代管理，两者起着不同的作用。我们现行的高考制度对校长课程领导确实有制约。作为本市高考语文命题组成员，我经常在高考研讨会上大声疾呼：高考要"变脸"，高考要大气，要适应课程改革，要引领课程改革，而不能滞后于课程改革。应该说，现在的语文考试改变了很多，变得越来越开放。总体趋势是高考越来越推动着学校重视对学生综合素质的培养。校长要走一步看两步，走一步看三步，要有一种战略眼光。

上面三位校长的表述，反映了他们在教育理想与教育现实、欲为与难为之间的一种矛盾心态。应该说，他们对校长课程领导已经有了一定程度的认识，但在实践中却处于"进退两难"的无奈之中。无论变革性实践还是课程领导，都受着外部和内部因素的钳制。像外部的升学考试制度乃至整个社会的"应试教育"文化，对校长实施课程领导来说都是难以摆脱的枷锁。而内部的因素，如学校自主课程计划空间不足、师资条件不具备等，也不同程度地制约着校长课程领导的实施。

总之，校长课程领导作为学校变革性实践，迫切需要加强理论研究，以整体推进校长课程领导实践水平。

三、我国校长课程领导研究进展：本土化的理论建设滞后

校长课程领导研究近年来在我国课程与教学论专业领域逐渐成为显学，校长课程领导话语的出现，应该说直接源于我国自 2001 年开始的基础教育课程改革。国内以"校长课程领导"或者"课程领导"为主题的研究文章出现在 2002 年，这一年有 3 篇文章，分别是钟启泉教授发表在《全球教育展望》上的《从"课程管理"到"课程领导"》、杨明全发表在《河南教育》上的《试论中小学校长的课程领导》和吕国光发表在《中小学管理》上的《校长如何提高课程领导能力?》。之后，相应的文章如雨后春笋般多了起来。

2003 年 10 月在西北师范大学举行的"课程领导与课程评价的理论与实施"的研讨会，是我国首次以"课程领导"为主题的学术研讨会。2005 年 10 月，华东师范大学课程与教学研究所首次在上海举办"课程领导与学校管理创新"国际学术研讨会，国内外的专家学者一起共议课程领导。同时，西方国家关于课程领导方面的译著和我国香港、台湾地区相关的研究文献开始被介绍进来。同时，一些高校硕士研究生和博士研究生开始将课程领导、学校课程领导、校长课程领导作为学位论文选题。

2003 年 9 月华东师范大学出版社出版了国内第一本关于课程领导的译著，是格莱索恩（Allan A. Glatthorn）的《校长的课程领导》（*The Principal as Curriculum Leader*）。本土第一本以"课程领导"为书

名的著作是 2004 年 3 月华东师范大学出版社出版的《走向课程领导：武汉市第四十九中学研究性学习案例研究》。不过，这本书并没有对课程领导做专题研究。本土第一本课程领导方面的专著是 2006 年 7 月重庆大学出版社出版的西南大学于泽元博士的《课程变革与学校课程领导》。

笔者通过中国知网（CNKI）数据库对 2000—2015 年有关课程领导的研究文献进行了检索。检索范围主要涉及中国博士优秀硕士学位论文全文数据库和中国学术期刊全文数据库。

在中国博士优秀硕士学位论文全文数据库，笔者以"课程领导"为题名，匹配"精确"，检索学科领域范围为"哲学与人文科学""社会科学 I 辑""社会科学 II 辑"，共发现 81 篇学位论文，其中 10 篇为博士学位论文，71 篇为硕士学位论文。年度分布情况如图 0-3 所示，其中 A 线表示博士学位论文分布状况，B 线代表硕士学位论文分布状况。

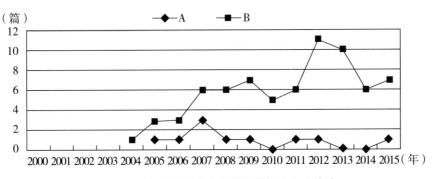

图 0-3　以课程领导为主题的学位论文年度统计

在中国学术期刊全文数据库，以"校长课程领导"为篇名，匹配"精确"，检索范围是"全部期刊"，检索学科领域范围为"哲学与人文科学""社会科学 I 辑""社会科学 II 辑"，得检索结果 69 篇（其中 2 篇为信息动态，将其剔除后，实际期刊论文为 67 篇）。又以"课程领导"为篇名，以"校长"为关键词进行二次检索，结果为 45 篇。再以"课程领导"和"校长"为关键词进行再次检索，结果为 29 篇。各年度文献分布情况见图 0-4，其中 A、B、C 三条线分别表示上述 67 篇、

45 篇、29 篇文献的分布状态。

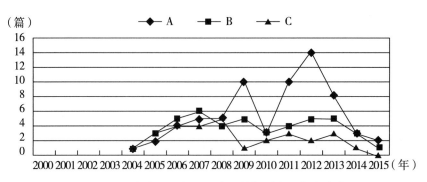

图 0-4 以校长课程领导为主题的期刊论文年度统计

在中国学术期刊全文数据库,以"课程领导"为篇名,匹配"精确",检索范围是"全部期刊",检索学科领域为"哲学与人文科学""社会科学 I 辑""社会科学 II 辑",总共检索到 341 篇(其中 4 篇为信息动态,将其剔除后,实际期刊论文为 337 篇)。又以"课程领导+学校"为篇名进行检索,结果为 65 篇。再以"课程领导+学校"为关键词进行检索,结果为 3 篇。各年度文献分布情况见图 0-5,其中 A、B两条线分别表示上述 337 篇、65 篇文献的分布状况。

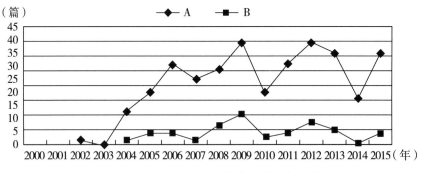

图 0-5 以课程领导为主题的期刊论文年度统计

通过检索结果我们可以发现,"课程领导"这个命题凸显出来、为研究者关注,是在 2002 年以后。初步梳理这些文献可知,关于课程领导的研究涉猎范围很广,首先涉及各级各类教育中的课程领导;其次涉及教育领域不同主体的课程领导，如教育行政部门的课程领导、教研员的课程领导、校长的课程领导、学校中层管理者的课程领导、教师的课程领导等。就校长的课程领导或以校长为核心的学校课程领导研究而言，多是从概念建立、概念描述、范式转型等视角展开的。

例如，余进利借鉴在组织理论中已有根基的学校领导五向度假说，提出课程领导由结构领导、人际领导、政治领导、文化领导、教育领导五向度构成，构建了五向度课程领导理论框架（余进利，2005）。李朝辉通过实施个案研究的方法，以校长课程领导关注的内容为视角，回答了"校长课程领导是什么"这一问题，反思校长课程领导，并为校长实施课程领导提供了建议（李朝辉，2006）。王利通过问卷调查了内蒙古、宁夏、甘肃、广东、河南、山西、浙江和黑龙江 8 个省份 772 位中小学校长和教师，了解我国新一轮基础教育课程改革过程中的学校课程领导现状。在研究结果的基础上，明确了学校课程领导在学校课程改革与发展过程中的价值和作用，寻求提高学校课程领导效能的有效策略和途径（王利，2007）。陈明宏以上海市某区 271 所高中、初中、小学、幼儿园的校长（园长）共 400 人作为调查对象，运用质性研究方法，揭示了目前中小学校长课程领导的实践困境并对其进行了深度剖析，提出了相应的解决策略（陈明宏，2007）。杨子秋以我国台湾地区和澳门地区各一所学校为个案，研究校本课程领导与学校改进的关系（杨子秋，2007）。黄腾蛟利用质性与量化相结合的方法，对校长和教师展开调查，揭示了校长拥有的权力与其扮演的课程领导角色之间的关系（黄腾蛟，2008）。

这些研究都是对课程领导这一新起的话语所做的自觉的反应。当然，每个人的研究都是自觉有限的反应。"所谓有限反应，意指它基于特定的背景和已有的条件，通过选择和设定特定的研究方法，研究某些限定的问题来达到研究的目的。任何研究都是特定时空背景下研究者所做的选择和努力的产物。"（柯森，2004）[9] 即使是有限的反应，这些研究都有开拓的意义和价值，有为后来研究架桥铺路的贡献。特别是研究中获得的初步认识成果，为具有中国话语、中国形态的课程领导理论的建构提供了比较丰富的思想资源。

透过以上分析可以看出，目前的研究主要侧重于从学校的角度研究课程领导,对在我国教育体制环境下校长本人的境遇、行为以及行为的意义分析得不够;理论分析比较零碎,没有系统地研究校长课程领导的行为。其余的研究,多是有限样本的量化研究,通过量化的方法,对与校长课程领导相关的知识、行为取向以及相关因素进行分析,以了解校长课程领导的认知概貌。而把校长作为课程领导主体,从校长职务行为的视角,实实在在地关注校长课程领导实践,从历史、现实、理论三个维度建构校长课程领导的本土化实践理论还是一个空白。还有非常重要的一点,就是目前我国的校长课程领导研究缺少一种基于教育变革性实践的立场("读懂学校、读懂校长"),对我国中小学校长在建构现代育人模式中所进行的变革性实践观照不够,所以对我国一些校长已经创造的课程领导经验总结不够,对经验进行总结归纳并形成具有本土特色的课程领导理论更关注不够。当然,在这个过程中,对校长所面临的教育体制机制、教育文化生态境遇分析得也不够。在未来的校长课程领导研究中,如何从当前过多介绍、诠释西方课程领导理论,进而用这些理论来分析不同情境下中国校长课程领导的问题,转向真正走进中国的变革性学校实践现场,研究我们的校长是如何在变革与适应、解放与控制的教育情境中生成与发展课程领导的,使我们的价值评判逼近真实客观,形成不同教育学科的共同研究主题,是一个重大的方法论问题。

四、本书的论证思路与基本观点

校长课程领导是基于对我国社会转型时期人的发展、人才培养体制及学校育人模式的深刻反思,在我国基础教育课程改革向纵深稳步推进的过程中提出的一个重大现实问题。在这样一个伟大的教育变革过程中,校长课程领导已经不是一个是否"存在"的命题,而是一个"应该如何"的重大课题。在这样一个背景下,研究校长课程领导这一命题,既是对课程论研究领域新的开拓,是一种建构新课程理论形态的积极尝试;又是对学校课程体系顶层设计、创新学校育人模式的有效培育,能够助力教育家型校长、教师成长。

校长课程领导作为学校育人模式的变革性实践,不是简单的校长组织教师进行课程开发、课程实施、课程评价等线性活动。校长课程领导的实现，涉及教育观念、教育管理体制机制、课程结构、社区环境、学校内部组织效能以及社会教育文化生态等多方面的因素，为此，本书围绕基础教育阶段中小学校长课程领导这一命题，在历史、理论和现实的三维空间中，以校长课程领导的"行为"与"类型"为主线，从"实然"和"应然"两个方面展开研究。

本书遵循"形而上"与"形而下"相结合的研究路线，从理论研究、调查研究、实践研究三个维度展开。

理论研究。在对中外校长课程领导研究的文献进行全面考察和梳理的基础上，澄清和界定"校长课程领导"这一核心概念，梳理校长课程领导的基本要素，对校长课程领导的主体——校长的行为特征进行深入分析。

调查研究。通过问卷调查，了解和认识校长课程领导的"应然状态"和"实然状态"，进一步归纳完善研究内容。

实践研究。对典型个案进行质性研究，通过典型的学校课程结构顶层设计呈现校长课程领导的丰富形态，归纳总结校长实现课程领导的策略，分析校长课程领导力。

图 0-6 呈现了校长课程领导研究的路线图。

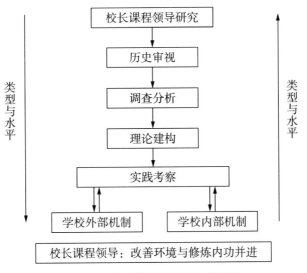

图 0-6　校长课程领导研究路线图

为此，本书由前言、结语和六章内容构成。

前言部分重点阐述校长课程领导这一命题提出的缘由，为命题提出的合理性进行辩护，提出本书论证的基本思路和所持的基本观点。

第一章"课程领导研究的历史审视"，从多个视角，对课程领导方面的研究文献进行全面考察和梳理，厘清历史脉络，在此基础上进行方法论的思考。

第二章"我国中小学校长课程领导观与课程领导行为调查分析"，以我国新一轮基础教育课程改革为背景，对中小学校长课程领导观念与行为进行大规模调查。调查对象为1600多名校长，分布于我国东、中、西部具有不同教育发展水平的13个省份。调查内容涉及校长对课程领导的基本认识、当下校长课程领导的实然状态和校长行使课程领导的有利条件及制约因素，在此基础上分析我国中小学校长课程领导观念与行为的总体状况。

第三章"校长课程领导的内涵与基本要素"，通过对校长、课程、领导等基本概念的厘定，提出"校长课程领导"这一核心概念，明确其内涵，并对相关概念进行辨析。在此基础上，对校长课程领导进行理论确证，阐明校长课程领导要素与结构，建构校长课程领导的理论框架。同时，就我国中小学校长主体形态及其与校长课程领导的关系进行深入分析。

第四章"我国校长课程领导实践进展与形态"，根据上一章确定的校长课程领导理论框架，尝试性地对我国中小学校长课程领导的发展阶段进行划分，即校长课程领导的潜意识时期、意识时期、显意识时期，分析若干所学校校长课程领导典型案例，展示校长课程领导形态的丰富多样性，描述其行为特征，剖析其课程领导类型与水平。

第五章"建构高品质结构化的学校课程体系"，根据前面几章确立的校长课程领导的基本立论点，确立高品质结构化学校课程体系建构的价值取向和基本原则，呈现一些典型的高品质结构化学校课程体系案例，分析高品质结构化学校课程体系的基本特征。

第六章"校长课程领导的实现机制"，提出学校办学自主权不足、社会"应试教育"文化是制约校长课程领导的最重要的外部因素，进而提出扩大学校办学自主权、积极营造"育人为本"的社会文化生态，是实现校长课程领导的最重要的外部条件。与此同时，优化学校内部治理，让校长统一行使行政权与专业权，是保障校长课程领导的内部条件。

结语对全书内容进行了概括与总结。

本书对于校长课程领导所持的基本观点是，校长课程领导体现了以"让每个学生获得有效发展"为核心的现代课程观，是一种战略性的创新课程实践，反映了一种不断增强学校生命活力、凸显育人特色的先进学校文化。

所谓"让每个学生获得有效发展"的现代课程观，就是要实现教育从工具论到价值论的转换，重建主体的意义世界，坚持尊重每个人的生命是教育的出发点和归宿，让学生不仅"学会生存""学会关心"，更"学会发展"，即坚持全体发展与差异发展、共性发展与个性发展相统一。

学校要实现这种现代课程观，就不能简单地执行课程计划而须进行一种战略性的创新课程实践。学校不但要积极主动地开发校本课程，而且要创造性地实施国家课程，大力鼓励教师创生课程。为此，学校要充分挖掘、利用校内外丰富的教育资源。

课程是学校育人的核心工程，以实现现代课程观为目的的学校课程创新实践，需要基于学校教育理念、培养目标，进行高品质结构化的课程体系建设，这样才能促进学校激活生命活力、凸显育人特色的先进文化的生成与提升。

第一章

课程领导研究的历史审视

　　课程领导，无论是在西方国家，还是在我国，都是一个重要的学术命题。当然，对课程领导的研究，西方国家要早于我国。我国课程领导研究的兴起与展开，自然受到西方课程领导研究的影响，但更重要的是受本土教育改革特别是课程改革的推动。梳理和把握西方国家与我国课程领导研究的历史脉络和主题，对于不断推进课程领导研究具有重要价值。

一、西方课程领导研究的发展进程

　　"课程领导"这一术语，在西方教育理论领域已有半个多世纪的历史。它的产生、发展是与课程理论及学校领导理论的发展紧密相连的。事实上，课程领导已成为教育管理学科领域和课程论学科领域的一个重要命题，并日渐成为一个相对独立的研究领域。

　　依据现有的文献，"课程领导"（curriculum leadership）一词最早出现在美国哥伦比亚大学哈利·帕索（Harry Passow）教授 1952 年完成的博士论文《以集体为中心的课程领导》（Group-Centered Curriculum Leadership）中。同期，美国的贺拉斯曼－林肯研究所针对课程领导项目进行了为期 14 个月的研究，于 1955 年出版了《培训合作研究的课程领导者》（*Training Curriculum Leaders for Cooperative Research*）一书。但这时的课程领导研究未引起人们的重视，这可能是因为当时人们热衷于课程的科学管理，课程领导与课程管理的概念常常混用，课程领导也未被赋予新的时代内涵。

"课程领导"真正进入人们的视野是在 20 世纪 70 年代。这个时期涌现了一批从事课程领导研究的学者和学术文章，具有代表性的有尤鲁（Glenys G. Unruh）的《课程领导的新内涵》（New Essentials for Curriculum Leadership）、皮克润（Dennis A. Pickering）的《发展学校课程领导》（Developing Curriculum Leadership Within Our Schools）等，这些学者明确提出课程领导是教育改革的关键所在，赋予了课程领导新的内涵和意义。

到了 20 世纪八九十年代以至 21 世纪初期，关注课程领导研究的学者以及有关课程领导的研究成果日渐增多。1985 年，布拉德利（Leo H. Bradley）出版了《课程领导与发展手册》（*Curriculum Leadership and Development Handbook*）一书。该书被认为是较早对课程领导进行了系统研究，是课程领导领域的重要理论著作。经过近 20 年的研究，布拉德利在 2004 年又出版了新作《课程领导——超越统一的课程标准》（*Curriculum Leadership：Beyond Boilerplate Standards*），进一步丰富和深化了对课程领导的认识。格莱索恩在 1987 年出版了《课程领导》（*Curriculum Leadership*）一书，1997 年又出版了《校长课程领导：教什么，考什么》（*The Principal as Curriculum Leader：Shaping What is Taught and Tested*）。2000 年，格莱索恩在进一步丰富完善了相关内容的基础上，出版了《校长课程领导：教什么，考什么》。同期，布鲁贝克（Dale L. Brubaker）出版了《创造的课程领导》（*Creative Curriculum Leadership*），亨德森（James G. Henderson）和霍索恩（Richard D. Hawthome）出版了《转型的课程领导》（*Transformative Curriculum Leadership*）。

毋庸讳言，自从"课程领导"这一术语出现后，在半个多世纪的历程中，西方关注和研究课程领导的学者远不止这些，研究成果也不止于此。对西方课程领导研究的发展历史，我国不同学者做了研究。我国台湾地区学者黄旭钧认为，课程领导的研究可以追溯到 20 世纪 70 年代。他把西方课程领导研究的发展过程划分成四个阶段：要素确立期、概念发展期、模式建立期、实际应用期。（黄旭钧，2002）后来有学者根据掌握的资料，对以上的划分进行了适当的调整，将课程领导研究的发展历程分为要素确立期、概念发展与模式建立期、模式应用与理论深化期（郑东辉，2005）。之后，又有学者将其划分为萌芽期（20 世纪 50 年代到 70 年代）、发展期（20 世纪 70 年代到 90 年代初）、深化期（20 世纪 90 年代初至今）三个时期（李朝辉，2006）。

几位学者所做的尝试，意在为我们勾画出西方课程领导研究发展的基本脉络，但是要对其做出比较精确的划分是一件非常不容易的事情，因为我们难以找到一把比较精确的标尺。不过，笔者通过对西方课程领导研究文献的梳理，感到在整个西方课程领导研究过程中存在这样三个比较明显的取向，即校本课程开发取向的校长课程领导、学校组织民主管理取向的校长课程领导和学生本位取向的校长课程领导。据此，笔者认为，西方课程领导理论的发展总体上呈现出从"工具取向"的课程领导形态到"价值取向"的课程领导形态的发展脉络。

（一）"工具取向"的课程领导形态

我们之所以说，在西方教育史上，课程领导研究在 20 世纪 70 年代才真正进入教育研究者的视线，是因为在这个时期，西方出现了一股大的课程变革潮流，即校本课程开发（school-based curriculum development）运动。校本课程在英国、澳大利亚、加拿大和美国不同范围、不同程度得到实施，并逐渐形成一股世界潮流。校本课程运动的兴起，是对长期以来课程理论范式和课程运作范式反思的结果。

1. 对目标导向的课程理论与课程管理范式的反思批判

追溯课程发展史，1918 年美国学者博比特出版的《课程》（*The Curriculum*）一书，被认为是开启了课程作为一个独立研究领域的先河。博比特深受 20 世纪初西方工业社会科学管理原理的影响，他将这种科学管理的原理运用于学校教育，并推行于课程领域。他提出，要想教育达到最高效率，教育家应当担当"工程师"的角色，而非"哲学家"

的角色。课程必须被有效管理，以减少教育的浪费，并精确预测其产品。他把学校比作工厂，把理想的成人喻作生产过程的产品，儿童则是原料，教师是操作员，生产何种类型和素质的教育产品需由使用教育产品的人决定。（汪霞，2003）[23]与博比特同时代的课程学者查特斯（Werrett W. Charters）是科学化课程运动的重要响应者。他们领导了课程研究的科学化运动，确立了课程编制的科学化取向，提出了一系列为后续研究奠定理论基础的课程思想。可以说，在课程领域中引入工业管理体制是课程管理形成从上至下管理模式的开端。

另一位开展科学化课程研究的典范人物、美国学者拉尔夫·泰勒于1949年出版了《课程与教学的基本原理》（*Basic Principles of Curriculum and Instruction*）。泰勒在继承前人研究成果的基础上，提出了课程开发的基本程序和方法：学校应该达到哪些教育目标？提供哪些教育经验才能实现这些目标？怎样才能有效地组织这些教育经验？怎样才能确定这些目标正在得到实现？（泰勒，1994）[导言2]这便是人们所说的"泰勒原理"，它为科学化课程的开发奠定了理论基础。事实上，"泰勒原理"的诞生使得科层式、程序化的课程管理模式获得了合法的主导地位。目标的确定被认为是泰勒原理中最为关键的步骤，由此形成了一个历经多年而不衰的课程研究的主导范式——目标模式。

随着经济持续增长、科学技术不断发展，以及20世纪50年代到60年代全球竞争意识的不断强化，一些国家开始了大规模的课程革新的尝试。当时，美国布鲁纳（Jerome S. Bruner）等人领导的学科结构运动就是这种背景下课程革新的代表。学科结构运动是课程现代化进程中的重要里程碑。在学科结构运动中诞生的学术中心课程在20世纪60年代风靡一时，这种课程谋求教育内容的科学化、现代化，重视课程的学术性、科学性。在课程开发过程中，各学科的专家、科学家取代了课程学者，成为课程开发的主角，特别是学科专家的主导作用更加明显和具有权威。

这种由上至下的目标导向的课程管理模式过度强调了学科专家的控制与监管，是一种典型的预设过多的课程模式，其严重弊端是脱离学校实际。20世纪50年代以来，带有浓厚目标导向的、以科目为本的课程开发革新模式没有达到预期的成效。这促使课程理论工作者对集中式的课程开发模式进行了深入反思：以集中式的课程开发模式来解决学校教育的所有问题，不但会脱离学校教育的实际，也造成了课程资源的浪费，压抑了教师和学生的创造精神，从而造成学校缺乏活力和生机。正如有研究者所言，这些课程计划或课程开发运动给我们留下了永恒的思考课题。第一，课程开发被看作一个复杂的、持续的、有计划的变革过程，需要专家小组与学校成员一起参与；第二，课程被当作学科科目的集合或界定好的宽泛的知识领域，每一个领域都要求有自己的开发小组和评价者，但运用的是相同的策略；第三，课程变革的概念被拓展，与教育发展的其他方面相关联，尤其是与教师的专业发展或在职教育、与学校领导和管理以及评价相关联。（胡森 等，2006）[61] 同样，作为反思的结果，一些学者还强烈地主张：学校层面的革新、创造以及内容调适是宽泛的，是系统的革新策略的关键部分；在课程革新中，学校是一个具有创造性的场所；没有学校和教师的参与，课程革新要想达到预期的成效是不可想象的；在课程开发中，教师必须参与到教什么和如何教的审议及决策之中；等等。

2. 校本课程运动的兴起与"实践""过程"课程理论

对由上至下的目标导向的课程管理模式广泛而深入的反思，使得校本课程开发研究成为人们关注的焦点。于是20世纪70年代以后，西方国家兴起了强劲的校本课程开发运动。校本课程开发，又称为以学校为核心的课程计划，它是指学校以自己的教育哲学观为基础开发课程。以这种方式设计的课程反映具体的教育环境，是课程建设以学校为核心的产物。在校本课程的认识上，有狭义和广义的区别。在狭义上，以学校为核心的课程计划可以被视为由校长和教师选用的现成的课程产品。在广义上，以学校为核心的课程计划可以被看作一种制定决策的过程，包含开发、实施、评价整个学校课程的活动，它关系到学生的学习技能、单个学科领域、综合化的主题、必修课程与选修课程。这种计划在学校课程的纵向和横向两方面考虑了学生的需要。这样的决策包含有校长、教师、学生和家长的参与。（胡森 等，2006）[34] 我们所说的校本课程是广义上的。

校本课程开发突破了单一的国家课程开发的局限性，使课程开发能够更好地体现参与性和适切性，更能适应特定学校的具体条件和实际需要。校本课程开发不但客观上要求学校的校长、教师重视课程发展，而且也赋予他们相应的课程领导权力与责任。

校长在以学校为核心的课程计划中作用尤为重要。"校长不仅处在中心位置，而且起到决定性的作用。"（Hord et al.，1987）一系列研究已显示，没有校长的积极参与，改革与变革是不可能在学校中顺利开展的。这在以学校为核心的课程计划及相似的其他各种变革中尤为关键。此外，与集中式课程制度下学校的运行不同，以学校为核心的课程计划运动把学校置于评价的焦点和内外压力之中。这里强调的是校长而非教师的工作，因为是校长根据其所期望的变革及其影响来推动教师的行动的。（胡森 等，2006）[35]

在这期间，课程理论的发展进一步促发了校本课程运动的兴起。最有代表性的课程理论就是美国的约瑟夫·施瓦布（Joseph Schwab）提出的"实践性课程理论"和英国的劳伦斯·斯滕豪斯（Lawrence Stenhouse）倡导的"过程模式课程理论"。正如有学者所指出的："鉴于泰勒原理的产生及其产生的巨大影响，其后相当多的课程论是在反思和批判泰勒原理及其模式的基础上形成的。"（从立新，2000）[54] 施瓦布和斯滕豪斯是两位较早也比较有影响的对泰勒原理进行反思和批判的课程理论研究者。

施瓦布是美国著名的课程论专家和生物学家。他曾是泰勒的学生，与布鲁纳等一起领导了美国 20 世纪五六十年代的结构主义课程改革运动，即"新课程运动"。这次课程改革运动没有取得预期的结果，这让施瓦布陷入深思之中，并促使他超越"泰勒原理"和结构主义课程思想。从 20 世纪 60 年代末到 80 年代初，施瓦布发表了 4 篇文章，即《实践：课程的语言》（The Practical：A Language for Curriculum）、《实践：折中的艺术》（The Practical：Arts of Ecletic）、《实践 3：转换成课程》（The Practical 3：Translation into Curriculum）、《实践 4：课程教授要做的事情》（The Practical 4：Something for Curriculum Professors to Do），这些奠定了施瓦布的课程思想——实践性课程理论。实践性课程理论的基本观点是：课程开发应当立足于具体的课程实践，从课程实践的各种事实出发，而不是套用现成的所谓普遍、科学的课程原理。施瓦布主张课程开发的基本方法是审议。课程审议是指课程开发的主体对具体教育情境中的问题反复讨论权衡，最终做出恰当的、一致性的课程开发决定并提出相应的策略。这种课程应当以学校为基地建立，教师和学生是课程的主体和创造者。虽然实践性课程理论并不排斥有关领域"专家"的作用，但它特别强调要避免学术和理论权威强势主导的"官僚主义"倾向。施瓦布理想中的课程开发基地自然是每一所学校，这种课程开发必然趋向于校本化。

斯滕豪斯是英国著名的课程理论专家，在1975年出版的《课程研究与开发导论》（*An Introduction to Curriculum Research and Development*）中，他对以泰勒为代表提出的目标模式的课程理论进行了分析批评，在此基础上，形成了自己的过程模式课程理论。斯滕豪斯认为，目标模式课程理论将知识结构转化成被分解的行为目标，这是将知识蜕变成工具性的技能，歪曲了教育的本质，其对知识的理解是存在误区的。同时，目标模式课程理论试图通过澄清目的来改进课程与教学实践，这在逻辑上是合理的，却未必能带来实践中的成效。他主张，课程领域应是一个开放的而不是封闭的系统。这种开放性一方面表现为发展学生的主体性、创造性，另一方面则表现为赋予教师充分的自主权。后来，他进一步提出"教师即研究者"。既然教师是研究者，那么学校就是课程研究和开发的中心。

无疑，无论是施瓦布的实践性课程理论，还是斯滕豪斯的过程模式课程理论，都"为校本课程的兴起和发展奠定了重要的思想基础和舆论准备。这些思想基础和舆论准备与当时人们对于中央集权课程开发机制的缺陷的不满及要求进一步民主化、多元化的社会思潮相汇合，促进校本课程开发的成长与发展"（傅建明，2003）[8-9]。

3. 带有鲜明工具取向的课程领导形态

校本课程开发运动的兴起与发展，呼唤着新的课程管理理念与范式，"课程领导"理念与范式孕育而生。尤鲁提出课程领导是教育改革的关键所在，认为对课程工作者来说，领导就是要承担起服务的责任以对美国的教育产生强大而有建设性的影响。课程领导的任务就是要培养新的解决方法的能力，所以课程领导者要拓宽课程发展的愿景，以适应人本主义和民主的理想，以及知识技术的更新和未来研究工作的需要。（Unruh，1976）皮克润通过一个课程领导培训项目，探究了大学和学校之间的新型工作关系，该项目重点在于发展课程开发技能、团队合作能力、非正式权力、沟通技巧，同时还涉及采用新观念及时间管理等。皮克润认为，实施课程领导训练，有利于解决地方课程问题。（Pickering，1979）

正因为课程领导发端于校本课程开发运动，因此，此时课程领导带有鲜明的校本课程开发取向。无论是皮克润1979年发表的《发展学校课程领导》一文，还是布拉德利1985年出版的《课程领导与发展手册》，或是格莱索恩1987年出版的《课程领导》，都带有鲜明的"实务"特征，即课程领导明显表现为对学校课程开发进行技术性指导，具体包括课程规划、课程组织、课程实施、课程评价等方面的技术指导。正如有学者所认为的，此时的课程领导"带有浓重的工具色彩"（林一钢 等，2005）。乃至格莱索恩后来出版《校长的课程领导》一书时，仍清楚地表明："我认为这本书对于校长和副校长来说，是一本建立优质的学校本位课程领导相当实用的手册。"（Glatthorn et al.，2006）[175]

应该说，"工具取向"贯穿了20世纪七八十年代的课程领导研究，当时形成了几种具有普遍性的课程领导模式，即美国的CLI模式、加拿大的DIME模式和英国的学科领导模式。（黄旭钧，2003）

（1）美国的CLI模式

CLI是美国课程领导协会（the Curriculum Leadership Institute）的缩写，它于1982年在美国堪萨斯州成立，由恩波利亚州立大学（Emporia State University）和几所公立中小学共同组成了一支研究队伍，以工作室的形式开展研究。该协会提出了在实践中有步骤地进行课程和学校改进的课程领导模式，这一课程领导模式已在美国1000多个学区推广。

CLI模式立足于不同层次上的课程领导，强调各层次课程领导的连贯性与协同性。不同层次的课程领导组织，具体包括学区的课程协调委员会、学区教育委员会、学科领域委员会等。这些课程领导组织实际上都是一些领导共同体，强调合作解决各种问题。在CLI模式中，学区中不同层级的机构、不同的人员负责课程领导工作，教育局中负责课程与教学的副局长、课程协调者、学校校长等都是主要的课程领导者，但校长是更为重要的课程领导者。校长必须从传统的课程监督与管理角色转变为首席教师的角色，面对并解决课程问题，通过合作、实践与反省，促进学校成员发展。校长的课程领导任务包括提出学校课程愿景、规划活动、制订方案、选择教材、联结课程、实施课程、促进成员发展以及进行课程评价与修订等。

（2）加拿大的 DIME 模式

DIME 模式是由加拿大萨斯喀彻温省教育部在发展核心课程方案时所提出的，它由 4 个英文单词（development，implementation，maintenance，evaluation）的首字母构成。该模式认为新课程发展有四个时期，分别是：开发期，主要开发并实验课程；实施期，主要将课程传递给学生；维持期，维持课程不断更新；评价期，正确评价课程符合目标的程度及其实施的成效。DIME 模式从课程的开发、实施、维持到评价四个角度，为校长实施学校的课程与进行教学领导提供了一个可资借鉴的模式。校长可以开发并试验学校课程，提供有效实施课程的条件，包括师资培训、设备与教材的提供，以顺利将课程传递给学生，并不断维持课程的更新，最后通过评价课程确认课程目标达成的程度。DIME 模式强调校长是主要的课程领导者，特定学科的教师特别是有专长的优秀教师、处室主任、课程顾问也是可能的课程领导者。校长的课程领导角色由传统的监督者、管理者、评价者与指导者转变为改革的带动者、回应者与倡导者，以及支持教师的行动者与有效的时间管理者。其任务是创造良好气氛、建立目的与目标、提供课程专家的意见与资源、支持教学、促进专业发展、促进不同人员的合作、采取行动、充实专业知能和进行评价。

（3）英国的学科领导模式

1988 年英国出台的《教育改革法》规定，在学校校长之外必须增设"学科领导者"一职，要由有经验的学科教师担任。那么，这是不是对校长课程领导权的削弱呢？事实并非如此。在课程领导上，英国长期以来尤其强调校长的主导地位，制定了"校长的国家标准"方案，希望有经验的教师在通过培养获得校长的国家专业认证后成为校长，并实施有效的课程领导。"校长的国家标准"规定了校长工作的核心目的是提供优质的学校领导，促使学校的成功与发展，确保所有学生获得优质教育并提高其学习水平，领导学校教职员工的专业发展，并与主管机构合作，为学校规划愿景和方向，使管理更为有效，以符合学校的发展宗旨并助推学校教育目标的实现。但是，校长不可能精通所有的学科，所以要授权教师去管理和领导各学科的发展。学科领导者与校长之间必须保持良好的互动，以便学科领导者所代表的学科能够在学校发展中取得适当的优先性。同时，校长也要安排时间与学科领导者对具体问题进行讨论并达成共识，也要考虑如何向个别学科领导者提供进一步的支持。校长的支持是学科课程领导成功与否的关键所在。

（二）"价值取向"的课程领导形态

毋庸讳言，课程领导话语是受制于课程理论和教育领导理论的。20世纪80年代中后期特别是90年代以来，西方课程理论和教育领导理论都在发生着比较大的变化，或者说发生了重要的转型，产生了新的课程理论范式和教育领导理论范式。这种新的课程理论范式和教育领导理论范式很自然地影响着课程领导理论的发展，于是，在"工具取向"的课程领导理论存在与发展的同时，课程领导的"价值取向"凸显出来。

1. "课程理解"范式的兴起

正如前面所分析的，20世纪70年代以来，课程理论逐渐摆脱"工具理性"一花独放的局面，在"实践理性"和"解放理性"的引领下，开始寻求多元价值意义上的课程理解研究。在这样一个过程中，进入20世纪八九十年代以来，"课程理解"范式逐渐成为课程理论领域一股强劲的潮流。助推"课程理解"范式的主要是概念重建学派和后现代课程观。美国课程理论专家派纳（William F. Pinar）、阿普尔（Michael W. Apple）、多尔（William E. Jr. Doll）是推动"课程理解"范式的众多代表人物中较为我国教育学者熟知的人物，他们的代表作《理解课程——历史与当代课程话语研究导论》（*Understanding Curriculum*：*An Introduction to the Study of Historical and Contemporary Curriculum Discourses*）、《意识形态与课程》（*Ideology and Curriculum*）和《后现代课程观》（*A Post-Modern Perspective on Curriculum*）的中译本也已在我国出版。

"课程理解"范式的主张者转换研究视角，运用新的研究方法，以鲜明的批判精神建构自己的课程理论。他们为拓展课程的内涵，把课程视为具有不确定性和情境性、负载价值的文本。概念重建学派的理论，包括派纳的"存在经验课程论"和阿普尔的"批判课程论"。它们在课程的目的上存在着一致性和互补性。派纳的"存在经验课程论"从"个体—社会"的路径出发，主张通过"履历情境"的描述和"自我知识"的探求而发展个体的"存在经验"，实现"个体解放"的课程目的。阿普尔的"批判课程论"则从"社会—个体"的路径出发，把课程开发作为政治行为，强调通过意识形态的批判达到社会公正和个体解放的课程目的。后现代课程观代表人物多尔所持的是一种不断生成的目标观。他认为，课程的"目的产生于过程自身；而不是外在于过程。这意味着在过程开展之前，目的只能以一般的、甚至是'模糊'的词汇来描绘"（多尔，2000）[42]。多尔鼓励课程实施过程中的创造性、互动性转化。

"课程理解"范式强调建构性知识观和多样化的课程本质。派纳认为，知识是在变成（becoming）的过程中，由主体统合客观事物和关系而形成的，是"过程定向的"。经验的本质是"创始性""开放性""不完全""不固定"。聚焦"预先设定的、由学生记诵的教学内容或教材"的传统课程观是"反理论的"，也是"反历史的"，最终导致人的异化与迷失。因此，他强调，课程是主体的"一种内心的旅行"，是"具体存在的个体的生活经验"，具有不确定性。阿普尔提出课程理论需要承认知识是一种社会性的建构（a social construction），他将课程本质视为"反思性实践"，"反思性实践"的世界并非自然的世界，而是被构建的世界。阿普尔以意识形态批判为出发点，以社会实践为归宿，提出课程是师生共同创造意义的过程，学校充当了文化和意识的霸权机构，充当了选择传统和"合并"文化的机构。学校课程不仅加工"个体"，而且加工"知识"。多尔的后现代课程理论鲜明地揭示出课程的"非线性"和"建构性"特征，他把课程视为没有固定的起点和终点的回归性课程。他提出"构建一种课程模体（matrix）"，这是"为了强调后现代课程的建构性和非线性特点"。（多尔，2000）[230]"建构主义的课程是通过参与者的行为和相互作用而形成的；不是那种预先设定的课程（除非是从广泛和普遍的意义上而言）。作为一种模体，它自然没有起点和终点；但它有界限，有交叉点或焦点。因此建筑在模体基础上的课程模式是非线性、非序列的，但它由各种交叉点予以界定，充满相关的意义网络。课程越丰富，交叉点越多，构建的联系性越多，随之意义

也就越加深化。"（多尔，2000）[230]

"课程理解"范式强调课程建构的主体性与主体间性，强调在一定的情境中，激发课程实施过程中的互动。派纳重视个体的"存在经验"，对学习者予以足够重视。他认为学生是"本体化"的学习者，他们之间形成的是"交互主体性"（intersubjectivity）。阿普尔认为，人是知识、文化、意识形态的积极参加者和创造者，实在的知识是历史、政治和社会情境中"交互主体构建的意义"。就课程而言，课程的现实和内容都是意识形态的建构，两者都体现了与文化控制有关的权力的复杂联结。多尔提出"平等中的首席"（first among equals）的师生观，重新界定了后现代课程中师生的地位和作用。后现代课程范式中的权威不再是超越行动的、外在的，而成为共有的、对话性的。

如表1-1所示，有研究者从多个方面对后现代课程理论与现代课程理论做了对比分析（周宗钞 等，2004）。

表1-1　后现代课程理论与现代课程理论的主要区别

基本观点	现代课程理论	后现代课程理论
科学观	科学的实证主义	反理性的中心主义
知识观	知识是客观的、普遍的、价值中立的	知识是不确定的、情境性的、价值介入的
课程观	课程是封闭的、单一的、累积的	课程是开放的、复杂的、变革的
研究范式	科学主义 构造课程图像 课程开发范式	人文主义 理解和描述 课程理解范式
建构标准	泰勒原理，追求科学性	多尔的"4R"和"5C"①，追求开放性
分析方法	客观地解释，科学地分析和说明	解构—重构—再解构的循环过程

① 4R 和 5C 都是多尔提出的后现代课程建构的新标准。4R 是指丰富性（richness）、回归性（recursion）、关联性（relation）、严密性（rigorous）。5C 是指旅程性（currere）、复杂性（complexity）、宇观性（cosmology）、会话性（conversation）与社区性（community）。多尔还提出 3S 说，即科学（science）、故事（story）、精神（spirit）。

续表

基本观点	现代课程理论	后现代课程理论
课程目标	线性的，追求达成目标	非线性的，重视过程和目标的不断重构升华
课程体系	孤立的封闭系统	有机的开放系统

"课程理解"范式对以技术理性为根本特征的现代课程范式进行了批判，主张运用人文–理解的方法，把课程置于整体"生态"的层面，不仅关注课程背后的价值和规范，而且注重学习者的存在经验、学习主动性的创造价值和学习过程中冲突的意义。这种带有革命性的课程范式变化，必然影响到课程领导的发展。正如美国南佛罗里达大学研究教育领导的学者慕伦（Carol A. Mullen）指出的，"课程研究的最新趋势是用修饰词来限定课程领导，这些修饰词凸显了课程领导功能与目的的变化。研究者用这样的语言方式表达了他们的哲学倾向，就像他们在课程概念上一直所做的那样。诸如'转型的''创造的'这些修饰词流行起来。此外，课程和课程领导的修饰词还有'民主的''合作的''批判的'，所有这些词汇都集中反映了人们以特别方式关注着学校领导及方向"（Mullen，2007）[25]。

2. 学校领导理论的新发展

自 20 世纪八九十年代以来，在西方课程研究领域发生重要变化的同时，教育管理与领导研究领域也在发生着重要的变化，特别是在学校领导范式方面出现了许多新的理论或思想。这种变化主要表现为对传统的"个人英雄主义""交易型"等领导范式的批判，主张用新的领导行为代替传统的命令与控制式领导行为，出现了领导行为的转型趋势。正如于泽元所说的："最近十年来在领导研究领域人们讨论最多的一个趋向就是转型的领导。"（于泽元，2006）[139]"转型的领导"概念是对这种变化的总体概括，其中包含着许多不同的思想表达方式，主要有分布式领导（distributed leadership）、建构式领导（constructivist leader）和道德领导（moral leadership）。

（1）分布式领导

分布式领导是由斯皮兰（James P. Spillance）、哈里斯（Alma Harris）等学者提出来的一种学校领导理论。斯皮兰认为，分布式领导内含领导者相加和领导实践两个层面，是指在特定情境和实践领域中，多个组织层面的领导者交互影响，以增加组织领导的"厚度"，同时吸收广大员工智慧的过程。哈里斯认为，分布式领导是发生在组织层面而不是个体层面或小团体层面的活动，具体到学校，就是让教职工有一定的决策权，并承担相应的责任。

分布式领导的基本理念是赋权、协作、分享。在这种领导理念的指导下，每个个体都能在组织中发挥各自的智慧，形成一个共同体，以实现组织的目标。它具有以下几个鲜明的特征。

首先，分布式领导强调要重视个体的领导才智。分布式领导针对以前的领导方式过于注重单个或少数领导的才能、个人主义或英雄主义比较明显的问题，认为所有组织成员都能成为领导者，领导行为遍布整个组织结构中。在这种领导方式下，个体具有参与决策的权利，且在一定的范围内，可以根据自己的知识与经验进行决策，并对决策的结果负责。

其次，分布式领导关注领导行为的情境性。分布式领导认为情境不是领导行为的外部因素，也不是独立于领导行为的因素，而是融合在领导行为中的，是领导实践的构成要素。情境可以促进或制约活动，活动也可以改变情境。日常的领导行为都是在一定情境下发生的，是领导者和员工相互作用的结果。领导者要根据不同的情境，采取不同的策略，在特定的情境中尽可能发挥团队的作用以实现组织目标。

最后，分布式领导强调团队的合作行动。分布式领导与其他领导方式的最大不同就在于它是一种团队合作行为。团队成员具有较强的合作意识和团队意识，通过相互间的激励，激发彼此的潜能，完成各自的工作，共同实现组织目标。成员结合成一个有机的整体，互相协调，互相学习。在此过程中，人人都是领导者，人人既是为自己工作，更是为他人工作。同时，分布式领导还重视团队内非正式组织的作用，认为良性的非正式组织是一种有效的沟通工具，它能增强团队的凝聚力，维护个体的个性特征，所以，主张促进非正式组织与正式组织的合作，共同为实现团队目标而努力。

（2）建构式领导

建构式领导是兰伯特（Linda Lambert）等学者在 1995 年出版的

《建构式领导》（*The Constructivist Leader*）一书中提出的，它以新兴的建构主义学习理论为基础，阐述了建构式的学校领导理论。该理论认为，领导是一个使人产生能力上交互影响的过程，这个过程使教师成为教育团体之中有意义建构的参与者，通过这种参与，领导和教师一起实现了学校教育的目的——学生的学习。建构式领导与传统领导的最大不同之处在于：它不强调领导的绝对权威，而是相信学校领导的过程是一个领导者和被领导者交互作用并互惠的过程。教师是这一过程的参与者，而不是被迫的执行者。另外，这种领导理论还强调学习，包括领导者的学习、教师的学习以及学生的建构式学习。领导者在学习中不断发展、提高，整个学校就是一个学习型组织，领导就是一个学习与发展的过程。

（3）道德领导

道德领导作为一种新型的学校领导理论，相对于其他学校领导理论来说，其影响力更大。如美国著名的教育管理与组织行为研究专家欧文斯（Robert G. Owens）所说，道德领导在 20 世纪 90 年代的教育界备受青睐（欧文斯，2001）[321]。道德领导的主要提倡者是美国著名教育领导者萨乔万尼（Thomas J. Sergiovanni）。在他的很多著作中，他都强调道德在学校领导中的重要作用，他还专门著有《道德领导：抵及学校改善的核心》（*Moral Leadership*：*Getting to the Heart of School Improvment*）一书。加拿大著名教育专家富兰（Michael Fullan）也是道德领导的积极主张者。

萨乔万尼认为，学校是一个学习的共同体、同辈的共同体、关怀的共同体、全纳的共同体、探究的共同体、道德的共同体。在他看来，学校领导要具有号召力，必须深入发掘学校领导行为所潜藏的道德意义，只有以这种道德意义为基础，学校领导才能够获得真正的权威。领导者只有出于维护正义和善的责任感与义务感而行动，才会使成员为正义和善做出自己的回应，表现得优秀而持久。

萨乔万尼提出五种类型的领导权威来源，即科层权威、心理权威、技术–理性权威、专业权威、道德权威。他认为，每一种来源虽然都是合理的，都应成为领导实践的部分基础，但是，采用哪一种来源或哪几种来源，却有差异。当今领导的权威主要来源于科层的、心理的、技术–理性的权威。他进一步分析到，假使我们在科层的、心理的、技术-理性的权威来源上加上专业的和道德的权威，并使后两种权威成为领导权威的首要来源，那么对问题就会有不同的回答。我们将首先从"追随什么"开始——共享的价值观和信念把我们界定为一个共同体，理想把我们界定为专业人员；然后，我们将问"为什么"——因为这么做，在道德上是正确的；最后我们会问"应当追随谁"——应当追随我们自己，即作为共同体成员，作为有道德意识的、奉献自我的人。萨乔万尼借助图1-1，形象地诠释了教育领导（校长）的权威转移过程（萨乔万尼，2002）[41-43]。

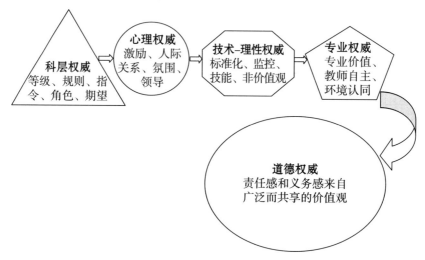

图1-1　萨乔万尼理解的权威转移过程

3. 课程领导凸显价值意蕴

自20世纪八九十年代以来，在理解课程范式和新型学校领导理论两股潮流的助推下，课程领导发生了重要的变化。这种重要的变化就在于从"工具取向"转向更加注重"价值取向"，从侧重技术、手段转向关注目的、意义，强调愿景、民主、合作、建构和批判反思。许多课程和教育领导方面的专家学者对此都有不同程度的表达。比如，美国课程专家兰伯特提出，课程领导有四方面特征：其一，课程领导指的是一个团体，而非个别的领导者（如校长），组织内的每一个成员都有成为领导者的潜能和权利。其二，团体内的所有成员一起学习、一起合作以建构意义和知识。领导是促使学校发生建设性变革的学习过程。学习具有共同的目的。其三，透过成员间的持续对话和交流，成员的感知、价值观、信念和设想就会得以清晰呈现。在具有共同信念的前提下，成员们反思工作并给工作赋予意义，推动有助于工作的行动。其四，它要求权力和权威的再分配，要求成员们共同承担责任。（Lambert，1998）

（1）亨德森等人的民主课程领导观

亨德森和克森（Kathleen R. Kesson）在 1999 年出版的《理解民主的课程领导》（*Understanding Democratic Curriculum Leadership*）一书中，系统地探讨了对民主的课程领导的理解。亨德森同意杜威的见解，把民主看作一种道德的生活方式。他的理论的另外一个基础是格利恩（Maxine Greene）关于自由的概念，亨德森认为，"自由的智力"（free intelligence）使领导者能够批判性地反思。在自由、解放等信念的基础上，亨德森认为，民主课程领导的一个重要特征是"分享"，就是要对教师或者下属进行赋权增能，使他们获得决策的能力，并积极参与到决策中去。（Henderson，1999）[3-23]

亨德森又和霍索恩出版了《转型的课程领导》一书（中译本译为《革新的课程领导》，浙江教育出版社，2005 年），进一步阐述了其民主的课程领导观。亨德森和霍索恩在书中描绘了旨在培养人的多元素养和创造民主的学校共同体的课程领导愿景。为了实现这一理想，亨德森和霍索恩构想了一种转型的课程领导。转型的课程领导应该是：一切课程和教学的设计与落实，都要考虑到学生是否能够从教育当中获得最佳的学习结果，而学生的学习应该是深思熟虑的、多元智能参与的、注重多重素养的、实践本位的、顿悟性的、社会合作性的以及多元文化渗透的；同时，要批判地检视现有的课程与教学的实践及其结果并对之进行持续、有创意的革新。

亨德森和霍索恩在书中具体描绘了转型的课程领导者的五种画像，用他们自己的话来说，叫"五个道德劝说"（persuasion）。第一，要做教育理想家。转型的课程领导者对教育愿景具有较强的敏感性，正是这种敏感性，使得他们明白理想的教育是什么样子的，并在学校课程领导过程中努力实现这种教育理想。第二，要做系统变革者。转型的课程领导者应该知道，即使变革发端于少数人身上，也必须扩展到学校不同的层面和人员，课程领导者要运用专业的热忱与渴望，鼓舞和影响其他人员参与其中。第三，要做协同的合作者。转型的课程领导者意识到建立合作的专业共同体和具有关爱性、创造性、批判性、沉思性等特征的专业探究文化的重要性。第四，要做教育革新的公开倡导者。转型的课程领导者愿意成为教育革新的提倡者，并承担因为变革而带来的责任，同时能够在变革中坚守自己的道德信念。第五，要做建构认知者。转型的课程领导者能够整合自己零碎的经验，寻找自己独特而真实的声音，永不停息地探寻真理，永不停息地探索学习。

（2）布鲁贝克的课程领导观

布鲁贝克于 1994 年出版了《创造的课程领导》一书，提出了"创造的课程领导"概念，阐发了他的创造的课程领导观。2004 年他又出版了该书的修订版，书名为《创造的课程领导：激励和赋权学校共同体》（*Creative Curriculum Leadership*：*Inspiring and Empowering Your School Community*）。

布鲁贝克认为，课程领导者应该和成员建立一种创造性的关系，用自己的智慧帮助成员发现他们的潜能，进而展示并利用他们的潜能，使成员们心甘情愿地去做他们原先不愿做的事。他深入分析了工学取向、诠释学取向和批判理论取向三种取向的课程理论，认为不同的课程理论取向导致了不同的领导方向和方法，由此提出外在课程（outer curriculum）和内在课程（inner curriculum）的思想。

外在课程是工学取向的课程，而内在课程则表现为诠释学取向和批判理论取向的课程。外在课程也可以说是由教科书、考试和具体活动所支持的学程（the course of study），教师往往是课程的机械传递者和执行者，学生只是课程的接受者和吸收者。在布鲁贝克看来，内在课程不是文本课程，而是一种体验课程。教师和学生不是游离于课程之外，而是课程的有机组成部分，他们共同参与课程的开发和创生，是课程的创造者和影响者。布鲁贝克将内在课程视为较为理想的课程，批判了外在课程过于关注控制与监督的工具理性特征。课程开发是一种具有创造性、挑战性和艺术性的行为，是师生追寻主体性、获得解放与自由的过程。外在课程的领导往往具有控制倾向、等级鲜明，认为权威外在于学习者（学生和教师），权威来自教材、课程指南和学程本身。内在课程的领导反对模仿，倡导革新，注重授权，鼓励质疑，强调提升品质。关于课程领导情境，布鲁贝克认为，创造的课程领导者应重视组织情境中人际关系的互动和处理，强调学校共同体中成员集体力量的激荡，关注组织和个人愿景，积极营造良好的组织文化，彰显领导者个人品质对课程领导的重要性。

综上，西方课程领导理论呈现出从"工具取向"走向"价值取向"的发展脉络，也就是说，在"工具取向"的课程领导存在与发展的同时，课程领导的"价值取向"逐渐凸显出来。这里需要特别强调的是，"工具取向"的课程领导形态并不因"价值取向"的课程领导形态的凸显而被淹没或削弱，相反，它在课程领导的发展历程中始终占有不可替代的地位。美国课程领导研究的重要代表人物格莱索恩在与他人合著的《课程领导：开发与实施》（*Curriculum Leadership：Development and Implementation*）一书的序言中，开宗明义地写道："这本书是特意为那些正在履行课程领导职能和准备承担课程领导角色的人而写的。它的主要意图是为这些人提供必要的不同层次和多种角色上的课程领导知识和技能。"（Glatthorn et al.，2006）[xi]

二、中国课程领导研究之审视

我国香港特别行政区和台湾地区对课程领导问题较早给予了关注。1988 年，香港教育署就实施了以学校为本位的课程设计计划（school-based curriculum project scheme）。2001 年，香港特别行政区课程发展议会公布了《课程发展路向：学会学习、终身学习、全人发展》，启动课程的全面改革。这个文件再一次把发展校本课程作为重要的规划内容。台湾地区在 1998 年 9 月公布了《九年一贯课程总纲纲要》，并于 2002 学年开始实施。中国内地（大陆）在 2001 年 6 月颁布《基础教育课程改革纲要（试行）》，启动了新中国成立以来规模最大的一次基础教育课程改革。

总体而言，我国基础教育课程改革凸显出一个明显的特征，就是赋予学校在课程事务方面更多的自由度和更大的自主权，以发展出符合学校特色和需求的课程。权力下放使学校有更多的弹性发展空间，但是政府也加强了问责，其目的在于提高学校的生产力，提高教育质量。在这种背景下，"学校课程领导如何在校本课程发展中发挥有效作用，提高学校的课程与教学的质量，就成为一个无论是理论工作者还是实践工作者所必须关注的问题"（黄显华 等，2005）[43]。

依据上面的分析，我们认为，我国课程领导研究的兴起，主要动力来自基础教育课程改革，这是一股促发课程领导研究的内在力量。同时，还有一股外在的助推力量，这就是西方课程领导理论与思想的引进。由此，产生了一些课程领导研究的代表人物，他们着眼于概念建立、概念描述、要素分析、范式转型等与课程领导相关的问题展开研究。梳理这些研究文献，我们可以把握中国校长课程领导研究的概况。

（一）课程领导概念的建立和描述

对课程领导的理解，学者们见仁见智。如果说有多少个研究者就有多少种理解，也许并不夸张。笔者摘录了部分有代表性的看法，以做分析。

杨明全认为，人们一般把"领导"理解为一种指挥群体活动的行为，它通过领导者或领导团体所特有的权力、人格魅力、专业素养等对群体行为产生引领作用，以实现群体共同的目标。那么，什么是课程领导呢？课程领导是课程实践的一种方式，是指引与统领课程改革、课程开发、课程实验和课程评价等活动的行为的总称，它的目的是影响课程改革与课程开发的过程和结果，实现课程改革和课程开发的目标。这一定义强调，课程领导具有普遍性。也就是说，凡是有课程改革与课程开发的地方，不论是在国家、地方、学校层面还是在课堂层面，都需要课程领导。此外，课程领导的主体可以是个人，也可以是组织与团体。在我国，更加强调校长个人的课程领导行为。（杨明全，2002）

黄显华等人认为，课程领导不等同于课程管理，课程并非独立于学校其他教学因素而存在的。课程领导者可从课程设计、课程决定、课程实施以及课程评估等入手，将学校的教育目标，学生的学习动机、模式、能力和效能，教师的教学能量和专业发展，以及学校资源、文化等因素纳入考虑范围，重新审视自身在学校发展过程中所应发挥的作用。（黄显华 等，2002）[34]

游家政认为，课程领导是教育行政或学校管理过程的一环，是指在教育的团体情境里，借影响力来引导教育工作者在课程实务（含教学）中的努力方向，使其同心协力去达成教育目标。（台湾海洋大学师资培育中心，2006）[18]

黄旭钧认为，课程领导是指校长基于学校的愿景，厘清课程的意义与范围，认清自己的角色，制订具体的课程目标，领导成员针对课程目标与计划、课程设计与发展、课程实施、课程评鉴等方面进行周详的规划，设计合适的学习方案，在教师的课程进修、研讨、研究、咨询、评鉴等方面给予充分的支持与引导，以发展教师的专业知能；塑造合作性的学校文化，协调整合各种势力与有利资源，支持教师的教学，进而提升学生学习的成果与品质。（黄旭钧，2003）[29]

李定仁、段兆兵认为，课程领导是一个多层次的活动系统。国家对课程的领导主要是教育方针的制定和教育目的的确立。地方对课程的领导则是以教育目的为指导，具体检查和监督学校对国家课程的执行情况。地方课程领导的根本意义在于管理，地方对学校课程管理的本质在于服务。学校对课程的领导是指校长对教师教学过程的领导，它是国家、地方课程领导的落脚点。三级课程（国家课程、地方课程、学校课程）领导的对象、方式不同，具体的领导责任也不相同，它们是一种根本目标一致基础上的上级对下级的关系。教师的课程领导主要指教师能够为学校课程的发展提出意见和建议，并具体落实学校的课程决策。在我国，最基本的、与受教育者关系最为密切的课程领导表现为教师对课程的决策。（李定仁 等，2004）

靳玉乐、赵永勤认为，课程的组织体系应是自由、民主、开放的，体系里的每个学校和教师都是具有创意和创造力的主体，课程领导就是要使他们在分享决策权的基础上进行纵横沟通以形成共同目标。同时，通过个体对共同目标的理解和体认，形成协同努力的发展机制。这同校本课程的基本理念是相适应的。它通过让学校和教师分享权力、民主参与，最大限度地确保他们创造力的发挥。（靳玉乐 等，2004）

余进利认为，课程领导是课程领导者发挥影响力和信赖权威，促成成员彼此合作，落实课程发展的行为和历程。（余进利，2005）

于泽元认为，学校课程领导是课程领导者在学校情境中影响教师参与课程发展的历程，激发教师参与课程变革的动机，提升教师参与变革的能力，以达到促进学校课程发展，使学生更有效地学习的目的。（于泽元，2006）[119]

李朝辉认为，我们可以从狭义和广义两个角度来理解课程领导。从广义上说，课程领导是指中央、地方和学校所形成的领导体系的总称，它通过一定的政策和措施保证课程的实施和落实，最终达到促进学生发展的目的。从狭义上说，课程领导主要指的是学校课程领导者（校长）采取措施，以课程为中心，引领和激励全校教职员工共同实施课程，达成课程目标，最终实现促进学生发展的根本目标。校长是学校内的课程领导者，校长课程领导的含义是校长针对学校行政工作的中心——课程与教学进行领导，以达成发展学生学习品质的目标。（李朝辉，2006）

张民生认为，校长课程领导的主要内涵有：第一，规划学校的发展愿景和课改方案；第二，建立和健全学校的课程开发组织；第三，激发教师内在动机，组织合作的教师团队，促进教师专业发展；第四，促进学生全面而有个性的发展；第五，与家长和社会沟通以取得支持；第六，把有效的经验积淀下来形成制度，同时建设制度文化。校长的课程领导不只是管理校本课程，也不只是研究学校的课程计划，而是要整合各种教学资源，全面统领课程改革在学校中的实施。校长课程领导要促进教师的专业化发展，进而改变课堂，改革教学。（张民生，2007）

王利认为，课程领导应该是一个多层级的动态运行系统，它最终指向学校课程质量的提升、学生身心素质的提高和学习品质的改善以及教师专业的成熟。具体来说，我们可以把学校课程领导界定为：在学校情境下，课程领导者影响教师参与课程发展的过程，通过这一过程，激发教师参与课程变革的动机，提升教师参与变革的能力，促进学校形成民主、和谐、开放的教学文化，最终达到促进学校课程发展和提升学生学习成效的目的。（王利，2007）

综上所述，在学者们的表述中，存在"课程领导""学校课程领导""校长课程领导"乃至"教师课程领导"等多元表述方式。这种多元的表述，反映出学者对课程领导的认识有以下几个特点：第一，课程领导是多层级的组织体系和运行系统，包括国家、地方和学校三个不同层级的课程领导。第二，在学校层面，课程领导涉及与学校相关的不同身份人员组成的共同体，它强调权力分享、民主参与，同时肯定校长在学校课程领导中的主导地位。第三，课程领导的内容包括课程变革及课程与教学活动诸方面。第四，课程领导的旨趣是提升学生学习成效或者说学习品质。

（二）课程领导与有关概念的辨析

长期以来，在我国的教育管理学和课程教学论中，是没有"课程领导"这一概念的，所以当"课程领导"这一术语出现后，它与我们习惯使用的学校行政领导、课程管理、教学领导概念的关系，自然就进入了学者的研究视野。

1. 学校课程领导与学校行政领导

学者们一般是把课程领导作为学校行政领导的一个领域来认知的。于泽元认为，学校课程领导作为学校行政领导的一个领域，有很多与一般的学校行政领导不同的地方。学校课程领导强调对课程与教学事务的关注，这是学校课程领导的首要特征。而这种对学校课程与教学事务的关注恰恰是很多学校行政领导者，尤其是校长所忽略的。可以说，学校课程领导并不能离开学校行政领导的基础，但是它的所有思想和行为都最终指向课程和教学事务。因此，学校课程领导者不仅需要学校行政领导方面的知能，还需要对课程以及课程发展的知识有足够的了解，具有相当的课程发展能力。也就是说，学校课程领导者比一般的学校行政领导需要具有更多的知识和更高的专业水平。此外，学校行政领导往往强调特定行政职位的职能，而学校课程领导更强调一种权力的分享、合作关系。因此，学校中的任何人员只要发挥了课程领导的功能，他（她）就是课程领导者，即便他（她）并没有担任任何行政职务。（于泽元，2006）[119-120]

2. 课程领导与课程管理

在《课程新论》一书中，廖哲勋、田慧生是把课程领导作为课程管理的下位概念使用的，认为课程管理具有领导职能。这种领导职能是指，领导者对所辖组织和被领导者施加影响、发挥领导作用，使整个管理过程中的其他管理职能得以实现，使组织内的人、财、物得以有效地使用，使组织内的各项工作得以顺利开展。课程管理的领导职

能主要表现在规划和决策、组织和协调、控制与引导方面。（廖哲勋等，2003）[453-454]

彭虹斌认为，中西方的课程管理与课程领导的实践存在差别。由于西方管理学界与领导学界对管理和领导的内涵、职能提出了新的观点，地方分权制给校本课程的存在和发展提供了肥沃的土壤，加上校长在学校运作中的中心地位，西方人比较重视对校长课程领导的研究，起步也较早。基于校本课程开发、以提升学生学习品质为目标的课程领导，成了西方当今教育研究的一个新兴领域。但我国课程管理的现实与西方国家有着差别，新中国成立后直至20世纪90年代末期，我国主要聚焦的是教学管理。（彭虹斌，2005）

简单回顾一下21世纪以来我国基础教育课程改革的发展历程，我们看到，1999年6月全国教育工作会议上明确提出"试行国家课程、地方课程和学校课程"。2001年《国务院关于基础教育改革与发展的决定》中指出，实行国家、地方、学校三级课程管理，正式在官方文件中提出"课程管理"这个概念。同年6月教育部颁布了《基础教育课程改革纲要（试行）》，规定"为保障和促进课程适应不同地区、学校、学生的要求，实行国家、地方和学校三级课程管理"。三级课程体系的实行标志着我国课程管理观从过去的大教学观（教学包含课程）转向大课程观（课程包含教学），课程管理体制也从过去的教学管理转向课程管理。正是因为我国的课程管理观姗姗来迟，管理学界和领导学界还在不断引进西方的成果。由于我国的校本课程与西方的校本课程产生于不同的文化背景和课程管理体制下，我国对国外课程领导观的引入还有一个吸收、消化和本土化改造的过程。为此，彭虹斌特别提出，在立足于我国课程理论与实践的前提下，"课程管理"应是我国课程理论与实践发展的主导观念。

与上述认识不同，一些学者认为，课程领导的出现，不只是术语的变更与替代，在课程话语变迁的背后，有着深刻的价值内涵。

钟启泉认为，课程管理主要依靠自上而下的官僚体制的"监控""管制"，学校接受上级行政部门的指令之后才开始围绕学校的课程展开活动和运作，学校的动力来自上司和外部。而课程领导是从经营或者领导的功能出发，强调诉诸自身的创意和创造力，自律、自主地驱动组

织运行，把日常的课程实践活动作为自身的东西加以自主、创造性地实施。（钟启泉，2006a）

钟启泉进一步认为，从课程管理到课程领导这一语词的转换，不仅仅是符号所指的改变，它已深深地融入了新课程的理念及其价值追求。一方面，它标志着课程话语的变迁，适应了民主社会对个体权利的尊重的历史发展潮流，消除了那种"课程改革就是教材改编"的片面观点，凸显了人在课程中的个体地位；另一方面，它体现了学校教育工作的专业属性，彰显了课程实施的复杂性，表明课程的发展离不开课程利益主体的集体智慧贡献，从而表现出对自上而下启动和实施的课程变革策略的质疑与反思。（钟启泉 等，2006）

徐君认为，课程管理倡导的是统一化、层级化、秩序化的理念，在这种理念引导下，课程就是一个具有一定秩序的系统，最高管理阶层是这一系统的管理者，学校和教师是忠实的执行者和实施者。而课程领导则偏重于对课程以及跟课程有关的人、财、物的决策、使用、创新，较多地考虑管理中的人文、价值和发展动力因素。课程领导不是在"控制"别人，而是在引导别人做出高层次的判断与自我管理，激励相关人员投入持续成长的生活方式。课程领导具有共同性、平行性、参与性、互动性、发展性等特征。从课程管理到课程领导的转变，不是一种简单的术语上的变迁，而是观念和理念的转变与更新。（徐君，2005）

郑东辉认为，我们选择课程领导而扬弃课程管理，不是为了追求时髦，也不是崇洋，而是教育改革的时代要求，是一种理念的变化与价值的选择。课程领导是基于道德权威的革新的领导，"是一种负有责任感和义务感的共享价值观、信念、承诺和理想的共同体领导"。从学校的观点来看，凡是追寻学校课程愿景、关心或参与学校课程发展与课程改革的人士，都可以成为学校课程领导共同体的一员，如校长、教师、教务人员、学生、社区人士、家长等。其中，"'校长、教师、学生'三种视野应当永远处于课程共同体的核心，唯有如此方能保证课程改革的道德性"，才能推进课程改革，促进每位学生的发展。可见，教师绝不应该被排斥于课程领导之外，成为旁观者或被领导者，他们理应是重要的课程领导者，这是革新的、民主的课程领导之诉求。（郑东辉，2007）

同时，也有学者从课程组织运行范式的角度，比较深入地分析了课程领导与课程管理的不同。

靳玉乐、董小平认为，我国是一个实行集中管理的国家，政治上的特点映射在教育体制中，就使之表现出强烈的"科层化"特征，因此，"课程管理"可能比"课程领导"更能准确地表达我国学校课程实践的特征，这种特征来源于工业革命时期科学管理思想，其实质是追求效率、强调控制、崇尚权威。这种范式赋予"范式变量"的根本特征主要表现为：学校被看作科层组织；把法定知识作为学校课程领导的实践范畴；以技术理性作为解决学校课程领导问题的基本逻辑。我国过去几十年的学校课程领导，几乎就是在这样一个线性的环境下进行的。但是，在新课程改革中，学校的课程实践环境发生了重大变化，传统学校的既有理念与秩序被打破，学校环境开始变得"非线性"，当课程问题在旧范式下无法得到有效解决时，创造一种新范式不仅极为可能，而且成为必需。目前，我国课程领导的研究和实践在反思旧范式的基础上，主要强调学校及其成员在课程领导中的主体地位、反思性和自主性，这是学校课程领导中的一种新的范式或取向，靳玉乐、董小平将之称为学校课程领导的"反思—自主"范式。尽管这种范式在我国学校课程领导中发展得还不够成熟，但这种范式的充分发展，有利于解决旧范式下存在的学校课程领导问题。该范式的主要特征表现在以下四个方面：学校被看作课程领导共同体；把"经验"作为学校课程领导的实践范畴；用道德与专业权威推动学校的课程领导；以反思性实践理性作为解决学校课程领导问题的基本逻辑。（靳玉乐 等，2007）

靳玉乐、赵永勤对"课程管理"与"课程领导"进行了如下辨析（见表1-2）（靳玉乐 等，2004）。

表1-2 课程领导与课程管理比较分析

项目	课程领导	课程管理
权力主体	实行权力分享，与课程相关的人员均民主分享权力，尤其是对课程实施及其结果承担责任的学校与教师	管理权力集中于管理阶级，学校和教师不分享权力

续表

项目	课程领导	课程管理
权力实施	依靠课程领导者的法定权力和自身的权威，且以后者为主	靠课程领导者的法定权力和自身的权威，且以前者为主
决策及推行	与课程相关的人员民主决策，由学校和教师实施	课程管理者进行决策，以行政命令的方式自上而下推行，学校和教师被动执行课程决策
教师观	相信教师具有创意和创造力，具有一定的决策能力	认为教师只是既定决策、命令的执行者，缺少决策能力
沟通模式	纵向沟通之外有较多的校内外沟通和交流	以纵向的行政命令为主，有较少的自发形式的校际横向沟通
动力来源	决策主体自身的创意和创造力，自我驱动	来源于外部、上司的监管、监控

3. 课程领导与教学领导

课程领导与教学领导的关系，就如同课程与教学的关系一样，两者紧密联系、互为一体。

欧用生认为，"课程"与"教学"是两个紧密联系、互为一体的概念，课程必须依赖教学来实施，教学也必须依靠课程来丰富其生命力。对于课程，我们可以从教育系统、学校教学以及教师课堂教学这三个不同层面进行讨论，而有关教学的讨论，我们往往会将焦点主要集中于教师课堂教学的微观层面，而少有在学校整体教学的层面笼统地探讨某一教学方法或教学模式的问题，更难从整个教育系统的角度，分析和探讨细致的教学问题。即便如此，"课程领导"和"教学领导"依然是两个互相关联的概念，教学领导不能孤立于课程之外，课程领导也不能自立于教学之外，我们可以通过教学表现来理解和丰富课程内容，也应该在进行教学领导的时候，关注课程的因素。

黄旭钧从任务的角度来区分课程领导和教学领导。他认为，学校课程领导的主要任务包括设定课程目标与计划、促进课程设计与发展、监控课程的实施、评价课程的成效、促进成员进修发展进而提升学生的学习成果、领导学校成员达成目标。而教学领导只将焦点确定在提供方

向、资源、支持，以利于改进教师教学与促进学生学会学习。（黄旭钧，2002）

　　于泽元认为，课程领导和教学领导的主要区别在于以下几点：①教学领导主要关注教师的教与学生的学，而课程领导除上述关注点以外，还需要关注课程目标、课程内容等，范围要比教学领导广。②教学领导往往局限于课堂教学，而课程领导需要从更广阔的范围关注课程问题，如把学校看作一个整体，把学生在学校的发展看作一个整体，从整体的角度来考虑课程和教学问题。③和教学领导相比，课程领导关注更加复杂的人际互动。④除了和教学领导一样需要掌握有关教学的知能之外，课程领导还需要掌握课程开发方面的知能。（于泽元，2006）[123]

　　王利从钟启泉教授关于课程与教学关系的认识出发，辨析了课程领导与教学领导的关系。钟启泉认为，课程与教学彼此相关但却不同；课程与教学相互联系并相互依赖；课程和教学可以分开研究，但不能在相互独立的情况下运作；课程和教学实践不可区分，但就其理论和研究而言，却可分开讨论。（钟启泉 等，2008）[25-29] 王利据此认为，课程领导和教学领导是彼此相关但却不同的两个概念，二者的关系非常密切。具体来说，我们可以从它们的区别和联系两个方面来把握二者的关系。就课程领导与教学领导的联系而言，课程领导是在教学领导的基础上发展起来的，它们的内涵有许多重叠之处，主要任务也有诸多相似之处，它们的初衷是一致的，都是致力于在学校中创造一种分享目标的意识，营造一种高期望的学校氛围，建设促进教学实施的学校文化，提高学校的绩效，促进学校全体成员的发展。但是，两者在学校发展、学校内部成员关系、关注的范围、关注的层面、所必备的知能五个方面存在着区别。（王利，2007）

　　综上所述，学者们在研究课程领导时，一般会关注到课程领导与课程管理、教学领导的关系。审视以往的研究，笔者发现，学者们在辨析课程领导与课程管理的关系时，呈现出两种主要倾向：一是认为课程管理的范围要大于课程领导，课程领导是课程管理的一个职能；二是主张"转换说"或"扬弃说"。坚持此种主张的人认为，从课程管理到课程领导，不仅仅是术语的变更与替代，更是课程语境的变迁，是一种理念的变化与价值的选择，其实质是一种范式转型。关于课程领导与教学领导的关系，学者们认为，课程领导与教学领导密切联系，不可分割。一般而言，课程领导在外延、内涵上都要大于教学领导。

（三）课程领导的特征

课程领导作为我国课程与教学研究领域新兴的一个重要命题，学者们在关注它的内涵、与相关概念关系的同时，也将课程领导的特征作为重点研究的内容。

郑先俐、靳玉乐从区别于传统的课程管理体制出发，认为课程领导的特征表现在领导主体多元化、决策过程民主化、沟通模式网络化、领导动力内在化、职能重"引导"而非"控制"等方面。（郑先俐 等，2004）

领导主体多元化，是指课程领导注重多元主体参与。它把国家、地方和学校，以及课程管理人员、课程专家、教师、家长、社区代表和学生等与课程相关的组织和人员都看作课程领导的主体，使他们能广泛分享课程领导的权力与职责，扩大了课程领导的参与面，实现了课程领导主体多元化。

决策过程民主化，是指课程领导提倡课程权力共享、民主参与。在决策过程中，所有与课程相关的组织和个人都可以广泛发表意见，提出自己的看法和见解，教育管理机构和管理者在广泛听取、收集各种意见与看法，充分与各级组织和人员互相交流、互相协商的基础上做出决策。同时，又给下级组织留下自主决策的空间，以满足多样化的教育需求和适应环境的多变性。

沟通模式网络化，是指在课程领导中，上下级之间不仅存在着纵向的决策—执行关系，而且存在着横向、斜向的沟通与合作。各级组织与人员之间都有互相交流、互相协商、互相合作的关系，使沟通模式走向网络化。

领导动力内在化，是指课程领导的动力来源于决策主体自身的创意与创造力。在课程领导中，下级机构被看作是自主的、有创造力的主体，享有一定的课程决策权，它们在发挥自身的创造性、分享课程决策权的同时，自律地、自主地驱动自身去实现组织的目标。

职能重"引导"而非"控制"，是指课程领导强调上级机构要采用多种方式引导下级机构自主做出决策、进行自我管理，充分发挥下级机构的主动性、积极性和创造性。

徐君根据美国课程专家兰伯特提出的课程领导含义，概括出课程领导的五个特征。①共同性：课程领导强调的不是领导个人，而是教师和领导组成的共同体，要达成的是共同的目标。②平行性：团体中的每一个成员都是平等的，教师和领导在方向上是一致的，他们具有共同的工作节奏。③参与性：课程领导强调不依靠领导个人的权威、命令、控制、监督来开展工作，而是依靠教师或组织内每个成员在平等的基础上，参与讨论和决定，即强调以组织目标为中心实施合作，使参与者积极奉献。④互动性：教师和领导者的行动是一种持续的变化、充满活力的互动过程，也是教师和领导者及其他成员围绕学校发展问题的互动过程。⑤发展性：课程领导关注的是如何更好地促进教师的专业发展和学生的学业水平提升，最终达到学校的共同发展。（徐君，2005）

王艳玲从领导主体、领导职能、领导策略三个方面分析了课程领导的特征。第一，在领导主体上，从"领导者"走向"领导共同体"。课程领导主体是一个团队，而不是个人。校长、课程专家、教师、家长、社区代表、学生以及与课程相关的组织和其他个人都是课程领导的主体，它强调人与人之间的交互主体性。课程领导注重在组织中营造伙伴式的团队文化，将自己的组织建构成一个学习型组织。第二，在领导职能上，从"控制"走向"引导"。以往的课程管理将工业管理模式用于教育，追求标准化、确定性和教师教学的规范性，它以控制为基本旨趣。课程领导强调上级机构要采用多种方式引导学校自主做出决策及进行自我管理，充分发挥学校的主动性、积极性和创造性。引导主要体现在大的方针和课程发展政策上，而不是具体到所有课程的设置和编排上。课程领导主要是在服务中达成，而不是在行政强制中实现。在学校内部，领导共同体引领各利益相关者共商学校发展愿景，规划整体实施方案，并齐心协力实现之。第三，在领导策略上，从"行政命令"走向"课程协商"。在课程领导中，学校是一个开放系统，学校组织内部的成员——校长与教师、教师与教师、教师与学生之间存在着广泛的交流与合作。同时，学校与外部社会环境也存在密切的联系，吸纳校外人员如家长、社区代表等参与学校的课程发展，既有助于学校进行必要的自我调节，对迅速变革的环境做出适当的回应，又能保证人们充分行使其教育上的民主权利。课程是利益相关者的共同话题，每一个利益相关者都有机会表达自己的声音，共同营造一种合作、对话、反思的学校文化。（王艳玲，2006）

田慧生、于泽元认为，课程领导具有方向性、专业性、高位性、整体性、现场性等特征，这些特征使课程领导能够比较充分地发挥课程与教学创新之间的桥梁作用。（田慧生 等，2009）

课程领导的方向性，是指课程领导要能够确定和把握学校课程发展的方向。这是和课程管理相对而言的。课程管理和课程领导的最大区别在于前者更倾向于按照机构的规则实施已有的程序，而后者更注重目标和方向的建立与坚持。新课程改革要求学校不能再像过去那样，仅仅蒙头按照上级的要求实施课程，而要能够依据课程纲要和课程标准，对课程的目标和方向做出自己的思考，建立自己学校的教育哲学和课程愿景，从而有目的、有方向地做好学校的课程与教学工作。

课程领导的专业性，是指课程领导者应该在课程与教学方面具有比较强的专业能力和专业权威。一般来说，一名合格的课程领导者需要具备以下课程方面的专业素养：一是拥有有关课程哲学的知识；二是拥有有关学校课程整体的知识；三是拥有将学校课程理念、目标、愿景推广给教师的能力。

课程领导的高位性，是指和一般教师相比，学校课程领导者应具有一定的战略眼光和理论素养，能够站在全校的其至理论的高度来理解课程，推动学校课程向前发展。课程领导的高位性，是相对于教师课程领导而言的。课程领导主体和教师课程领导主体的最大不同在于，前者由于同时兼有学校行政领导职位，所处的境遇和教师有很大的不同。

课程领导的整体性，是指虽然课程领导必须关注一些零零碎碎的课程和教学事务，但是在课程领导的过程中，必须把学校看作一个整体，把学生在学校中受教育的过程看作一个整体，全面地对课程和教学事务进行把握。这种整体性可以从学校整体、学生发展整体、学校课程事务整体几个方面进行具体阐述。所谓把学校看作一个整体，就是指课程领导者心目中要有关于学校的完整图景，这个图景包括学校所有的人、事、物。所谓把学生的发展看作一个整体，就是指课程领导者心目中要有一幅学生从入学到毕业的完整图画。有了上述两幅图画，课程领导者就能够从整体上规划学校课程和教学事务。

课程领导的现场性，是指课程领导者是课程开发和课程实施现场的领导者，和一些理论工作者相比，他们对教育现场更加熟悉，对教师和学生的需求与思维方式更加清楚，更能够实施即时的现场指导、监督和管理。现场性主要体现在两个方面：熟悉性和即时性。

综上所述，在课程领导特征的研究上，虽然学者们的表述不尽相同，但是概括起来，笔者发现，他们主要是从课程领导主体、课程领导职能、课程领导策略和课程领导过程四个维度来展开的。就课程领导主体而言，课程领导主体是多元的，是一个"共同体"；就课程领导职能而言，课程领导是从"控制"走向"引导"；就课程领导策略而言，课程领导是从"行政命令"走向"课程协商"；就课程领导过程而言，课程领导强调方向性、整体性、现场性等。

（四）校长课程领导角色

有关校长角色的研究指出，校长角色一直在变化：由"首席教师"转变为"一般管理者"，再转变为"专业化与科学化的管理者"，进而转变为"行政人员及教学领导者"，最后演变至"课程领导者"。校长承担课程领导职能是现在和未来的趋势，但校长在课程领导中应扮演何种角色，才能有助于课程领导功能的发挥，则是仁者见仁、智者见智。

高新建认为，校长作为课程领导者应扮演八种角色。①理念的追寻实践者：与参与者一起追寻共同的教育理念并付诸实践。②系统的永续工程师：建立并调整学校组织结构，发挥组织潜能，提供协助及资源，塑造学校文化。③知能的建构散布者：校长应具备多样知能，并为自己和其他参与者提供研习机会，培养所需的专业能力，促进专业成长。④成员的领航合作者：引导教育理念落实在学校课程发展中，在创设学校课程愿景和课程目标时，依据相关课程规范，通过协商讨论，统整不同意见，为学校课程发展提供方向及先后次序。⑤创意的推动支持者：将外加的教改政策创造性地转化为适合学校实施的形式，兼顾协调学校、社区、社会的不同需求，鼓励教师创新。⑥资源的整合经营者：整合分配校内外各种资源，寻求共享新资源，与社区、家长建立伙伴关系。⑦人际的沟通协调者：与同事、家长、社区、主管机构、专家等课程利益相关者进行沟通，以利于学校课程的发展、实施、评鉴、改进。⑧成效的回馈监督者：对课程的发展情形、实施成效、学生的学习效果进行评价，了解教师在课程发展与实施过程中的需求，适时地给予教师回馈及必要的协助。(高新建，2002)

黄旭钧在分析了众多学者对领导者角色的界定后，指出校长应扮演九种课程领导角色：趋势与新议题的感知者、课程任务与目标的制定者、课程事务的协调者、课程发展的管理者、成员进修的带动者、课程评价的实施者、课程改革的激励者、课程专业文化的倡导者及各种势力的整合者。(黄旭钧，2003)[81-83]

郑东辉认为，校长的课程领导角色共有五种：课程愿景的策划者、课程团队与资源的组织者、学校专业文化的倡导者、课程发展的协调者、课程革新的激励者。(郑东辉，2006)

黄显华等人参考了多位学者的分析和研究，将课程领导者的角色归纳为十项，即反思性实践者、顾问、辅导员、促进者、监察者、协调者、生产者、导引者、改革者、中间人。(黄显华 等，2005)[225]

曹科岩、龙君伟认为，校长是学校的领导者，其扮演的角色影响着学校课程的发展。校长在课程领导方面应扮演以下几类角色。①教育理想家。作为教育理想家，校长必须扮演课程趋势的感知者和课程愿景与目标的设定者两种课程领导角色。②系统改革者。校长在此层面应扮演课程改革的促进者、课程改革的协商者、课程改革的规划者三类角色。③协同合作者。校长在此层面应扮演课程合作文化的塑造者、课程合作团队的组织者、课程信息的分享者三类角色。④支持促进者。校长在此层面应扮演课程发展的委托者、课程发展的支持者、课程专业的促进者三类角色。⑤评估反馈者。校长在此层面应扮演课程问题的诊断者、课程成效的判断者、课程评价的回馈者三类角色。(曹科岩 等，2007)

黄腾蛟认为，校长所扮演的课程领导角色可分为四类十二种：课程领导的核心角色，包括学校课程目标的制订者、学校课程体系筹者和校本课程开发领导者；传统课程管理角色，包括课程实施管理者、教师评价者和学生评价者；对教师发挥影响的角色，包括教师服务者、教师激励者和教师支持者；为课程领导奠定基础的角色，包括课程发展趋势

感知者、课程事务协调者和学校文化提升者。（黄腾蛟，2008）

从以上学者对校长课程领导角色的界定来看，基本上采用的是列举和描述的方式，虽然列举的数量有别，但基本上是围绕校长与课程、校长与学校发展、校长与校内外关系等方面来展开的，也可以说是校长职能的具体化。

值得一提的是，课程领导这一术语在我国教育学术界产生十多年以来，如果说前半段时间学者们主要讨论的是校长课程领导角色的话，那么后半段时间更多地是聚焦校长课程领导力，其研究方法也主要采取列举法，描述校长课程领导力的不同方面。如校长课程领导力可从课程观念、课程素养、课程团队、课程开发、课程实施、课程评价六个维度进行评判。（唐德海，2013）又如，校长课程领导力的建设需要构建学校课程开发的教师共同体。校长课程领导力需要通过六方面来实现：提高校长自身的课程专业素养，制定学校课程开发与发展规划，强化教师开发校本课程的能力，"诊断"与评价课程实施过程，营造学校文化发展环境，形成课程开发社会合力。（张世钦，2013）应该说，校长课程领导力研究与校长课程领导角色研究是一脉相承的，只不过校长课程领导力，在一定程度上更鲜明地反映了校长课程领导的实践性。

三、课程领导研究的方法论思考

纵观我国的课程领导研究文献可以发现，伴随着 21 世纪的到来，课程领导研究已经从隐性走向显性，并且深刻地影响到课程与教学的实践，许多学者不约而同地认识到课程领导的重要性与必要性。与此同时，在课程领导研究方面，我国内地（大陆）和香港、台湾地区相对而言又稍有差异。台湾地区对课程领导的研究起步稍早，因此研究成果也较为丰富、系统，研究视角更为接近实际，注重学校效能与校长课程领导的关系研究。香港地区对课程领导的研究更多的是从政策的层面来关注校长及领导团队和教师的专业成长。

而内地（大陆）的课程领导研究虽然相对于香港、台湾地区起步较晚，但由于教育的开放性，以及新一轮基础教育课程改革全面推进，在 2001 年后很快成为热点。学者们对课程领导的概念进行了定义和描述，对课程领导特征进行了分析，对课程领导与相关概念进行了辨析，对课程领导角色进行了界定。

我国内地（大陆）的课程领导研究走的是移植、借鉴、对话和创新这样一条路径。在这个过程中，学者们努力从传统与现实相结合、本土与域外相结合、理论与实践相结合、扬弃与创新相结合等原则出发，努力对西方课程领导理论进行全面、系统而深入的考察和探讨。在此基础上，更注重结合当前基础教育课程改革的背景，努力探寻本土的课程领导理论与策略。

总之，虽然我国课程领导研究较之西方起步较晚，但发展较快，课程领导研究的内容、方式及成果不断丰富。不过，总体而言，课程领导研究借鉴和模仿的特征较为明显，"形而上"的理论思辨与"应然性"的探讨要远比结合我国变革性教育实践开展的研究更充分。具体来说，在方法论上，目前关于课程领导的研究有以下三点值得进一步思考。

（一）泛概念化

通过对 2002 年以来课程领导研究文献的梳理，笔者发现，在概念的使用上，可谓纷繁多样，有"课程领导""学校课程领导""校长课程领导""校长课程领导力""教师课程领导""学科组长课程领导""教研组长课程领导""教研员课程领导""幼儿园园长课程领导""职业学校课程领导""区域课程领导"等多种不同的提法，在释义上也不尽相同。众多的概念反映出"课程领导"这一术语在我国教育领域传播得很快，也很广泛。同时，这也显示出课程领导研究呈现出泛概念化现象。当然，学者们使用比较多的还是"课程领导""学校课程领导""校长课程领导""校长课程领导力""教师课程领导"等概念。但就这些主题的研究文献进行分析后，我们也不难发现泛概念化的问题。

使用"课程领导"概念的研究者认为，课程领导是指国家、地方和学校所形成的领导体系的总称，或者说，它是一个多层级的动态运行系统，不同层级的领导主体和职能是不一样的。因此，课程领导的关键是明确各层级的权力、责任、职能。虽然这样的理解完全有道理，但是它和我们长期以来所讲的"课程管理体制"又有什么实质性差别呢？这难免会有只是换一个概念或换一个说法之嫌，因为国家永远既是领导者又是管理者，不可能只领导不管理或只管理不领导。在地方层面，也是如此。

使用"学校课程领导"这一概念的研究者认为，学校这个组织系统是存在着领导层级的，学校课程领导存在着从校长到学校中层干部再到教师这样一个层次结构，校长是课程领导的重要一环，而且是最重要的一环。与对课程领导的分析类似，学校作为一个组织机构，同样存在着管理层次，那么在学校内业已存在的管理体制是否一定要用领导体制替换？校长作为学校的最高领导者，他一定既要领导又要管理，而不可能只领导不管理或只管理不领导。联系到对"教师课程领导"概念的使用，我们可以说教师享有课程领导的"权利"，但最根本的问题是他们没有"权力"，学校有"权力"的人，只有校长。

笔者认为，课程领导是一定"权力"理念和制度框架下的思想与行为，由此，我们现在关注的课程领导问题，一定是学校层面的课程领导问题，核心应该是校长课程领导问题；而关注校长课程领导，不能只是单纯地将校长作为一个课程领导者的角色，而应该在当下的教育语境下，在变革性教育实践中去整体分析和把握校长课程领导问题。

（二）较深的西方痕迹

美国等西方国家课程领导研究兴起得早，研究更为深入，理论也更为成熟。而课程领导研究进入我国学者的视线，只有十余年的时间，因此，我们在开始课程领导研究的时候，自然要学习、借鉴和吸收西方课程领导研究的思想和理论。但在这样一个学习、借鉴西方课程领导理论与构建本土化的课程领导理论过程中，存在着借鉴乃至移植有余，但立足于我国教育语境的课程领导理论与实践研究较弱的不足。比如，我们的课程领导研究特别关注教师课程领导这一现象，这显然是受到西方20世纪八九十年代以来转型的课程领导理论的影响。这一思想在西方课程理论和学校领导理论中有非常大的影响，对改进学校课程领导实践具有重要价值。虽然在我们的教育体系中强调教师课程领导具有重要价值，但是在我国今天的教育语境下，校长们刚刚从自上而下的"捆绑"中松绑，根本没有经过课程领导理论乃至校本课程开发思想的洗礼，这时让他们给教师"赋权"，他们怎么能知道给教师赋什么权，又如何赋权呢？校长自己的课程领导权又在哪里？又有多大？

　　众所周知，美国历来没有国家统一的教育制度，也没有统一的国家课程，国家有关部门或机构所提出的教育目标或标准在实践中并没有受到普遍的认可和重视，也根本无法起到实际的指导作用。各州有各州的要求，各校有各校的做法。20世纪70年代西方兴起了校本课程运动，校本课程在西方国家的学校里已经成为一种课程管理制度和课程形态，而我国是进入21世纪以后才从政策上认可校本课程的。因此，虽然我们在课程领导研究方面取得了不少成果，但至今没有研究出操作性强的用来指导校长课程领导的理论。对校长课程领导的进一步研究，迫切需要研究者立足我们自己的教育语境，特别是要关注变革性教育实践，读懂学校，读懂校长，以努力构建中国特色、中国风格的校长课程领导理论。

　　（三）学科上的"瘸腿"现象

　　纵观十多年来我国的课程领导研究，从学科视角来看，研究集中于课程与教学论学科，比较教育学科稍有涉及，而教育管理学科鲜有研究。这些年课程领导方面的专业学位论文，多出自课程与教学论学科，最早见诸报刊的课程领导研究论文也是出自课程与教学论专业学者。由于我们长期以来有教学论没有课程论，所以在课程与教学论专业著作中，存在"教学行政""教学管理"，而没有"课程管理"，更没有"课程领导"。最早提出"课程管理"这一术语的教育著作是由廖哲勋和田慧生主编的《课程新论》。在这本著作中，作者是把"领导"作为课程管理的一个职能提出来的。而"课程领导"被写入课程与教学论学科的专业著作中，则是从钟启泉主编的《课程论》开始的。在这本高等师范院校专业基础课教材中，作者把"课程管理"作为专章论述，"课程领导"是其中的一节。作者认为，从课程管理到课程领导是国际课程管理的发展趋势。

　　同课程与教学论学科中的课程领导研究状况相比，教育管理学科对这一主题表现得相当冷淡。在课程领导研究兴起的十余年时间里，教育管理学科专业学位论文很多，专著也出版不少，但就笔者所接触到的学位论文和专业著作看，几乎没有涉及"课程领导"内容，甚至"课程管理"的内容也没有。我们知道，课程问题不仅是专业问题，更是领导、管理的问题。教育管理学科对这个领域的疏离，值得深入反思。这和美国等西方国家正相反，它们的课程论学科关注课程领导问题，教育管理学科更是把课程领导或者课程管理作为学校或校长核心职能来论述。同样，我国的课程领导研究，也需要教育管理学科积极关注和投入。

第二章

我国中小学校长课程领导观
与课程领导行为调查分析

上一章对美国等西方国家课程领导理论的发展历程做了深入的审视，对我国 21 世纪以来课程领导研究状况进行了全面深入的梳理与分析。本章将通过对我国 1400 名中小学校长的问卷调查分析，透视经过十余年新课程改革洗礼的中小学校长课程领导观念与课程领导行为的总体状态。

一、调查的基本情况

本次调查以我国新一轮基础教育课程改革为背景，问卷由三个层面的 30 个具体问题构成。三个层面包括：第一，校长对课程领导的基本认识，亦即校长"应然"的课程观和课程领导观，涉及校长对学校课程目标、课程领导的理解，对国家课程及国家课程二次开发的认识，以及对校本课程开发的看法；第二，当下校长课程领导的"实然"状态，包括学校课程目标建设、课程整体规划、国家课程校本化实施和学校课程开发、课程资源建设、课程监控和评价等基本内容，从中可以透视出校长课程领导能力的实际状态；第三，校长实施课程领导的有利条件和制约因素，主要涉及国家教育政策、教育行政部门管理、社会环境、学校自身因素（包括教师及学生的自身因素）等维度。

从 2013 年到 2014 年笔者通过不同层次、不同地域、不同类别的校长培训班、校长研修班、校长论坛等途径，向中小学校长（包括幼儿园园长）发放调查问卷 1600 份，回收问卷 1533 份，回收率为 95.8%。其中有效问卷 1400 份，回收问卷的有效率为 91.3%。调查对象分布于我国东、中、西部具有不同教育发展水平的 13 个省份，包括北京市、浙江省、山东省、辽宁省、吉林省、广东省、河南省、湖南省、重庆市、四川省、云南省、甘肃省、广西壮族自治区。

校长的性别分布和所在学校类型分布如图 2-1 和图 2-2 所示。

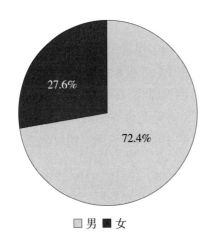

图 2-1　校长性别分布

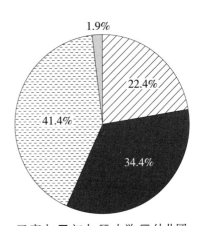

图 2-2　校长所在学校类型分布

由图 2-1 可知，调查对象中，男性占 72.4%，女性占 27.6%，男性样本要明显多于女性。这基本上符合我国中小学校长的性别分布状况。由图 2-2 可知，从学校类型来看，高中校长占 22.4%，初中校长占 34.4%，小学校长占 41.4%，幼儿园园长占 1.9%，小学校长的样本最多，初中、高中校长次之，幼儿园园长最少。尽管样本在性别、学校类型等方面分布不均衡，但符合中国校长的实际情况，具有一定的统计学意义。

表2-1反映了校长年龄、教龄、任职年限及本校任职年限分布状况。从年龄来看，20—30岁的占0.6%，31—40岁的占25.4%，41—50岁的占66.1%，51—60岁的占7.9%，其中41—50岁的校长数量要明显多于其他年龄阶段，这符合校长任职的实际情况。从教龄来看，1—10年的占1.4%，11—15年的占8.6%，16—20年的占23.7%，21—25年的占39.2%，25年以上的占27.1%，即大部分的校长教龄超过21年（21年及以上的占66.3%）。从任职年限和本校任职年限来看，1—3年的分别占27.6%、46.0%，4—8年的分别占41.8%、42.4%，9—15年的分别占28.1%、11.1%，15年以上的分别占2.4%、0.5%。

全部调查数据录入后，通过SPSS统计检验，样本检测的信度为0.7638，说明问卷具有较高的信度，达到了本次调查的目的。

表2-1　校长年龄、教龄、任职年限及本校任职年限分布

项目	类别	百分比（%）
年龄	20—30岁	0.6
	31—40岁	25.4
	41—50岁	66.1
	51—60岁	7.9
教龄	1—10年	1.4
	11—15年	8.6
	16—20年	23.7
	21—25年	39.2
	25年以上	27.1
任职年限	1—3年	27.6
	4—8年	41.8
	9—15年	28.1
	15年以上	2.4

续表

项目	类别	百分比（%）
本校任职年限	1—3 年	46.0
	4—8 年	42.4
	9—15 年	11.1
	15 年以上	0.5

二、校长对课程与课程领导的理解

调查问卷首先围绕学校教育目的、课程目标、课程领导的任务与作用、校本课程的意义、国家课程的校本化实施等内容设计出一系列问题，请校长就每个问题做出回答，经过统计分析，观察校长对课程与课程领导的认识。

在"学校是否应该有自己的教育目标"这一问题上，51.3%的校长认为，国家制定的教育目标需要由学校根据具体情况进行具体化；46.1%的校长认为，学校最重要的目是育人，因此可以根据自己的育人思想制订学校的教育目标。两者加起来达到97.4%。仅有2.6%的校长认为，国家已经规定了教育目标，因此学校不需要考虑这一问题，只要一丝不苟地执行就可以（见表2-2、图2-3）。校长比较赞成将国家制定的教育目标依据本校情况加以具体化，根据自己的育人思想制定学校教育目标。从数据来看，绝大多数校长对学校教育目标有着比较清晰的认识。

表2-2　校长对学校教育目标的认识

选项	人数（人）	百分比（%）
1. 教育目标国家已经规定，不需要学校考虑，学校要一丝不苟地执行	36	2.6
2. 国家制定的教育目标需要学校根据具体情况进行具体化	718	51.3
3. 学校最重要的目的是育人，因此可以根据自己的育人思想制定学校的教育目标	646	46.1

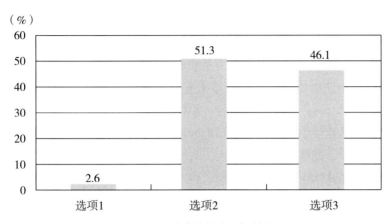

图 2-3 校长对学校教育目标的认识

与教育目标相关，校长对"学校教育最重要的目的"的认识如表 2-3、图 2-4 所示。

表 2-3 校长对学校教育最重要的目的的认识

选项	人数（人）	百分比（%）
1. 让学生成为具有一定知识和能力的社会人	677	48.4
2. 让学生成为一个富有个性、能够自我实现的人	707	50.5
3. 让学生获得优异的成绩，将来有一个光明的前程	16	1.1

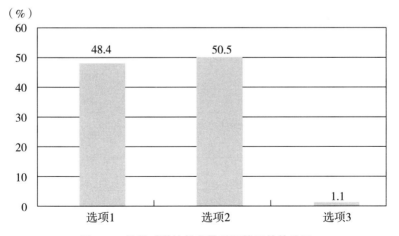

图 2-4 校长对学校教育最重要的目的的认识

认为学校教育最重要的目的是"让学生成为具有一定知识和能力的社会人"的校长人数为 677 人，占 48.4%；认为是"让学生成为一个富有个性、能够自我实现的人"的校长人数为 707 人，占 50.5%；认为是"让学生获得优异的成绩，将来有一个光明的前程"的校长人数为 16 人，占 1.1%。由此可以看出，各有约一半的校长认为学校教育最重要的目的是让学生成为有一定知识和能力的社会人，或是让学生成为一个富有个性、能够自我实现的人，只有极个别的校长认为学校教育最重要的目的是让学生获得优异成绩，将来有个好前程。这说明绝大多数校长的教育目的观是符合新课程改革思想的。

对于国家课程，78.3%的校长选择"根据学校实际情况做好二次开发"（见表 2-4、图 2-5）；有 67.4%的校长认为，国家课程二次开发要综合考虑学生、教师和学校环境的具体情况（见表 2-5、图 2-6）。与此相关，在"校本课程对学校的作用"这个问题上，94.2%的校长认为校本课程"是学校不可或缺的部分，是对国家课程和地方课程的有机补充"（见表 2-6、图 2-7）。从数据来看，大多数校长持有一种相互调适的课程实施观，认为国家课程需要二次开发；大多数校长在进行国家课程二次开发时会综合考虑学生、教师和学校情况，这是思想比较成熟的表现。校长们对校本课程价值的认识是非常到位的，认为校本课程是学校不可或缺的部分，是对国家课程和地方课程的有机补充。

表 2-4 校长对国家课程的认识

选项	人数（人）	百分比（%）
1. 忠实执行	205	14.6
2. 根据学校实际情况做好二次开发	1096	78.3
3. 只是一个课程范例，可以根据学生具体情况进行选用	99	7.1

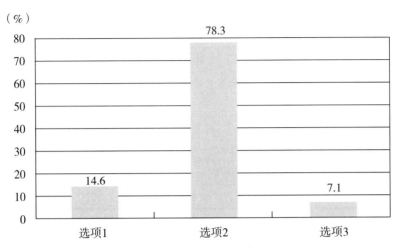

图 2-5　校长对国家课程的认识

表 2-5　校长对国家课程二次开发依据的认识

选项	人数（人）	百分比（%）
1. 学生的学习能力和其他实际情况	198	14.1
2. 教师的实际素质和其他实际情况	93	6.6
3. 学校的课程资源以及其他物质基础	165	11.8
4. 综合学生、教师和学校环境的具体情况	944	67.4

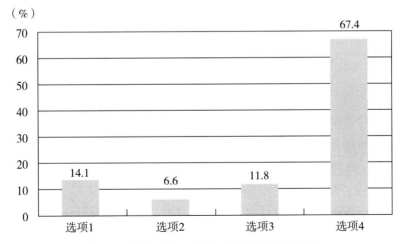

图 2-6　校长对国家课程二次开发依据的认识

表 2-6　校长对校本课程作用的认识

选项	人数（人）	百分比（%）
1. 是学校不可或缺的部分，是对国家课程和地方课程的有机补充	1319	94.2
2. 不过是学校课程的一条"花边"、对外展示的一个噱头而已	42	3.0
3. 没有多大用处，是学校的一个累赘	12	0.9
4. 主要集中在活动方面，主要是为了让学生高兴	27	1.9

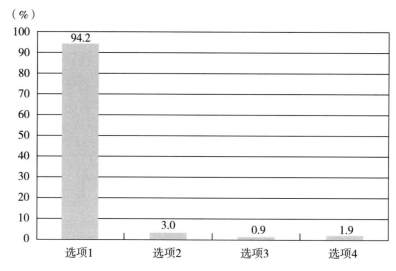

图 2-7　校长对校本课程作用的认识

为调查校长对学校课程领导的理解，问卷给出了"学校课程领导最为重要的任务是什么"和"学校课程领导最为重要的作用是什么"两个问题。在对"学校课程领导最为重要的任务"的认识上，63.5%的校长认为是"引领全体教师制定并达成学校课程目标"，23.1%的校长认为是"引领全体教师做好课程实施工作"，7.7%的校长认为是"引领全体教师开发校本课程"，5.7%的校长认为是"做好教学管理"（见表2-7、图2-8）。由此可见，大多数校长认为学校课程领导最重要的任务是引领全体教师制定并达成学校课程目标，这说明大多数校长对于学校课程领导的任务有着比较明确的认识。

表2-7　校长对学校课程领导最为重要的任务的认识

选项	人数（人）	百分比（%）
1. 引领全体教师制定并达成学校课程目标	889	63.5
2. 引领全体教师做好课程实施工作	323	23.1
3. 引领全体教师开发校本课程	108	7.7
4. 做好教学管理	80	5.7

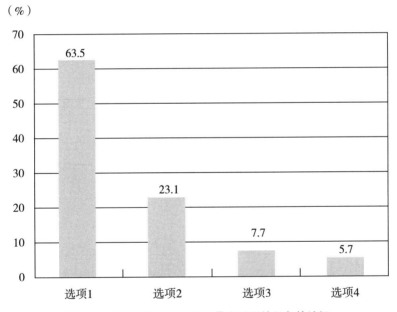

图2-8　校长对学校课程领导最为重要的任务的认识

校长对"学校课程领导最为重要的作用"问题的选择结果为：选择"根据国家政策创造性地建立学校课程体系，提升学校教育质量"的有1038人，占74.1%；选择"强化学校管理，使学校管理制度化，提升学校教育效能"的有331人，占23.6%；选择"开发校本课程"

的有 24 人，占 1.7%；选择"一个新名词，没有什么作用"的有 7 人，占 0.5%（见表 2-8、图 2-9）。由此可以看出，绝大多数校长认为学校课程领导最重要的作用是依据国家政策创造性地建立学校课程体系，提升学校教育质量。从这里可以看出，大多数校长对学校课程领导的作用有着清晰的认识。

表 2-8　校长对学校课程领导最为重要的作用的认识

选项	人数（人）	百分比（%）
1. 根据国家政策创造性地建立学校课程体系，提升学校教育质量	1038	74.1
2. 强化学校管理，使学校管理制度化，提升学校教育效能	331	23.6
3. 开发校本课程	24	1.7
4. 一个新名词，没有什么作用	7	0.5

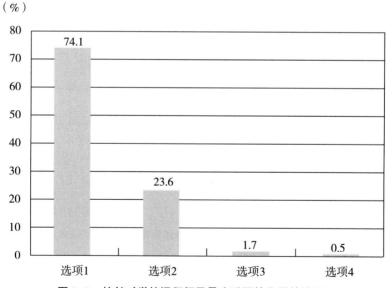

图 2-9　校长对学校课程领导最为重要的作用的认识

三、校长的课程领导能力

问卷从学校课程目标建设、课程整体规划与校本课程开发、引领教师专业发展与课堂教学、学校文化建设、课程实施、课程监控和评价等方面调查分析了校长课程领导的实际情况。

（一）课程目标建设能力

校长对"学生在学校应获得什么样的成长"和学校未来的发展方向的认识，反映着其课程目标建设能力。

统计结果显示，校长对于"学生在学校应获得什么样的成长"有异常清晰认识的有886人，占63.3%；"有点感觉，但是还不清晰"的有364人，占26.0%；认为"按照惯性做下去，学生就可以获得很好的成长"的有150人，占10.7%（见表2-9）。校长对学生成长的认识存在显著差异（$p<0.05$）。这说明，大多数校长对学生在学校应获得的成长有着比较清晰的认识，但是也有三成多的校长只是有点感觉或在按照惯性做。校长工作的效能感还不是十分突出。

表2-9　校长对学生在学校应获得的成长的认识

选项	人数（人）	百分比（%）
1. 有异常清晰的认识	886	63.3
2. 有点感觉，但是还不清晰	364	26.0
3. 按照惯性做下去，学生就可以获得很好的成长	150	10.7

在"学校未来的发展方向"上，回答"我自己很清楚，但是教师们理解不了"的校长人数为244人，占17.4%；回答"目前还不清晰"的校长人数为172人，占12.3%；回答"是我和教师们一起建立起来的，得到了大家的认同"的校长人数为984人，占70.3%（见表2-10）。校长对学校未来发展方向的认识存在显著差异（$p<0.05$）。结果说明，大部分学校未来的发展方向是由校长和教师一起确定的，得到了教师的认可。

表 2-10 校长对学校未来发展方向的认识

选项	人数（人）	百分比（%）
1. 我自己很清楚，但是教师们理解不了	244	17.4
2. 目前还不清晰	172	12.3
3. 是我和教师们一起建立起来的，得到了大家的认同	984	70.3

（二）课程整体规划与校本课程开发能力

表 2-11、图 2-10 反映了校长对国家课程的认识。

表 2-11 校长对国家课程的认识

选项	人数（人）	百分比（%）
1. 国家课程是由专家开发的，已经非常完备，学校教师没有能力对其提出质疑和改变	144	10.3
2. 国家课程需要与学校实际、课堂实际相结合，学校教师可以对之调整	1231	87.9
3. 国家课程可以用其他课程来替代	25	1.8

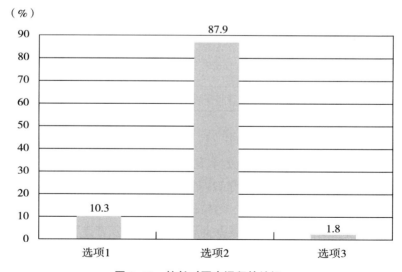

图 2-10 校长对国家课程的认识

认为"国家课程是由专家开发的，已经非常完备，学校教师没有能力对其提出质疑和改变"的校长人数为 144 人，占 10.3%；认为"国家课程需要与学校实际、课堂实际相结合，学校教师可以对之调整"的校长人数为 1231 人，占 87.9%；认为"国家课程可用其他课程来替代"的校长人数为 25 人，占 1.8%。由此可以看出，大多数校长认为学校教师可以对国家课程进行一些调整。由此可见，校长对教师的课程建设能力很有信心。

表 2-12、图 2-11 反映了校长对学校校本课程开发能力的认识。

表 2-12 校长对学校校本课程开发能力的认识

选项	人数（人）	百分比（%）
1. 学校教师完全有能力进行开发	116	8.3
2. 学校教师有一定的课程开发能力，但还需要付出巨大的努力	1020	72.9
3. 学校教师校本课程开发的能力十分匮乏	264	18.9

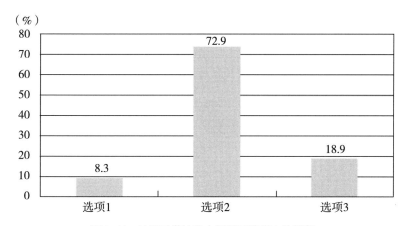

图 2-11 校长对学校校本课程开发能力的认识

认为"学校教师完全有能力进行开发"的校长人数为 116 人，占 8.3%；认为"学校教师有一定的课程开发能力，但还需要付出巨大的努力"的校长人数为 1020 人，占 72.9%；认为"学校教师校本课程开发的能力十分匮乏"的校长人数为 264 人，占 18.9%。由此可以看出，绝大多数校长认为"学校教师有一定的课程开发能力，但还需要付出巨大的努力"。

表2-13、图2-12反映了校长对学校课程资源建设情况的认识。

表 2-13 校长对学校课程资源建设情况的认识

选项	人数（人）	百分比（%）
1. 自己学校的课程资源实在太匮乏了，无法进行课程建设	109	7.8
2. 自己学校虽然有一定的课程资源，但是还远远不够	907	64.8
3. 自己能够发现很多可以利用的课程资源，可以用它们有效地开发课程	384	27.4

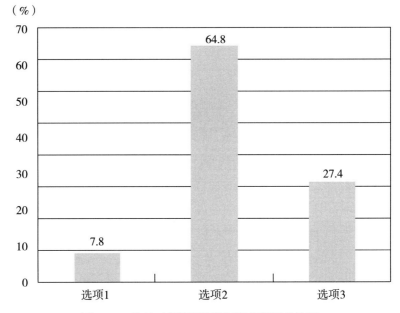

图 2-12 校长对学校课程资源建设情况的认识

认为"自己学校的课程资源实在太匮乏了，无法进行课程建设"的校长人数为109人，占7.8%；认为"自己学校虽然有一定的课程资源，但是还远远不够"的校长人数为907人，占64.8%；

认为"自己能够发现很多可以利用的课程资源，可以用它们有效地开发课程"的校长人数为384人，占27.4%。由此可以看出，大部分校长认为自己学校有一定的课程资源，或者能够发现很多可利用的课程资源；只有很少一部分校长觉得学校课程资源匮乏，无法进行课程建设。

表2-14反映了校长对学校课程体系建设的认识状况。调查反映，选择"已经按照国家和教育主管部门的要求开齐、开足课程"的校长有684人，占48.9%；选择"虽然尝试对各类课程进行整合，但是还不知道如何做"的校长有297人，占21.2%；选择"国家课程、地方课程和校本课程，已经围绕着学校的教育理念形成了一个整体"的校长有419人，占29.9%。校长对学校课程体系建设的认识存在显著差异（$p<0.05$）。

表2-14　校长对学校课程体系建设的认识

选项	人数（人）	百分比（%）
1. 已经按照国家和教育主管部门的要求开齐、开足课程	684	48.9
2. 虽然尝试对各类课程进行整合，但是还不知道如何做	297	21.2
3. 国家课程、地方课程和校本课程，已经围绕着学校的教育理念形成了一个整体	419	29.9

（三）引领教师专业发展与课堂教学能力

表2-15反映了校长对教师专业发展的引领情况。调查结果显示，"能够在专业上给予教师引领，让教师心服口服"的校长有266人，占19.0%；"能够充分激发教师自我实现的欲望"的校长有728人，占52.0%；"依靠职权让教师进行专业学习"的校长有74人，占5.3%；"虽然给予教师专业发展指导，但感到力不从心"的校长有332人，占23.7%。校长在教师专业发展引领方面存在显著差异（$p<0.05$）。结果

显示，超过一半的校长能够激发教师自我实现的欲望，给教师提供专业引领，但也有少部分校长在引领教师专业发展方面存在力不从心的现象。

表2-15　校长对教师专业发展的引领状况

选项	人数（人）	百分比（%）
1. 能够在专业上给予教师引领，让教师心服口服	266	19.0
2. 能够充分激发教师自我实现的欲望	728	52.0
3. 依靠职权让教师进行专业学习	74	5.3
4. 虽然给予教师专业发展指导，但感到力不从心	332	23.7

　　表2-16、图2-13反映了校长所在学校课堂教学的情况。统计结果显示：选择"已经形成了高效的课堂教学模式"的校长有113人，占8.1%；选择"已经形成了符合学校教育理念的教学模式"的校长有677人，占48.4%；选择"课堂教学是教师的权力，校长不随便干涉"的校长有84人，占6.0%；选择"课堂教学的效果不是很理想"的校长有495人，占35.4%；选择"学校对课堂教学没有明确的指导思想"的校长有31人，占2.2%。由此可以看出，近一半的学校已经形成符合本校教育理念的教学模式，但也有不少学校的课堂教学效果还不是很理想。

表2-16　校长所在学校的课堂教学情况

选项	人数（人）	百分比（%）
1. 已经形成了高效的课堂教学模式	113	8.1
2. 已经形成了符合学校教育理念的教学模式	677	48.4
3. 课堂教学是教师的权力，校长不随便干涉	84	6.0
4. 课堂教学的效果不是很理想	495	35.4
5. 学校对课堂教学没有明确的指导思想	31	2.2

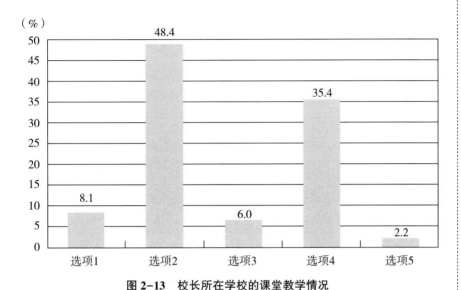

图 2-13　校长所在学校的课堂教学情况

（四）学校文化建设能力

校长课程领导在一定程度上反映着学校文化特征，校长课程领导的过程实际上是学校文化建设的过程。表 2-17 反映了校长对学校文化建设最重要方面的认识。统计结果显示，选择"塑造学校鲜明的形象"的校长有 171 人，占 12.2%；选择"构建富有特色的课程"的校长有 210 人，占 15.0%；选择"重建教师和学生都认同的价值观和思维方式"的校长有 848 人，占 60.6%；选择"塑造学校的品牌"的校长有 171 人，占 12.2%。结果显示，校长认为学校文化建设最重要的方面首先在于重建教师和学生都认同的价值观和思维方式，其次是构建富有特色的课程，最后是塑造学校鲜明的形象和品牌。男性校长和女性校长的选择不存在显著差异（见表 2-18）。

表 2-17　校长对学校文化建设最重要方面的认识

选项	人数（人）	百分比（%）
1. 塑造学校鲜明的形象	171	12.2

续表

选项	人数（人）	百分比（%）
2. 构建富有特色的课程	210	15.0
3. 重建教师和学生都认同的价值观和思维方式	848	60.6
4. 塑造学校的品牌	171	12.2

表2-18　不同性别校长对学校文化建设最重要方面的认识

选项	男性		女性	
	人数（人）	百分比（%）	人数（人）	百分比（%）
1. 塑造学校鲜明的形象	130	12.8	41	10.6
2. 构建富有特色的课程	149	14.7	61	15.8
3. 重建教师和学生都认同的价值观和思维方式	613	60.5	235	60.9
4. 塑造学校的品牌	122	12.0	49	12.7

　　校长对于教师的号召力、影响力是校长课程领导力的重要表征，我们可以从校长对"学校教师愿意听从您最主要的原因是什么"问题的回答中窥见一斑（见表2-19）。

表2-19　教师愿意听从校长的最主要原因

选项	人数（人）	百分比（%）
1. 校长课程与教学方面的业务能力	455	32.5
2. 校长与教师以及校外人员的人际交往能力	171	12.2
3. 校长职位带来的权威	88	6.3
4. 校长的思想能够鼓舞大家	686	49.0

　　统计结果显示，选择"课程与教学方面的业务能力"的校长有455人，占32.5%；选择"与教师以及校外人员的人际交往能力"的校长有171人，占12.2%；选择"校长职位带来的权威"的校长有88人，占6.3%；选择"思想能够鼓舞大家"的校长有686人，占49.0%。经检验，校长对学校教师听从自己原因的认识存在显著差异

（p<0.05）。校长认为教师愿意听从自己的最主要原因，首先是自己的思想能够鼓舞大家，其次是自己在课程和教学方面的能力、与教师和校外人员的人际交往能力，最后是校长职位的权威。由此可以看出，校长的思想能鼓舞大家是学校教师愿意听从校长的最主要原因，这符合校长领导的内涵。

（五）学校课程实施能力

课程改革有效实施的关键是什么？统计结果显示，在四个选项中，认为是"国家的教育方针、政策"的校长有222人，占15.9%；认为是"地方教育行政部门的推动"的校长有334人，占23.9%；认为是"校长的课程领导"的校长有503人，占35.9%；认为是"教师的课程实施"的校长有341人，占24.4%（见表2-20）。经检验，校长对这一问题的认识具有显著差异（p<0.05）。男性校长和女性校长在"地方教育行政部门的推动"和"教师的课程实施"选项上存在显著差异。虽然男女性校长选择"校长的课程领导"都是最多的，但是女性校长更看重"教师的课程实施"，而男性校长更看重"地方教育行政部门的推动"（见表2-21）。

表2-20　校长对课程改革有效实施的关键的认识

选项	人数（人）	百分比（%）
1. 国家的教育方针、政策	222	15.9
2. 地方教育行政部门的推动	334	23.9
3. 校长的课程领导	503	35.9
4. 教师的课程实施	341	24.4

表2-21　不同性别校长对课程改革有效实施的关键的认识

选项	男性		女性	
	人数（人）	百分比（%）	人数（人）	百分比（%）
1. 国家的教育方针、政策	163	16.1	59	15.3

续表

选项	男性		女性	
	人数（人）	百分比（%）	人数（人）	百分比（%）
2. 地方教育行政部门的推动	268	26.4	66	17.1
3. 校长的课程领导	360	35.5	143	37.0
4. 教师的课程实施	223	22.0	118	30.6

　　表2-22、图2-14反映了校长对学校课程实施的看法。统计结果显示，认为"自己完全有能力带领教师做好课程实施"的校长有420人，占30.0%；认为"国家课程实施比较好办，但是校本课程实施起来难度很大"的校长有814人，占58.1%；认为"教师和学生的素质不行，课程实施难度很大"的校长有116人，占8.3%；认为"课程实施要求太高，教师根本达不到"的校长有50人，占3.6%。统计结果反映出，在对学校课程实施的看法上，大部分校长认为国家课程好实施，而校本课程实施起来难度大；不少校长认为自己有能力带领教师做好课程实施工作；只有很少一部分校长认为教师和学生素质不行、课程实施难度大或者课程实施要求太高而教师根本达不到。因此，加大对学校课程实施的关注和指导对提高学校课程实施的效果具有重要的作用。

表2-22　校长对学校课程实施的看法

选项	人数（人）	百分比（%）
1. 自己完全有能力带领教师做好课程实施	420	30.0
2. 国家课程实施比较好办，但是校本课程实施起来难度很大	814	58.1
3. 教师和学生的素质不行，课程实施难度很大	116	8.3
4. 课程实施要求太高，教师根本达不到	50	3.6

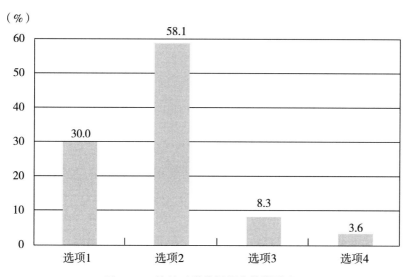

（%）

图 2-14　校长对学校课程实施的看法

在校长对学校课程实施监控的看法上，统计结果显示，选择"太过复杂，学校很难全面监控"的校长有 96 人，占 6.9%；选择"学校有能力监控，按要求全面实现目标"的校长有 227 人，占 16.2%；选择"应该给教师赋权，做到自我监控与他人监控相结合"的校长有 310 人，占 22.1%；选择"应该给教师和学生赋权，人人都是课程实施的监控者"的校长有 767 人，占 54.8%（见表 2-23）。经检验，校长对学校课程实施监控的认识存在显著差异（$p < 0.05$）。统计结果反映出，在对学校课程实施的监控上，校长们首先认为应该给教师和学生赋权、人人都是课程实施的监控者；其次是给教师赋权，将自我监控和他人监控相结合。只有少量校长认为学校课程太过复杂，学校很难全面监控。

表 2-23　校长对学校课程实施监控的看法

选项	人数（人）	百分比（%）
1. 太过复杂，学校很难全面监控	96	6.9
2. 学校有能力监控，按要求全面实现目标	227	16.2

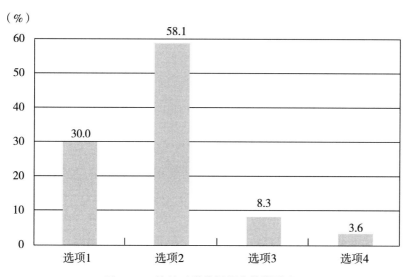

第二章　我国中小学校长课程领导观与课程领导行为调查分析

续表

选项	人数（人）	百分比（%）
3. 应该给教师赋权，做到自我监控与他人监控相结合	310	22.1
4. 应该给教师和学生赋权，人人都是课程实施的监控者	767	54.8

校长课程评价的能力如何？统计结果显示，认为自己具有丰富的课程评价经验的校长有316人，占22.6%；从来没有做过，不知道怎么做的校长有84人，占6.0%；做过一些，但是觉得很麻烦的校长有559人，占39.9%；认为自己虽然不能做，但是可以利用各种力量把它做好的校长有441人，占31.5%。经检验，在"做过一些，但是觉得很麻烦"选项上，不同性别的校长存在显著差异，男性校长的比例要显著高于女性校长（见表2-24）。不同类型学校的校长对自己课程评价能力的认识存在显著差异。在"做过一些，但是觉得很麻烦"选项上，初中校长和幼儿园园长存在显著差异，初中校长的比例要明显高于幼儿园园长（见表2-25）。数据反映，在课程评价问题上，校长们的认识并不那么确定，觉得评价比较麻烦的比较多。

表2-24　不同性别校长对自身课程评价能力的认识

选项	男性		女性	
	人数（人）	百分比（%）	人数（人）	百分比（%）
1. 具有丰富的课程评价经验	216	21.3	100	25.9
2. 从来没有做过，不知道怎么做	57	5.6	27	7.0
3. 做过一些，但是觉得很麻烦	432	42.6	127	32.9
4. 自己虽然不能做，但是可以利用各种力量把它做好	309	30.5	132	34.2

表 2-25　不同类型学校的校长对自身课程评价能力的认识

选项		学校类型			
		高中	初中	小学	幼儿园
1. 具有丰富的课程评价经验	人数（人）	78	109	122	7
	百分比（%）	24.8	22.7	21.1	26.9
2. 从来没有做过，不知道怎么做	人数（人）	16	34	30	4
	百分比（%）	5.1	7.1	5.2	15.4
3. 做过一些，但是觉得很麻烦	人数（人）	122	214	218	5
	百分比（%）	38.9	44.5	37.7	19.2
4. 自己虽然不能做，但是可以利用各种力量把它做好	人数（人）	98	124	209	10
	百分比（%）	31.2	25.8	36.1	38.5

四、校长课程领导的影响因素

（一）校长希望得到的支持

校长希望国家政策对校本课程开发给予什么支持？统计结果显示，希望"给学校一定的课程开发权力"的校长有 340 人，占 24.3%；希望"给学校一定的课程实施空间"的校长有 443 人，占 31.6%；希望"给学校提供课程资源的支持"的校长有 558 人，占 39.9%；认为国家政策"对学校没有多大帮助"的校长有 59 人，占 4.2%（见表 2-26）。经检验，对于国家政策给予校本课程开发提供的支持，校长们的看法存在显著差异。结果反映，在校本课程开发中，校长最希望国家政策能够带给学校课程资源支持，其次是给学校一定的课程施展空间，最后是给学校一定的课程开发权力。

表 2-26　校长对国家政策给予校本课程开发最重要的支持的认识

选项	人数（人）	百分比（%）
1. 给学校一定的课程开发权力	340	24.3

续表

选项	人数（人）	百分比（%）
2. 给学校一定的课程实施空间	443	31.6
3. 给学校提供课程资源的支持	558	39.9
4. 对学校没有多大帮助	59	4.2

在校本课程开发过程中，校长希望教育行政部门提供哪些支持？统计结果显示，希望教育行政部门"为学校提供课程资源以及其他物质支持"的校长有626人，占44.7%；希望"对学校校本课程开发和实施进行监督"的校长有217人，占15.5%；希望"为学校提供专家支撑"的校长有345人，占24.6%；希望"对学校进行激励"的校长有133人，占9.5%；认为教育行政部门"对学校没有多大帮助"的校长有79人，占5.6%（见表2-27、图2-15）。由此可以看出，校长希望教育行政部门提供的最重要支持是课程资源和其他物质支持，之后是专家支持。不同类型学校的校长对这一问题的认识存在显著差异。小学校长和幼儿园园长在"为学校提供课程资源以及其他物质支持"选项上存在显著差异，小学校长比例要显著低于幼儿园园长（见表2-28）。数据显示，校长认为教育行政部门对学校校本课程开发最重要的支持在于提供课程资源以及其他物质资源，其次是为学校提供专家支持。

表2-27 校长对校本课程开发中教育行政部门提供的最重要支持的认识

选项	人数（人）	百分比（%）
1. 为学校提供课程资源以及其他物质支持	626	44.7
2. 对学校校本课程开发和实施进行监督	217	15.5
3. 为学校提供专家支撑	345	24.6
4. 对学校进行激励	133	9.5
5. 对学校没有多大帮助	79	5.6

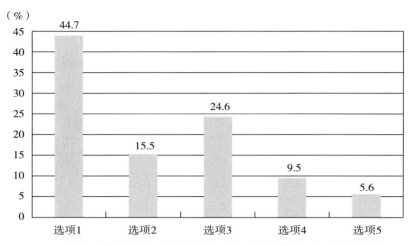

图2-15 校长对校本课程开发中教育行政部门提供的最重要支持的认识

表2-28 不同类型学校校长对校本课程开发中教育行政
部门提供的最重要支持的认识

选项		学校类型			
		高中	初中	小学	幼儿园
1. 为学校提供课程资源以及其他物质支持	人数（人）	159	183	270	14
	百分比（%）	50.6	38.0	46.6	53.8
2. 对学校校本课程开发和实施进行监督	人数（人）	50	93	71	3
	百分比（%）	15.9	19.3	12.3	11.5
3. 为学校提供专家支撑	人数（人）	64	129	148	4
	百分比（%）	20.4	26.8	25.6	15.4
4. 对学校进行激励	人数（人）	25	46	58	4
	百分比（%）	8.0	9.6	10.0	15.4
5. 对学校没有多大帮助	人数（人）	16	30	32	1
	百分比（%）	5.1	6.2	5.5	3.8

　　教师的哪方面素质对校本课程建设的价值最大？统计结果显示，在四个选项中，选择"教师的高素质"的校长有145人，占10.4%；选择"教师的工作责任心和热情"的校长有657人，占46.9%；选择

"教师的服从与勤劳"的校长有 50 人，占 3.6%；选择"教师的课程实施能力"的校长有 548 人，占 39.1%（见表 2-29、图 2-16）。由此可见，校长认为教师的工作责任心和热情对学校课程建设的帮助最大，其次是教师的课程实施能力。

表 2-29　校长认为对学校课程建设最有帮助的教师素质

选项	人数（人）	百分比（%）
1. 教师的高素质	145	10.4
2. 教师的工作责任心和热情	657	46.9
3. 教师的服从与勤劳	50	3.6
4. 教师的课程实施能力	548	39.1

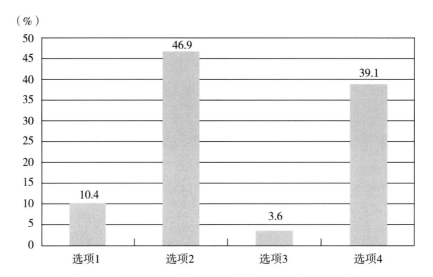

图 2-16　校长认为对学校课程建设最有帮助的教师素质

（二）校长课程领导的制约因素

国家政策对于学校课程建设最为主要的制约作用是什么？统计结果显示，认为"对学校赋权不够"的校长有 280 人，占 20.0%；认为"强制性课时太多，学校没有发挥空间"的校长有 750 人，占 53.6%；

认为"对国家课程的实施督导十分机械，学校不敢做出改变"的校长有 370 人，占 26.4%。经检验，在"强制性课时太多，学校没有发挥空间"选项上，男性校长与女性校长存在显著差异（$p<0.05$），男性校长选择的比例要低于女性校长（见表 2-30）。不同年龄阶段的校长在三个选项上没有显著差异（见表 2-31）。数据表明，国家政策对学校课程建设最重要的制约作用在于"强制性课时太多，学校没有发挥空间"。

表 2-30　不同性别校长在国家政策对于学校课程建设制约因素上的认识

选项	男性		女性	
	人数（人）	百分比（%）	人数（人）	百分比（%）
1. 对学校赋权不够	214	21.1	66	17.1
2. 强制性课时太多，学校没有发挥空间	521	51.4	229	59.3
3. 对国家课程的实施督导十分机械，学校不敢做出改变	279	27.5	91	23.6

表 2-31　不同年龄校长在国家政策对于学校课程建设制约因素上的认识

选项		年龄			
		20—30 岁	31—40 岁	41—50 岁	51—60 岁
1. 对学校赋权不够	人数（人）	0	62	193	25
	百分比（%）	0.0	17.5	20.9	22.5
2. 强制性课时太多，学校没有发挥空间	人数（人）	6	181	501	62
	百分比（%）	66.7	51.0	54.2	55.9
3. 对国家课程的实施督导十分机械，学校不敢做出改变	人数（人）	3	112	231	24
	百分比（%）	33.3	31.5	25.0	21.6

校长对我国评价制度对学校课程建设的制约作用怎样看呢？统计结果显示，在三个选项中，选择"评价方式过于刚性，学校不敢做出改变"的校长有 248 人，占 17.7%；选择"社会对高考等评价十分看重，

学校不敢出错"的校长有 711 人，占 50.8%；选择"评价主体过于单一，学校不敢做出改变"的校长有 441 人，占 31.5%（见表 2-32）。经检验，校长的选择存在显著差异（$p < 0.01$）。从数据可以看出，社会压力是导致学校不敢进行改革的重要原因。

表 2-32　校长对评价制度对学校课程建设的制约作用的认识

选项	人数（人）	百分比（%）
1. 评价方式过于刚性，学校不敢做出改变	248	17.7
2. 社会对高考等评价十分看重，学校不敢出错	711	50.8
3. 评价主体过于单一，学校不敢做出改变	441	31.5

教育行政部门对学校课程建设具有哪些制约作用？统计结果显示，在四个选项中，选择"行政事务太多，让学校忙不过来"的校长有 871 人，占 62.2%；选择"行政干预太多，学校动辄得咎"的校长有 331 人，占 23.6%；选择"行政部门不懂教育，瞎指挥"的校长有 90 人，占 6.4%；选择"行政监控太严，学校不敢改变"的校长有 108 人，占 7.7%（见表 2-33）。数据反映出，校长认为"行政事务太多"是教育行政部门对学校课程建设最大的制约，其次是"行政干预太多"。除了"行政监控太严，学校不敢改变"，在其余三个选项上，不同性别校长的选择都存在显著差异（见表 2-34）。

表 2-33　校长在教育行政部门对学校课程建设制约作用上的认识

选项	人数（人）	百分比（%）
1. 行政事务太多，让学校忙不过来	871	62.2
2. 行政干预太多，学校动辄得咎	331	23.6
3. 行政部门不懂教育，瞎指挥	90	6.4
4. 行政监控太严，学校不敢改变	108	7.7

表2-34 不同性别校长在教育行政部门对学校课程建设制约作用上的认识

选项	男性		女性	
	人数（人）	百分比（%）	人数（人）	百分比（%）
1. 行政事务太多，让学校忙不过来	592	58.4	279	72.3
2. 行政干预太多，学校动辄得咎	268	26.4	63	16.3
3. 行政部门不懂教育，瞎指挥	75	7.4	15	3.9
4. 行政监控太严，学校不敢改变	79	7.8	29	7.5

　　学校文化对于学校课程建设具有怎样的制约作用？统计结果显示，认为"学校文化具有太强的稳定性，教师的价值观和思维方式改变不易"的校长有1078人，占77.0%；认为"学校文化中具有太多的消极因素，使大家不愿意改变"的校长有223人，占15.9%；认为"学校文化中具有太多的消极因素，使大家不愿意做事情"的校长有99人，占7.1%（见表2-35、图2-17）。经检验，校长的选择存在显著差异（$p<0.05$）。从校长的年龄阶段来看，不同年龄阶段的校长在"学校文化中具有太多的消极因素，使大家不愿意做事情"这一选项上，存在显著差异（见表2-36）。

表2-35 校长对学校文化对课程建设的制约作用的认识

选项	人数（人）	百分比（%）
1. 学校文化具有太强的稳定性，教师的价值观和思维方式改变不易	1078	77.0
2. 学校文化中具有太多的消极因素，使大家不愿意改变	223	15.9
3. 学校文化中具有太多的消极因素，使大家不愿意做事情	99	7.1

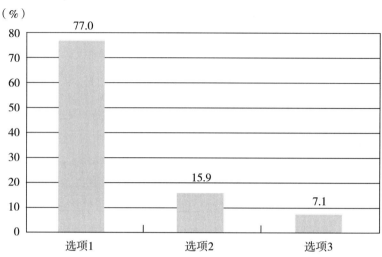

图 2-17　校长对学校文化对课程建设的制约作用的认识

表 2-36　不同年龄阶段校长对学校文化对学校课程建设制约作用的认识

选项		年龄			
		20—30 岁	31—40 岁	41—50 岁	51—60 岁
1. 学校文化具有太强的稳定性，教师的价值观和思维方式改变不易	人数（人）	7	262	718	91
	百分比（%）	77.8	73.8	77.6	82.0
2. 学校文化中具有太多的消极因素，使大家不愿意改变	人数（人）	0	57	152	14
	百分比（%）	0.0	16.1	16.4	12.6
3. 学校文化中具有太多的消极因素，使大家不愿意做事情	人数（人）	2	36	55	6
	百分比（%）	22.2	10.1	5.9	5.4

　　教师素质对学校课程建设的制约作用体现在哪里？统计结果显示，认为"教师思维僵化，不愿意改变"的校长有 880 人，占 62.9%；认为"教师能力太低，无法进行有效的课程开发和实施"的校长有 354 人，占 25.3%；认为"教师太懒，不愿意多付出"的校长有 166 人，占 16.9%（见表 2-37）。经检验，高中校长与小学校长、幼儿园园长在"教师思维僵化，不愿意改变"选项上存在显著差异（见表 2-38）。数据反映出，校长们认为教师思维僵化、不愿意改变是阻碍学校课程建设

的最为主要的因素，其次是教师能力不足。

表 2-37　校长对教师素质对学校课程建设制约作用的认识

选项	人数（人）	百分比（%）
1. 教师思维僵化，不愿意改变	880	62.9
2. 教师能力太低，无法进行有效的课程开发和实施	354	25.3
3. 教师太懒，不愿意多付出	166	11.9

表 2-38　不同类型学校校长对教师素质对学校课程建设制约作用的认识

选项		学校类型			
		高中	初中	小学	幼儿园
1. 教师思维僵化，不愿意改变	人数（人）	216	313	340	11
	百分比（%）	68.8	65.1	58.7	42.3
2. 教师能力太低，无法进行有效的课程开发和实施	人数（人）	58	119	167	10
	百分比（%）	18.5	24.7	28.8	38.5
3. 教师太懒，不愿意多付出	人数（人）	40	49	72	5
	百分比（%）	12.7	10.2	12.4	19.2

　　学生素质对学校课程建设具有怎样的影响？统计结果显示，认为"学生基础差，只能学最基本的东西"的校长有 329 人，占 23.5%；认为"学生家庭条件不好，无法开展一些校本活动"的校长有 246 人，占 17.6%；认为"学生对新鲜事物接受太慢"的校长有 179 人，占 12.8%；认为"学生家长对学校改变不支持"的校长有 646 人，占 46.1%（见表 2-39）。经检验，校长对这一问题的认识具有显著差异（$p<0.01$）。同时，不同教育阶段校长的认识也存在差异，例如，初中校长和小学校长在"学生基础差，只能学最基本的东西"选项上存在显著差异，初中校长的比例要明显高于小学校长（见表 2-40）。具有不同职称的校长对这一问题的认识也存在显著差异（见表 2-41）。中学高级职称校长和中学一级或小学高级职称校长在"学生基础差，只能学最基本的东西"选项上存在显著差异，中学高级职称校长的比例要高于中学一级或小学高级职称校长。数据反映出，校长认为家长不支持学校变

革是最为主要的制约因素，其次是学生能力不足。

表 2-39　校长在学生素质对学校课程建设制约作用上的认识

选项	人数（人）	百分比（%）
1. 学生基础差，只能学最基本的东西	329	23.5
2. 学生家庭条件不好，无法开展一些校本活动	246	17.6
3. 学生对新鲜事物接受太慢	179	12.8
4. 学生家长对学校改变不支持	646	46.1

表 2-40　不同类型学校校长在学生素质对学校课程建设制约作用上的认识

学校类型		选项			
		1. 学生基础差，只能学最基本的东西	2. 学生家庭条件不好，无法开展一些校本活动	3. 学生对新鲜事物接受太慢	4. 学生家长对学校改变不支持
高中	人数（人）	93	22	39	160
	百分比（%）	29.6	7.0	12.4	51.0
初中	人数（人）	144	78	64	195
	百分比（%）	29.9	16.2	13.3	40.5
小学	人数（人）	86	146	73	274
	百分比（%）	14.9	25.2	12.6	47.3
幼儿园	人数（人）	6	0	3	17
	百分比（%）	23.1	0.0	11.5	65.4

表 2-41　不同职称校长在学生素质对学校课程建设制约作用上的认识

职称		选项			
		1. 学生基础差，只能学最基本的东西	2. 学生家庭条件不好，无法开展一些校本活动	3. 学生对新鲜事物接受太慢	4. 学生家长对学校改变不支持
研究员	人数（人）	1	1	1	4
	百分比（%）	14.3	14.3	14.3	57.1
中学高级	人数（人）	218	104	110	379
	百分比（%）	26.9	12.8	13.6	46.7
中学一级或小学高级	人数（人）	97	136	65	254
	百分比（%）	17.6	24.6	11.8	46.0
中学二级或小学一级	人数（人）	13	4	3	9
	百分比（%）	44.8	13.8	10.3	31.0
中学三级或小学二级	人数（人）	0	1	0	0
	百分比（%）	0.0	100.0	0.0	0.0

五、调查结果的基本分析

通过对调查数据的分析，我们基本上可以掌握校长在学校课程领导方面的观念和能力现状，以及校长开展学校课程领导的有利和制约因素。

（一）绝大多数校长拥有正确的课程观和课程领导观

调查数据反映出，绝大多数校长对学校教育的目的、课程目标、课程领导的目标、校本课程的意义与国家课程实施等问题，都有比较清晰的认识，这种认识与基础教育课程改革所倡导的方向是一致的。这充分说明，基础教育课程改革在很大程度上提升了中小学校长的课程观与课程领导观，或者说，校长并不缺乏正确的课程观与课程领导观。具体表现在以下方面。

第一，在校长课程领导的目标上，绝大多数校长认为，校长最重要的任务在于引领全体教师制定并达成校本课程目标，而不是像过去那样，认为主要目标在于实施国家课程。这说明校长们已经有了学校课程领导的目标和方向意识。

第二，从校长对课程领导作用的认识中可以看到，大多数校长认为学校课程领导最为重要的作用在于依据国家政策创造性地建立学校课程体系，提升学校教育质量。校长们能够站在学校本位看到课程领导的作用，无疑是一个巨大的进步。

第三，在学校课程目标的认识上，绝大多数校长认为国家制定的教育目标需要在学校具体化，学校可以根据自己的育人思想制定学校的教育目标，这说明校长们持有一种相互调适的课程实施观，同时能够把目光聚焦到学校的具体情况上，聚焦到学生的发展上。

第四，大多数校长认为，学校需要依据实际情况对国家课程进行二次开发，而且在进行国家课程二次开发时要综合考虑学生、教师和学校的情况，而不是凭单一的因素。这一方面说明校长们具有相互调适的课程实施观，另一方面也说明他们思想比较成熟，考虑比较全面。

第五，校长对校本课程的认识是非常到位的，认为校本课程是学校不可或缺的部分，是对国家课程和地方课程的有机补充。

当然，校长的思想中也有一些矛盾的地方：一方面他们相信学校的课程应该关注学生的成长，应该依据学生的成长需要对课程进行调整；另一方面他们又不敢对国家课程采取一种更加灵活的态度，对触碰国家课程顾虑重重。

（二）与正确的课程领导观相比，校长课程领导能力明显不足

调查同时反映出，校长对课程和课程领导的认识更多地停留在思想意识层面，绝大多数校长拥有正确的课程观和课程领导观，但校长课程领导的实际状况，并不如校长对课程与课程领导的认识那样乐观。在这里，笔者看到了校长们比较矛盾的地方。

一方面，校长在学校课程建设方向的把握和引领方面，自认为做得

很不错，比如多数校长相信自己对学生在学校中获得的成长是有着清晰认识的，他们能够依据学生的成长需要做好学校课程建设工作；多数校长在思考学校未来发展方向时，能够让教师共同参与，得到教师的认可；多数校长认为学校文化建设最重要的作用在于重建教师和学生都认同的价值观和思维方式，其次是构建富有特色的校本课程；大多数校长认为国家课程存在不足，教师可以对其进行调整，对教师的课程能力很有信心；多数校长认为，在课程实施的评价上要给教师和学生赋权，人人都是课程实施的监控者。

另一方面，对于实际的学校课程建设，校长们所做的并不是那么充分：有不少人把按照国家和教育行政部门要求开齐开足课程看作学校课程体系建设中最为主要的内容，对围绕学校教育理念把国家课程、地方课程、校本课程形成一个整体并不认可；虽然认为教师课程能力比较强，学校有课程开发能力，但是埋怨课程资源严重不足；只有不到一半的校长认为学校已经形成了符合教育理念的教学模式；在课程建设和课程实施的监控评价上，多数校长并不自信。

上述矛盾表明，校长的课程领导更多地停留在思想层面。经过大量的理论培训，他们的课程领导意识已经得到了强化，但是这些课程领导意识如何转化为具体的课程领导能力，用于解决现实中具体的课程问题，还有一个过程。校本课程资源的开发能力、国家课程二次开发的能力、学校整体课程规划能力、学校课程思想落实到课堂中的能力、课程监控评价能力等，都还有待大幅度提升。

（三）校长课程领导受到多方面因素的影响

校长认为，课程领导受到多方面因素的制约，既有国家教育政策方面的，有教育行政部门管理方面的，还有学校文化以及社会环境方面的。这些制约因素包括：强制性课时太多，学校没有发挥空间；学校行政事务多，忙不过来；教师具有太强的稳定性，价值观和思维方式不易改变；社会上对高考成绩十分看重，学校不敢出错；学生家长对学校改革不支持；等等。

分析这些阻碍因素可以发现，在校长们的认识中，真正制约校长课程领导的，更多的是教育体制机制，同时还有社会环境、教师的保守思想。学校是教育变革和育人的主体，如何充分发挥学校的自主性、主动性和创造性，激发学校的主体意识与能力，是校长需要深入思考的问题。

综合上述三个方面可以发现，校长们在课程领导中存在一种"眼高手低"的状况。一方面，他们对于学校课程领导的本质、思想等都了解得十分充分；另一方面，在具体的课程行动上却有很多局限，思想与行为之间有很大的落差。造成这种状况的原因是：第一，校长们大都参加了大量的基础教育课程改革培训，接受了大量的理论灌输，对于课程变革、课程领导的道理都有了充分的了解，但与此同时，有关课程领导实战能力的培训则严重不足；第二，现有的教育体制机制以及社会压力让校长的课程领导能力难以真正发挥，有些课程领导行动难以展开。校长的主体意识和能力如何充分发挥，是一个需要深入研究的问题。

附录：中小学校长课程领导调查问卷

尊敬的校长：

您好！我们正在做一个有关课程领导的课题研究，需要了解您在课程领导方面的具体情况。经过随机抽样，我们选择了您。请您根据具体情况如实作答。本问卷是匿名的，所有信息仅供研究使用，不会对您造成任何不良影响。谢谢您的参与！

（一）基本信息

请选择最符合您实际情况的答案，在答案序号上打√。

1. 您的性别是

（1）男　　　　　　　　　　（2）女

2. 您所在的学校是

（1）高中　　　（2）初中　　　（3）小学　　　（4）幼儿园

3. 您的年龄是

（1）20—30 岁　（2）31—40 岁　（3）41—50 岁　（4）51—60 岁

4. 您的教龄是

（1）1—10 年　（2）11—15 年　（3）16—20 年　（4）21—25 年

（5）25 年以上

5. 您担任校长职务的年限是

（1）1—3 年　　（2）4—8 年　　（3）9—15 年　　（4）15 年以上

6. 您担任本校校长职务的年限是

（1）1—3 年　　（2）4—8 年　　（3）9—15 年　　（4）15 年以上

7. 您的职称是

（1）研究员　　（2）中学高级　　（3）中学一级或小学高级

（4）中学二级或小学一级　　　　（5）中学三级或小学二级

（二）调查问题

本部分由 30 道单选题构成，请您根据自己的具体情况选择一个（只能是一个）最切合您实际的答案，并在答案序号上打√。

1. 您认为学校课程领导最为重要的任务在于

（1）引领全体教师制定并达成学校课程目标

（2）引领全体教师做好课程实施工作

（3）引领全体教师开发校本课程

（4）做好教学管理

2. 您认为学校课程领导最为重要的作用在于

（1）根据国家政策创造性地建立学校课程体系，提升学校教育质量

（2）强化学校管理，使学校管理制度化，提升学校教育效能

（3）开发校本课程

（4）一个新名词，没有什么作用

3. 您认为学校是否应该有自己的教育目标

（1）教育目标国家已经规定，不需要学校考虑，学校要一丝不苟地执行

（2）国家制定的教育目标需要学校根据具体情况进行具体化

（3）学校最重要的目的是育人，因此可以根据自己的育人思想制定学校的教育目标

4. 你认为学校教育最重要的目的在于

（1）让学生成为具有一定知识和能力的社会人

（2）让学生成为一个富有个性、能够自我实现的人

（3）让学生获得优异的成绩，将来有一个光明的前程

5. 您认为对于国家课程，学校应该

（1）忠实执行

（2）根据学校实际情况做好二次开发

（3）只是一个课程范例，可以根据学生具体情况进行选用

6. 对于国家课程的二次开发，您认为应该依据

（1）学生的学习能力和其他实际情况

（2）教师的实际素质和其他实际情况

（3）学校的课程资源以及其他物质基础

（4）综合学生、教师和学校环境的具体情况

7. 您认为校本课程对学校而言

（1）是学校不可或缺的部分，是对国家课程和地方课程的有机补充

（2）不过是学校课程的一条"花边"、对外展示的一个噱头而已

（3）没有多大用处，是学校的一个累赘

（4）主要集中在活动方面，主要是为了让学生高兴

8. 对学生在学校应获得什么样的成长，您

（1）有异常清晰的认识

（2）有点感觉，但是还不清晰

（3）按照惯性做下去，学生就可以获得很好的成长

9. 对于学校未来的发展方向

（1）我自己很清楚，但是教师们理解不了

（2）目前还不清晰

（3）是我和教师们一起建立起来的，得到了大家的认同

10. 对于国家课程，您认为

（1）国家课程是由专家开发的，已经非常完备，学校教师没有能力对其提出质疑和改变

（2）国家课程需要与学校实际、课堂实际相结合，学校教师可以对之调整

（3）国家课程可以用其他课程来替代

11. 对于校本课程，您认为

（1）您学校的教师完全有能力进行开发

（2）您学校的教师有一定的课程开发能力，但还需要付出巨大的努力

（3）您学校的教师校本课程开发的能力十分匮乏

12. 您学校的课程体系建设的具体情况是

（1）已经按照国家和教育主管部门的要求开齐、开足课程

（2）虽然尝试对各类课程进行整合，但是还不知道如何做

（3）国家课程、地方课程和校本课程，已经围绕着学校的教育理念形成了一个整体

13. 在教师专业发展方面，最符合您实际情况的是

（1）能够在专业上给予教师引领，教师对您心服口服

（2）能够充分激发教师自我实现的欲望

（3）依靠职权让教师进行专业学习

（4）虽然给予教师专业发展指导，但感到力不从心

14. 最符合您学校课堂教学的情况是

（1）已经形成了高效的课堂教学模式

（2）已经形成了符合学校教育理念的教学模式

（3）课堂教学是教师的权力，校长不随便干涉

（4）课堂教学的效果不是很理想

（5）学校对课堂教学没有明确的指导思想

15. 学校文化建设最为重要的是

（1）塑造学校鲜明的形象

（2）构建富有特色的课程

（3）重建教师和学生都认同的价值观和思维方式

（4）塑造学校的品牌

16. 您觉得学校教师愿意听从您，最主要是因为

（1）您在课程与教学方面的业务能力

（2）您与教师以及校外人员的人际交往能力

（3）校长职位带来的权威

（4）您的思想能够鼓舞大家

17. 对于课程资源, 您觉得

(1) 自己学校的课程资源实在太匮乏了, 无法进行课程建设

(2) 自己学校虽然有一定的课程资源, 但是还远远不够

(3) 自己能够发现很多可以利用的课程资源, 可以用它们有效地开发课程

18. 课程改革有效实施的关键在于

(1) 国家的教育方针、政策

(2) 地方教育行政部门的推动

(3) 校长的课程领导

(4) 教师的课程实施

19. 在课程实施方面, 您觉得

(1) 自己完全有能力带领教师做好课程实施

(2) 国家课程实施比较好办, 但是校本课程实施起来难度很大

(3) 教师和学生的素质不行, 课程实施难度很大

(4) 课程实施要求太高, 教师根本达不到

20. 对于您自己学校课程实施的情况, 您觉得

(1) 太过复杂, 学校很难全面监控

(2) 学校有能力监控, 按要求全面实现目标

(3) 应该给教师赋权, 做到自我监控与他人监控相结合

(4) 应该给教师和学生赋权, 人人都是课程实施的监控者

21. 对于课程评价, 您觉得您自己

(1) 具有丰富的课程评价经验

(2) 从来没有做过, 不知道怎么做

(3) 做过一些, 但是觉得很麻烦

(4) 自己虽然不能做, 但是可以利用各种力量把它做好

22. 在校本课程开发中, 您认为国家政策提供的最重要的支持是

(1) 给学校一定的课程开发权力

(2) 给学校一定的课程实施空间

(3) 给学校提供课程资源的支持

(4) 对学校没有多大帮助

23. 在校本课程开发中，您认为教育行政部门提供的最重要的支持是

(1) 为学校提供课程资源以及其他物质支持

(2) 对学校校本课程开发和实施进行监督

(3) 为学校提供专家支撑

(4) 对学校进行激励

(5) 对学校没有多大帮助

24. 在学校课程建设中，您认为教师提供的最大帮助是

(1) 教师的高素质

(2) 教师的工作责任心和热情

(3) 教师的服从与勤劳

(4) 教师的课程实施能力

25. 您认为国家政策对于学校课程建设最为重要的制约因素是

(1) 对学校赋权不够

(2) 强制性课时太多，学校没有发挥空间

(3) 对国家课程的实施督导十分机械，学校不敢做出改变

26. 您认为我国的评价制度对于学校课程建设最为主要的制约因素是

(1) 评价方式过于刚性，学校不敢做出改变

(2) 社会对高考等评价十分看重，学校不敢出错

(3) 评价主体过于单一，学校不敢做出改变

27. 您认为教育行政部门对于学校课程建设最为主要的制约因素是

(1) 行政事务太多，让学校忙不过来

(2) 行政干预太多，学校动辄得咎

(3) 行政部门不懂教育，瞎指挥

(4) 行政监控太严，学校不敢改变

28. 您认为学校文化对于学校课程建设最为主要的制约因素是

(1) 学校文化具有太强的稳定性，教师的价值观和思维方式改变不易

(2) 学校文化中具有太多的消极因素，使大家不愿意改变

(3) 学校文化中具有太多的消极因素，使大家不愿意做事情

29. 您认为教师素质对于学校课程建设最为主要的制约因素是

（1）教师思维僵化，不愿意改变

（2）教师能力太低，无法进行有效的课程开发和实施

（3）教师太懒，不愿意多付出

30. 您认为学生素质对于学校课程建设最为主要的阻碍因素是

（1）学生基础差，只能学最基本的东西

（2）学生家庭条件不好，无法开展一些校本活动

（3）学生对新鲜事物接受太慢

（4）学生家长对学校改变不支持

第三章

校长课程领导的内涵与基本要素

校长课程领导的内涵与要素是本书最核心的内容，对其进行分析与确证是整个研究展开的基础。从字面上看，校长课程领导是由"校长""课程""领导"三个基本概念或关键词构成的，对这三个基本概念的厘定，乃是确证"校长课程领导"的必要条件。同时，由于本研究立足于中国教育情境，因此只有把握我国中小学校长的生存形态、校长作为课程领导者的行为特征以及课程领导的基本要素，才能理解校长课程领导的深刻意蕴。

一、校长课程领导：核心概念的确证

（一）校长、课程、领导概念的厘定

1. 校长

校长是大家都熟悉的字眼，不唯教育圈内的人熟悉，圈外人同样熟悉。说到校长，首先在人们头脑中

出现的往往是一个个具体的形象，如张校长、李校长、王校长等，很少有人考虑如何定义校长。事实上，定义校长是相当难的一件事情。因为校长这种职位或角色不但受历史发展阶段所制约，更受一个国家的教育管理体制所制约。

《中国大百科全书·教育》是这样定义校长的："国家教育行政部门或其他办学机构管理部门任命的学校行政负责人。校长综理全校的校务，对外代表学校，对内主持校务。……校长的职责，具体内容繁多，大致可分4类：①行政职责；②辅导职责；③指导职责；④研究和实验职责。"（中国大百科全书总编辑委员会《教育》编辑委员会 等，1985）[414] 著名教育学家顾明远主编的《教育大辞典》，对校长是这样定义的：校长是"学校行政的最高负责人。对外代表学校，对内主持全面校务。由国家教育行政部门、有关办学团体、个人任命或委派，或通过一定程序推举产生"（教育大辞典编纂委员会，1990）[235]。在其他教育辞典里，对校长内涵的解释是基本一致的。

1963年3月中共中央发布的《全日制小学暂行工作条例（草案）》和《全日制中学暂行工作条例（草案）》规定，中小学校长的主要职责是：贯彻执行党中央和国务院的教育方针，执行教育行政部门的指示；领导教学工作和进行思想政治教育工作；领导和组织师生参加生产劳动；关心教师、学生、职工的生活，注意保护他们的健康；管理学校的人事工作；管理学校的校舍、设备和经费。1991年6月国家教育委员会颁布的《全国中小学校长任职条件和岗位要求（试行）》，是改革开放以来我国最高教育行政部门对中小学校长任职条件和岗位要求做出明确规定的一份非常重要的文件，其中对中小学校长职责提出的要求是：①全面贯彻执行党和国家的教育方针、政策、法规，自觉抵制各种违反教育方针、政策、法规的倾向。②认真执行党的知识分子政策和干部政策，团结、依靠教职员工。③全面主持学校工作，包括领导和组织德育工作，领导和组织教学工作，领导和组织体育、卫生、美育、劳动教育工作及课外教育活动，领导和组织总务工作，配合党组织，支持和指导群众组织开展工作。④发挥学校教育的主导作用，努力促进学校教育、家庭教育、社会教育的协调一致、相互配合，形成良好的育人环境。

通过对我国几部权威的教育辞书关于校长定义的梳理和关于校长职责的文件规定的扫描，我们可以看到，在我国，校长作为学校"行政最高负责人"的特征是极其明显的。我国中小学校长的这种身份完全是与我国长期以来高度统一的教育行政管理体制一脉相承的。

美国是一个典型的教育分权制国家，校长身份更具有多元的特点。20 世纪 60 年代，美国教育管理的早期研究者巴顿（Henry W. Button）经过研究发现，在不同的历史时期，美国中小学校长具有不同的角色地位和工作方式。在 1865—1885 年，校长是教育工作者（the principal as educator）。美国中小学校长是作为普通的教育工作者从事某些学校管理工作的，这一时期的校长大多是比较优秀的教师，没有受过专门的教育管理方面的训练。1886—1905 年，校长是应用哲学家（the principal as philosopher）。随着学校的进一步扩大，校长不仅要有高尚的理想，掌握教育和教学的真谛，而且要善于运用理论知识来处理一些实际问题。20 世纪初期，美国进入经济高速发展时期，校长是商业经理（the principal as business manager）。人们普遍认为，学校也应像企业一样，以最低的成本、最大的效益去经营，校长要想维系学校的生存，就必须具有经营意识和经营技巧。从 1930 年起，随着美国经济危机的暴发和罗斯福新政的出台，民主思想以及人人都可以参与学校决策的观念深入人心，校长成为社会代理人（the principal as social agent）。受人际关系思想的影响，人们特别强调校长要改善学校中的人际关系，重视士气、团队的凝聚力、合作以及维系学校成员感情因素的非正式组织，充分调动各方面的积极性。从 20 世纪 50 年代开始，校长是行为科学家（the principal as behavior scientist）。美国中小学校长在不忽视学校非正式组织的同时，更重视人在学校正式组织中的行为。

在 20 世纪 70 年代，美国一些校长仍倾向于把自己看作"教学性教师"，而其他校长则把自己看作"应用哲学家""经理"，或具有专门知识特别是行为科学知识的"专业人员"。

进入 20 世纪 80 年代以后，美国基础教育领域掀起了一次又一次的改革浪潮。到 80 年代末，有关学校管理人员的问题引起了管理人员和学校改革者的重视，人们期望中小学校长既成为强有力的"教学领导者"，又成为有效的"学校管理者"。经过广泛而持久的讨论，人们认为校长应扮演双重角色：一个是学校管理的执行官，另一个是学术带头人。作为管理的执行官，校长仍以成功的管理来向上级主管部门负责；作为学术带头人，校长应是教师群体的领导（陈如平，2005）[41-47]。

随着我国教育体制改革的不断深化，学校面临的生存、竞争、发展压力越来越大，校长对于学校的作用与日俱增，校长的内涵发生变化，校长的角色日益多元化。有学者曾这样描述当今中小学校长的角色：校长是学校的行政首长，具有领导地位；校长是学校的当家人，具有管理地位；校长是学校的教师之师，具有教育地位；校长是学校的设计师，具有改革地位；校长是学校的科研带头人，具有学术地位；校长是学校师生的服务员，具有公仆地位；校长是学校的对外联络者，具有法人地位。（吴恒山，2004）[3-7] 关于当今校长的地位与作用，教育部原副部长陈小娅这样指出："在整个基础教育事业中，中小学校长的岗位非常特殊、职责特别神圣、工作格外重要。从一定意义上来说，对学校，有一个好校长就有一所好学校；对学生，有一个好校长就有许多好老师；对国家，有一个好校长就有一批好学生。说到底，中小学教育是校长带领全体教职员工实施的，中小学教育目标是校长们带领全体教职员工实现的。……校长的教育理念、教育思想、专业素养、管理能力如何，工作开展的效果如何，直接关系到整个中小学教育的质量，关系到党和国家教育方针的落实，关系到一代甚至几代人的健康成长，关系到中华民族的未来。因此，校长的作用影响重大，牵动教育工作全局。"（陈小娅，2007）

如今，在以"学生发展为本"的教育理念指导下，校长是学生有效发展的谋划者和实践者，他们的课程领导地位和角色日益凸显。

2. 课程

课程一向被学者们认为是学校教育的核心（Dimock et al.，2000）。"课程（curriculum），作为学校教育这个系统中的'软件'，是最重要、最繁难的教育问题之一。教育实践，就是以课程为轴心展开的。"（钟启泉，2006b）[3] 对课程的这种描述是不会引起什么异议的。但要给"课程"下一个精确的定义是一件相当困难的事情，因为"课程"一词常常被以不同的方式使用着，每个人都可以根据自己的学术背景，根据自己对社会、知识、教育、学校乃至学生的不同观点，给"课程"以不同的解释。因此可以说，课程是当今理论研究与实践应用中最为纷繁复杂的概念之一。

自 1918 年美国学者博比特出版《课程》一书，标志着课程成为一个独立的研究领域以来，关于课程的定义虽然没有人做过精确的统计，但如果说有成十上百个却是没有人反对的。西方学者提出的有代表性的课程定义包括：课程是学问和学科；课程是教学计划与进程；课程是预期的学习结果；课程是学习经验；课程是文化的再生产；课程是具体的课业；课程是进行社会改造的议事日程；等等。我国学者对课程提出的有代表性的定义有：课程是教学科目；课程是教学内容和进程及其总和；课程是教育内容及其总和；课程是在学校当局指导下学习者所经历的全部经验；课程是指导学生获得全部教育性经验的计划；课程是在学校教育环境中旨在使学生获得的促进其身心全面发展的教育性经验体系；课程是在一定学校的培养目标指引下，由具体的教育目标、学习内容及学习活动方式组成的，具有多层次组织结构和育人计划性能的，用以指导学校教育、教学活动的育人方案，是学校教育活动的一个组成部分；等等。

这里对"课程"的定义加以罗列，并不是要对其进行解释和分析，而是意在提供一个关于"课程"内涵不同理解的大致轮廓。笔者要花费更多笔墨讨论的是我国关于课程内涵和外延认识的发展线索。我国课程论专家陈侠认为，课程即为教学内容。他在《中国大百科全书·教育》中对教学内容是这样释义的：教学内容通常指"学校给学生传授的知识和技能，灌输的思想和观点，培养的习惯和行为等的总和，也叫课程"（中国大百科全书总编辑委员会《教育》编辑委员会 等，1985）[155]。这本教育辞书也专门列有"课程"一条：课程即课业及其进程。自近代学校兴起以来，课程有广义、狭义两种。广义指所有学科（教学科目）的总和，或指学生在教师指导下开展的各种活动的总和。狭义指一门学科。（中国大百科全书总编辑委员会《教育》编辑委员会 等，1985）[207] 我国著名教育学家顾明远主编的《教育大辞典》将课程定义为：①为实现学校教育目标而选择的教育内容的总和，包括学校所教各门学科和有目的、有计划、有组织的课外活动。②泛指课业的进程，在一定时间内应完成的具有一定分量的学业。③学科的同义语，如语文

课程、数学课程等。(教育大辞典编纂委员会，1990)[257]

《教育大辞典》关于课程的定义，无论是其内涵还是外延，都超越了长期以来人们有关"课程即教学科目"的偏狭认识与实践，代表了我们认识和运用的课程的最一般意义。

自 2001 年开始的我国新一轮基础教育课程改革，是一次影响最大最深远的基础教育课程创新实践，这一年教育部颁布的《基础教育课程改革纲要（试行）》明确指出"调整和改革基础教育的课程体系、结构、内容，构建符合素质教育要求的新的基础教育课程体系"。这里特别突出了一个"新"字。这是在课程内涵与外延的认识和运用上一次大胆的突破。

在课程目标上，改变过于注重知识传授的倾向，强调在获得基础知识、基本技能的过程中，形成积极主动的学习态度和价值观。

在课程结构上，改变过于强调学科本位、科目过多和缺乏整合的现状，整体设置九年一贯的课程门类和课时比例，开设综合课程，体现课程结构的均衡性、综合性和选择性。

在课程类型上，改变单一的必修课，设置丰富多样的选修课程。

在课程管理上，改变过于集中的状况，实行国家、地方、学校三级课程管理，增强课程对地方、学校及学生的适应性。学校在执行国家课程和地方课程的同时，应适应当地社会、经济发展的具体情况，结合本校的传统和优势、学生的兴趣和需要，开发或选用适合本校的课程。

显然，我国基础教育课程改革的一个重要特征，就是课程设置更加多样化。课程设置的多样化，意味着不仅要包含为反映国家核心价值观强制开设的课程，也应包含符合学生发展意愿和兴趣的课程；不仅要有侧重于认知的课程，也要有侧重于情感价值和审美体验的课程；不仅要有侧重于理论认知的课程，也要有侧重于实验实践的课程。相比较而言，发展后一类课程更是我们需要重视的，如校本课程、乡土课程、综合实践课程、设计性和综合性实验课程、研究性学习课程等。

与此同时，课程自身也存在不同的层次。美国学者古德莱得（John I. Goodlad）认为，课程有五种存在形式：①理想的课程（ideological curriculum），是指由课程研究机构、学术团体和课程专家研制并提出的应该开设的课程。②正式课程（formal curriculum），是指由教育行政部门规定的课程计划或课程标准，是学校贯彻实施的课程。③领悟的课程（perceived curriculum），是指任课教师基于自己的认识和观念所领会的课程。④运作的课程（operational curriculum），是指在课堂教学中实施的课程。⑤经验的课程（experiential curriculum），是指学生实际体验到的课程。（Goodlad，1979）[60-64]

学校课程是把教育理想转化为教育现实的纽带，是实现校长办学思想、促进每个学生有效发展的载体。课程形态的多样化，有助于把理想的、正式的课程转化为运作的、经验性的课程。在这种情境下，校长不仅要有课程管理之力，而且要有课程领导之智。我国新一轮基础教育课程改革明确提出，校长是学校课程实施质量的第一责任人。学校要增强课程改革的执行力和领导力，全面规划、落实学校课程改革与发展工作。学校必须严格执行国家课程计划，创造性地实施国家课程方案和课程标准，提高校本课程的开发能力和建设水平。

3. 领导

在管理学、领导学等学科领域中，"领导"是一个基础概念，常常与"管理"这个基础概念相对应。

在日常生活中，对"领导"和"管理"这两个词的使用常常是不分的，领导即管理，管理也是领导，领导者是管理者，管理者也是领导者。从词义学角度看，管理的范畴要比领导大。如《现代汉语规范词典》对两个词的解释是：领导的含义有两个，一是带领并引导大家开展工作；二是担任领导职务的人。而管理的含义有三个，一是保管并料理；二是看管并约束；三是主持某项工作，通过组织、领导等手段，使工作顺利进行。这里，领导是管理的一种手段。

在西方，管理的英语单词是"management"，源自拉丁语"manus"（手）和意大利语"mangiare"（驯马术），后来又延伸到一般性的技巧操作。从牛津英文词典的记录看，"manage"这个词16世纪才开始在英语中出现。之后，虽然有不同领域的专家学者提及这个词，但直到泰勒（Frederick W. Taylor）的《科学管理理论》一书出版，"管理"才成为一门现代科学，变得规范化。《柯林斯英语词典》将"management"释义为：控制和组织一个企业或其他的组织形式，也可表示实施控制和组织的人或是人们对其生命不同阶段的控制方法。在这本词典中领导的英语单词是"leadership",其含义为:控制一个组织或群体的人,被控制群体和组织的地位和状态,或是使某人成为一个好的领导者的素质,或领导者所采用的办法。

管理和领导作为管理学、领导学中的核心概念,是两个相对独立的范畴。它们有各自的执行系统,有自己独立的表达话语。正如本尼斯(Warren Bennis)所说,"领导者是那些做正确事情的人,而经理人则是正确地做事情的人"(Bennis,1989)[18]。费尔斯通(William A. Firestone)也认为,"管理的任务是维持秩序,而领导的任务是促进变革"(Firestone,1996)[395]。格拉塞尔(William Glasser)认为,领导与管理是两个不同的概念,领导是民主式的、分享式的,而管理则是依靠权威来实现的,它倾向于层级式的,二者在行为上有很大区别。(Glasser,1990)[57]厄本恩(Gerald C. Ubben)等人提出,管理是一种现状导向型的,它假设是在一个高度稳定的环境中运作。管理人员的工作是确保事情完全按预先设定的规范平稳进行,并假设先前设定的标准或规范是合适的,而很少去怀疑已建立的规范的合理性。领导的含义大为不同。领导是以现状为本,但同时又是超越现状的。领导总是不断考虑现行条件和规章是否有更新的可能性,领导者不仅是问题的解决者还是问题的发现者,领导是推动组织向更高水平发展的动态过程。好的领导者也进行管理,但他们是以一种领导的视角去管理的。(厄本恩 等,2004)[11]

哈佛商学院的约翰·科特(John Kotter)对"管理"与"领导"做了具体比较,见表3-1。(科特,1997)[6]

表3-1　管理和领导的比较

管理	领导
产生秩序和一致	产生变化和运动
计划/预算	建立愿景/制定策略
组织/人事	人员匹配/交流
控制/解决问题	激励/鼓励

同样,比奇和瑞恩哈兹(Don M. Beach & Judy Reinhartz)也比较了二者之间的差别,见表3-2。(Beach et al.,2000)[75-76]

表 3-2　领导与管理的区别

管理	领导
实施一个组织的愿景规划	创造愿景（使命）并建立机构来实现组织目标
确定谁应该受到责难	确定问题并努力发现答案或解决办法
主要关注如何正确地做事	主要关注远大的前景和共同的目标
对个人的表现进行奖励强化	认同团队或者群体的努力
掌管并告诉人们做什么以及如何做好	加强合作并展示问题，及时提供帮助

　　通过以上的文献梳理，我们可以认为，领导与管理存在着功能方面的差异。领导是一个个体影响一群个体以实现共同目标的过程。（诺思豪斯，2002）[2] 领导重在推动变革，产生建设性的变化，是做正确的事情。管理重在维持秩序，保证组织的一致性，是把事情做对。

　　虽然领导与管理存在功能上的明显差别，但是两者绝不是不能通融的。本尼斯等人认为领导与管理有质的区别。他们同时也指出，如果考虑到变革的经常性特征，那么实践中需要的是领导者而不是管理者。如果考虑到一个机构的运作过程，那么就可以发现理想或者愿景固然重要，可是合作的气氛和环境也十分宝贵；如果不通过踏踏实实的日常管理，那么不仅无法实现机构的目标，而且也无法形成合作的文化。

　　笔者认为，一个组织的最高负责人在什么情况下凸出领导职能，在什么情况下凸出管理职能，又在什么情况下同时呈现领导职能与管理职能，需要依据特定的"关系"来确定。在一个完全独立的企业组织中，组织的最高负责人首先是一个领导人，他要关注、谋划组织的发展，同时要发挥管理职能，这种管理职能并不是说事无巨细都要亲力亲为，而是指通过有效的组织运作和赋权来实现组织的高效。但在一个科层组织中，最高负责人对上级组织要凸显管理职能（贯彻执行），把事情做对；对所负责的组织要凸显领导职能（主动发展），做正确的事情。学校就是一个具有这样特征的科层组织。从关系范畴来讲，组织最高负责人"管理"与"领导"的职能隐含着"被动"与"主动"的意味。"管理"的职能往往含有"被动"的意味，而"领导"的职能则常常含有"主动"的意味。

（二）校长课程领导的内涵

通过以上对"校长""课程""领导""管理"等相关概念的分析，我们看到，"课程"的内涵和外延都发生了很大的变化，远远超越了传统的课程即学科的狭窄范畴。校长的职能也发生了非常显著的变化，校长角色中的"领导"意蕴日益凸显。管理学、领导学领域关于"管理"和"领导"范畴的研究成果，正是校长课程领导概念提出的理论基石。

正如领导和管理是领导学、管理学中紧密联系的两个命题一样，校长课程领导与校长课程管理也密不可分。因此，研究校长课程领导问题，就不能完全抛开校长课程管理。课程管理这一话语在我国有很长的历史，而校长课程领导这一话语则是在我国新一轮基础教育课程改革后产生并逐渐活跃起来的。

课程领导这一话语的出现，不是一种术语上的简单变迁，而是观念和理念的转变与更新，两者所欲达到的境界有明显的差别。由此，有研究者认为，课程领导是对课程管理的一种超越，标志着一种范式转型。更有言辞激烈者认为，使用"课程领导"而非"新型课程管理"的名称，正是为了与传统的甚至根深蒂固的课程管理范式决裂。

不可否认，课程管理是在我国长期以来高度计划性的教育行政管理体制下使用的，这种体制重"管"，强化了下级服从上级的体系。现在重新划分了国家、地方和学校的课程管理权责，明确要求学校的角色从过去的被动承受者向积极主动开发者转变。因此，"课程领导"的出现具有显著的时代特征和积极意义。由此说校长课程领导是一种新范式，是没有什么异议的。但是，如果说校长课程领导是对校长课程管理范式的"超越"，甚至"决裂"，则难免有绝对化之嫌。

校长课程领导与校长课程管理两个概念是从领导学、管理学的"领导"与"管理"概念衍生而来的。在上面的分析中，我们已经看到两者的差别，这里不妨再强调一下两个概念的核心思想：管理是把事情做对，领导是做正确的事情。两者并非截然对立，特别是在一个科层组织中，作为组织中的最高负责人，其领导与管理职能都表现得非常明显。

  学校处于科层组织系统中，是一个底层的组织。由此我们可以认为，在我国课程领导与课程管理反映着校长的两种使命。校长课程领导与校长课程管理是同时存在的两种范式，这是由校长角色决定的。相对于上级教育行政主管部门，校长是被委任者或被委派者，代表国家教育意志，所以必须忠实执行国家教育培养目标和课程计划。这时校长承担的就是课程管理的职能，也就是说，校长要把事情做对。与此同时，相对于学校而言，校长是最高领导者，担当引领学校发展的重任。国家统一性的教育目标、课程计划，需要校长结合本地、本校实际，创造性地实施，以凸显学校办学特色，提高学校核心竞争力。这时校长的领导使命是相当明显的，也就是说，校长要做正确的事情。我国著名教育家陶行知曾说过："校长是一个学校的灵魂。要想评论一个学校，先要评论它的校长。"（陶行知，1981）[106] 在当今中国，校长的这两种使命都是必需的，我们不能因为强调校长的课程领导职能，而忽视乃至排斥校长课程管理职能。

  美国是一个典型的教育分权制国家，学校拥有较大的自主权，但其校长也被认为具有领导和管理两方面职能。教育管理研究专家欧文斯（Robert G. Owens）就认为，毫无争议，学校过去一直按科层式的方式进行组织管理，或者说以工厂为模板进行组织管理。大部分教育行政人员把自己的工作概念化为对操作程序的管理。很明显，此概念由于过分强调管理，阻碍了学校领导的发展。美国学校总体上需要更多更好的领导，这是毫无疑问的。但是，如果说校长必须是领导者，而不是管理者，仍然不正确。因为校长既需要是领导者，又需要是管理者。（欧文斯，2001）[251]

  笔者强调校长领导与管理的双重职能，是与我国基础教育的三级课程管理政策相吻合的。国家、地方和学校三级课程主体的权责分配如表3-3 所示。（教育部基础教育司 等，2004）[27]

表 3-3 国家、地方和学校三级课程主体的权责分配框架

国家	地方	学校
• 制订课程计划和国家课程标准 • 制订教材编写、审查与选用的政策，并组织审定基于课程标准编写的教材 • 制订地方和学校课程管理指南 • 负责审议地方课程的开发方案 • 确定基础教育课程的评价制度 • 监督国家有关课程政策的执行情况，组织全国性水平测验 • 根据教育改革和发展需要，修订课程文件	• 制订本地课程计划实施方案 • 组织审议学校课程实施方案，指导学校具体实施国家和地方课程、选用教材以及开发校本课程 • 开发地方课程 • 为学校课程实施与开发提供服务，帮助学校解决教育中的问题 • 对本地课程实施、评价与考试等情况进行监控 • 整合社会的课程资源，引导各种社会力量参与课程开发与管理 • 加强教材、辅导用书及其他教学材料的使用管理 • 组织教师培训	• 制订学校课程实施方案 • 选用经审查通过的教材 • 开发校本课程 • 对课程计划实施、教学、评价与考试、课程资源开发与利用等方面进行自我监控 • 建立教师、学生、家长及社区代表参与学校课程管理的机制 • 组织校本培训，建立以校为本的教研制度 • 为教师教学、学生学习等提供服务

　　通过以上分析，笔者认为，校长课程领导是旨在促进每个学生有效发展，统领创造性实施课程和积极主动建设课程的行为。它体现了以"让每个学生获得最有效发展"为核心的现代课程观，是一种战略性的创新课程实践，有利于不断增强能够激活学校旺盛生命活力、凸显育人特色的先进学校文化。

　　校长课程领导的核心是树立现代课程观。现代课程观的核心价值是实现每个学生的有效发展。所谓有效发展，是在学生全面发展的前提下，适应其身心发展特点和潜能的适得其所的发展。要实现学生有效的发展，一定要施以适合的教育。校长要通过领导学校进行课程创造性实施、校本课程开发与建设、教师课程创生，创造适合每个学生的教育，让每个学生获得最有效的发展。校长课程领导的行为表现为战略谋划、

创新实践。校长课程领导的行为特征是高水平的主体性，具体表现为自主性、主动性和创新性。校长课程领导的特点为开放、合作、民主、反思。

二、校长课程领导与相关概念辨析

与校长课程领导存在联系的概念有课程管理、教学领导以及行政领导（权力），换句话说，在校长身上同时存在着课程领导、课程管理、教学领导及行政领导（权力）这些职能，它们之间的关系可以用图3-1来表示。

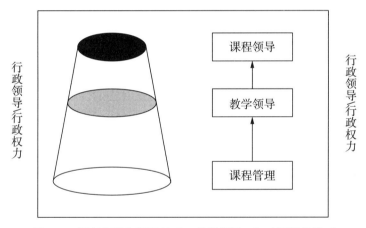

图3-1　课程领导与课程管理、教学领导、行政领导的关系

图3-1反映出，校长的课程领导、教学领导、课程管理具有层级关系，而行政领导（权力）是校长行使这些职能的保证。行政领导的意义在于校长是上级教育行政部门任命或学校组织推选的学校最高权力者。正因为校长是学校组织的最高权力者，所以校长必然要对学校课程与教学工作施加影响，行使管理和领导职能。这也正是校长课程领导得以可能的基础和前提，因为只有校长拥有决定权，才能组织、谋划进而推进学校发展，调动、发掘一切教育资源，带领学校教职工一起把学校教育愿景付诸行动，把办学思想转化为实践。

在课程管理、教学领导与课程领导中间，课程管理应该是每位校长都必须履行好的一个基本职能，或者说，这是作为称职校长的基本要求。因为校长作为国家教育意志的代言人，忠实地履行国家课程计划是其基本义务和职责，也就是说，校长首先应该"把事情做对"。这看起来是顺理成章、不需多言的事情，但事实并非如此。我们先把那些因办学条件困难暂时还难以完全实行国家课程计划的学校放到一边，就是条件具备了的学校，仍有一部分不能"把事情做对"。这些学校的校长往往因"应试教育"观念或者急功近利思想的干扰，在执行国家课程计划中常有"缩水"现象。最典型的表现就是制定两份课程表，一份是用作上级部门检查的，是完全按国家课程计划安排的；而另一份是学校真实使用的，一般是按需设置，而且当然是按"应试"需要所设的。因此，就今天中国的教育而言，校长的课程管理职能绝不可以被领导职能所取代，相反，管理职能仍需强化。

学校要以教学为中心，或者说，教学是学校的中心工作。这是长期以来人们的普遍认识，直至今天，人们对此也并不怀疑。不过，在领导理论没有进入课程与教学论学科领域甚至没有进入学校组织范围之前，校长对学校教学的作用通常表现为教学行政或教学管理。目前校长"教学领导"的意蕴远远超越了教学行政或教学管理，从某种意义上说，学者们对教学领导研究的热度并不比课程领导差。从研究上看，学者们常常是在比较宽泛的意义上来理解、使用教学领导概念的，其中甚至包含着课程领导的要素。美国当代著名教育管理学家海林格（Philip Hallinger）认为，教学领导者是"学校教育计划相关知识的主要掌管者。人们期望校长具备与课程及教学有关的知识与技能，并能直接介入教师的教学，促进学校改革与教学创新，并对教师和学生抱以高期望，同时能够有效地管理与监督教师的教学，整合学校的课程方案，时时关心学生的进步状况"（Hallinger，1992）。我国教育研究者陈如平对教学领导的界定是校长为提升学校整体教学与学习的情境，根据其教育理念及个人信念，通过制定学校教育目标、发展教学任务、提高课程与教学品质、促进教师专业成长、增进学生学习气氛及提供教学支持系统等领导行为，并发挥实际的影响力，鼓励教师主动参与各项教学活动，来协助教师改进教学、增进学生学习成效、达成学校教育目标的动态过程（陈如平，2006）[76-84]。

笔者认为，教学领导不同于课程领导，教学领导就是校长组织、发动、参与教学变革，优化教与学的模式或策略，以最大限度地增进教学效益。从这种认识出发，校长教学领导行为出现的时间要远远早于教学领导理论，在我国课程形态比较单一的学科课程时代，一些有变革意识的校长就超越了"照本宣科"的机械教学模式，创造出丰富多彩的学校教学模式，形成了我国绚丽多彩的教学模式百花园。

　　在我国学校单一的课程形态被打破、课程形态呈现出多样化特点以后，校长的课程领导职能凸显，这要求校长在课程的转化、建构与实施中发挥主体作用。也就是说，校长课程领导职能是在学校课程形态多样化背景中自然孕育而生的，没有课程形态的多样化，就谈不上校长课程领导。当然，我们强调校长课程领导的职能，丝毫也没有淡化校长的教学领导职能，因为无论什么样形态的课程，它的教育目标、价值都要通过教与学的过程来实现。换句话说，没有教与学的过程，课程的目标就无从实现。

　　总之，在对课程领导、课程管理、教学领导、行政领导（行政权力）这几个概念做过一番辨析后，再回到本节一开始的框架图（图3-1），我们对这几个概念的关系就会看得更清晰一些。需要特别强调的是，笔者对这几个概念关系的讨论，一直都是在主体是"校长"的语境下进行的。在学校组织中，校长拥有最高行政权力，这种权力也同时使校长承担了最大的责任与使命，履行好课程管理的职责是一个称职校长应尽的义务。在此基础上，校长应该不满足于现状，要向更高层次的教学领导、课程领导努力。校长的课程管理、教学领导与课程领导不是简单的包含关系，虽然它们之间也可能有交集，但更多地表现为层级关系。

三、校长课程领导的基本要素

　　今天，学校是课程实施的主体，也是课程建设的主体。校长是学校课程实施质量的第一责任人。学校办学具有巨大的能动性和创造性，校长的课程领导不只是开发校本课程，也不只是研究学校的课程计划，而是要整合各种教育要素，调动、发掘一切教育资源，全面统领各类课程在学校中的创新实践，要在学校课程的统一性和多样性、均衡性和选择性、稳定性和发展性，以及课程的规范实施和创出特色、人才培养的基本规格和差异发展等方面，做出自己的判断和设计，增强课程改革的执行力和领导力，形成自己的课程理想，把促进学生最有效发展的现代课程观落到实处。

校长课程领导的核心是树立现代课程观。现代课程观的核心价值是实现每个学生的最有效发展。校长要通过领导学校进行国家课程创造性实施、校本课程开发与建设、教师课程创生，创造适合每个学生的教育，让每个学生获得最有效的发展。这些构成了本书所研究的校长课程领导的基本要素，其结构如图3-2所示。

树立现代课程观是校长课程领导的核心，或者说，是校长课程领导的出发点和着眼点。围绕着现代课程观，校长在学校中要积极主动、创造性地开展课程实践，具体而言，就是国家课程校本化实施、校本课程开发与建设、教师课程创生。这三个方面构成了校长课程领导实践的基本维度。

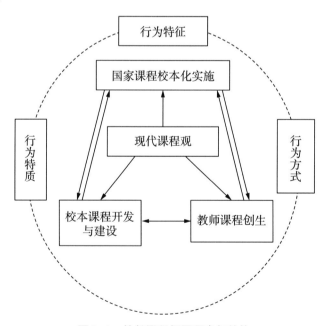

图3-2　校长课程领导要素与结构

（一）现代课程观Ⅰ：以实现每个学生最有效的发展为本

以学生发展为本，或者说，以学生为本，是现代教育的核心理念，也可以说是现代课程观的核心内涵，整个教育领域对此基本上形成了共识。笔者在本书中将其具体化为"以实现每个学生最有效的发展为本"，意在更清楚明了地表达其基本要义。

实现每个学生最有效的发展，至少有下面三层含义。首先，教育要面向全体学生。教育面向全体学生是保证人人享有受教育权的必然要求，这在我国教育法和义务教育法等法律中都有明确的规定，无需多言。笔者所说的"面向全体学生"，是针对我国学校教育中一定程度上存在的"精英取向"而言的。通俗地说，就是关注和优待所谓的"好学生""尖子学生"，即能升入高一级学校的学生，能提高学校升学率的学生。而对那些升学无望、应试水平一般的"弱势群体"则施以排斥以至排挤态度。例如，高考、中考前，动员升学可能无望的学生提前离开校园、不许参加升学考试的现象，目前绝不是在我国个别地方、个别学校中存在。中央电视台《焦点访谈》节目曾报道过这样一所学校，一些被学校认为升学无望的学生被"动员"离开校园、放弃参加高考，而这些学生渴望学习，每天来到学校站在教室外听课。这幅令人酸楚的画面至今在笔者的头脑中挥之不去。还有的地方、有的学校，不惜重金从外地、外校挖来能提升自身高考升学率的生源。

学校教育的"精英取向"在我们的升学考试中表现得非常鲜明，其实，这种"精英取向"在我们的各个教育阶段都存在。在各个教育阶段，想尽招数争夺优质生源是相当普遍的现象。正因为这种现象的存在，我们今天才极力倡导学校应该"创造适合学生的教育，而不是挑选适合教育的学生"，这是两种不同的学生观、教育观。创造适合学生的教育，反映的是以学生为本的教育价值观，而挑选适合教育的学生，从根本上反映了一种功利主义取向的教育价值观。学校不能只关心少数尖子学生，为高一级学校培养专门化的、精英式的人服务，不应仅以培养出获奖学生、考上名牌大学或后来成为著名人物的学生为荣（在各类校庆活动和校史展览中，人们最能感受到这两点），而应致力于每一个学生的发展，为学生的终身学习和发展奠定坚实的基础。学校教育要面向全体学生，就是要着眼于学生的不同层次、不同发展程度、不同兴趣取向，实施有针对性的教育，这样才能真正实现每个学生的最有效发展。

其次，教育要全面提高学生的素质。全面提高学生的素质，也就是促进学生的全面发展。那么，何为学生的全面素质？这既是一个具有理想性的问题，又是一个带有现实性的问题；既是一个具有抽象性的问题，又是一个带有具体性的问题。我们这里主要说的是带有现实性、具体性的问题。我国教育方针对学生全面素质有明确表述，即教育要培养学生德智体美劳全面发展。这是我们要遵循的总的教育原则，是否贯彻执行它，反映着教育部门、教育工作者教育思想是否端正。教育方针对培养学生全面素质的规定，充分反映在学校课程的设计与安排中。但在各类课程的实施中，都应关注以下关系的处理，即身心素质的统一、知识与能力（实践能力、创新精神）的统一、科学素养与人文精神（包括社会责任感）的统一、智力因素与非智力因素的统一。

虽然我们对全面提高学生素质并无异议，但是在我国今天的教育现实中，学生片面发展乃至"异化"发展还是一个相当严重的问题。在"应试教育"愈演愈烈的背景下，考试考什么学校就教什么的现象还相当普遍地存在。长期以来，我国中小学生学业负担过重问题一直为社会所诟病。其实，中小学生学业负担过重深刻地反映了学生的片面发展问题。调研发现，我国中小学生学业负担表现出畸重畸轻的特征，主要重在文化课，特别是"应试"科目的学习上；相反，像德育、体育、美育以及劳动教育的"负担"很轻，发展实践能力、动手操作能力和真正适应学生自己兴趣的学习等方面的"负担"不重，乃至没有"负担"。尤其是学生文化课的学习负担和压力主要表现在知识记忆负担上，而想象、思维训练等负担轻。在学校里、在课堂上乃至到了家庭、社会，智育常常被窄化为书本知识的掌握和记忆，最重要的思维训练和培养未被重视。所以，学校端正办学思想、促进学生全面发展，是现代课程观的根本要求。

从当代社会发展来看，"当代社会所发生的一系列革命性变化，要求人必须全面发展，不全面发展就很难成为对社会有较大作为的有用人才。……首先是当代科技综合化，要求探索、理解和运用科学技术的人全面发展。21 世纪各门类科学和各层次分支不断交叉、加速综合，自然科学和社会科学进一步结合，科学和技术相互依赖和融合，科学和社会之间发生重大的相互作用。其次是经济全球化，要求参与经济活动的人具备兼容并包的胸怀和合作竞争的精神，善于在现实和传统之间、科学和人文之间、个人和社会之间，以及民族和人类之间不断地协调和化解矛盾，应对各种挑战。第三是发展整体化，强调经济、环境、社会协调发展，经济发展、环境发展、社会发展都要以人为中心，都是为了人的发展和依靠人的发展。特别是对于我国社会主义现代化建设来说，我们进行的一切工作，既要着眼于社会生产力和经济、文化的发展，同时又要着眼于人的全面发展，而且，人越全面发展，社会的物质文化财富就会创造得越多，而物质文化条件越充分，又越能推进人的全面发展"（袁贵仁，2001）。

最后，教育要实现学生差异发展。差异发展是针对"统一发展"而言的。伴随着现代工业的机器大生产而建立的班级授课制，极大地提高了适应现代工业发展所需人才的培养效率，但是它也造成了"人才"培养整齐划一的弊端。与此同时，长期以来我国实行高度统一的国家课程制度，由于课程的一致性，学校之间在办学上也没有明显的差别。正是源于这两方面的背景，今天我国形成了广大中小学"千校一模、万人一面"的同质化局面。这种整齐划一的学校教育形态，完全抹杀了学生个体之间发展类别、发展水平的差异性，抑制了具有不同潜能学生的充分发展，更谈不上实现学生的最有效发展。尤其是整齐划一的教育模式，以对统一的知识掌握情况来评价学生学业成绩，甚至以此筛选学生，使一部分学生因"学业失败"产生失败的心态，这本身也造成了教育资源的极大浪费。

随着信息社会的快速发展和知识经济的到来，高度划一的教育模式愈来愈不适应时代发展的要求，相反，实现学生差异发展、个性发展成为国际教育改革的重要潮流。现代教育科学理论、心理科学理论的发展，如多元智能理论、主体教育理论、差异教育理论等的产生与发展，为教育适应学生个性发展、差异发展提供了重要的理论基础。如果说全面提高学生素质是共性发展要求的话，那么实现学生差异发展就是个性发展要求。实现学生最有效发展，是实现学生共性发展与个性发展的统一。满足学生差异发展的需要，不仅体现在教育教学过程中要以学生为主体，而且体现在教育的选择上，要给学生提供最大的选择机会，包括学习时间、学习方式和学习内容的选择等，要使学生的主体意识得到最大限度的释放。简单地说，就是要使学生对教育享有"参与性"和"选择性"。教育满足学生差异发展的要求，其实质是进行人才培养体制的变革，包括教育观念、课程体系、教学模式、评价制度等方面的改革。实现学生差异发展、个性发展，必然要求学校特色发展，办出不同的风格，从而增强学校的办学活力，最终形成各类优秀人才大量涌现的局面。

（二）现代课程观Ⅱ：保持三种关系的适当张力

当我们谈到现代课程观的时候，一定规避不了科学性与人文性、学术性与职业性、国际性与民族性这三对基本关系，或者说，这三对基本关系构成了现代课程观中的基本矛盾。在科学性与人文性之间、学术性与职业性之间、国际性与民族性之间保持适当的张力，是树立现代课程观的基本要求和具体表现。

1. 科学性与人文性

科学性与人文性作为课程观中的一对基本矛盾，在教育发展过程中具有悠久的历史，今天它们仍是现代课程观的基本特性。科学性与人文性既表现在课程形态方面，也表现在具体的课程实施过程中。课程的科学性，或者说科学主义的课程传统主要表现为：第一，在课程目的上，强调科学本身的价值和力量，强调课程要为科学的发展和进步服务，即使提到课程对于个人和社会的意义，也会归结到二者对于科学的依赖或者科学对于二者的巨大影响方面。第二，在课程内容上，提倡和推崇科学，重视各门科学知识在学校课程体系中的地位，并不断增加自然科学的内容，及时吸收科学发展的新成就。第三，在课程实施过程中，对于方法和形式同样讲究科学性，讲究效率。即使关注学习者个体的兴趣、爱好、差异，也是从获取更好的学习结果出发，而不是从学习者个性发展的需求本身出发。（从立新，2000）[148-149] 课程的人文性，或者说人文主义的课程传统主要表现为：第一，在课程目的上，重视人，崇尚个性。课程的根本目的在于为个体的发展和幸福服务，个性的和谐、理性的培育、情操的陶冶、身心发展的平衡等都是人文主义课程所追求的目标，简言之，注重课程对于整个人的塑造和影响。第二，在课程内容上，提倡广泛的课程范围。第三，在课程的实施过程中，充分地尊重儿童，热爱儿童；重视受教育者的需求和兴趣，讲究教学方法，提倡学习的主动性和积极性。（从立新，2000）[145-146]

如果说 20 世纪 80 年代前课程的科学性与人文性更多地表现为分歧与对峙，那么当今与未来社会将更加强调二者并重、协调与互补。我国课程与教学论专家裴娣娜教授认为，学校教育的课程应既具有科学性、客观性，又具有人文性、社会性，二者内在地统一于教育活动的全过程。课程的科学性表现在知识的、认知的、分析的、逻辑的、思维的理性方面，注重因果关系的解释、较精确的定量分析和预测，不仅使学生掌握基本概念、基本原理、基本规律、基本技能及问题解决的策略，而且使他们具有科学知识，具有实事求是、严肃认真的科学态度以及科学研究的基本能力。课程的人文性、社会性则表现在情感的、意志的、直觉的、综合的、直观形象的非理性方面，注重群体间的社会交往、环境的潜性影响、模糊的整体综合的定性分析，强调发展学生的自信心、自制力，培养积极进取的良好个性品质。课程的人文性、社会性强调培养学生的人文素养，陶冶人文精神，在实施过程中，强调师生关系的民主平等、合作融洽、相互尊重信任以及共同参与；强调学习者对教育活动过程的内心体验，注重知识、智能、情感和行为的整合；强调优化育人环境，发挥学校教育、社会教育、家庭教育的合力效应。正是二者相互补充和内在统一，使学生得到生动活泼主动的发展。（裴娣娜，2005）

在过去相当长的历史时期，我国的课程目标（教学目标）一直秉持着知识本位的价值取向。知识在学校课程体系中占据主导地位和核心位置，学校的所有教育教学活动都围绕科学知识的授受展开。虽然我们也强调德育、智育、体育、美育、劳动教育，但智育处于至高无上的地位，其他几育成为可有可无的附庸。就是"智育"本身，事实上也变成了"知育"，掌握现成的知识成为学生学习的目的，也是我们评价学生学习状况的标准。它重科学世界而轻生活世界，重理智知识的传授而轻生活的真实体验，重育智而轻怡情，指向的是人的理性世界和理性能力，培养出的是一种"单向度的人"。在由工具理性主义所支配的占有意识中，课程在功利的意义上被曲解，人的课程世界变成了"物的世界"。课程所具有的完整性和统一性被破坏了，课程对人所具有的人文意蕴和精神价值被遮蔽了，课程对人所具有的归属感、亲切感和美感被窒息了，课程所具有的鲜活性和丰富性也被抽象和蒸发掉了。对此，雅斯贝尔斯（Karl T. Jaspers）明确指出，教育作为一种培养人的活动，"是人的灵魂的教育，而非理智知识和认识的堆集。……谁要是把自己单纯地局限于学习和认知上，即便他的学习能力非常强，那他的灵魂也是匮乏而不健全的"（雅斯贝尔斯，1991）[4]。因此，在现代教育中，只有坚持科学性与人文性相统一，科学才能全面发展，人才能全面发展，社会才能全面发展，自然、人、社会才能健康、协调而持续地发展。

特别是科学技术飞速发展，在给人类带来高度物质文明的同时，也造成了全球性的"人类困境"——环境破坏、生态危机、伦理道德受到挑战等等。如何走出困境？世界著名的趋势预测家约翰·奈斯比特（John Naisbitt）认为，高科技需要高思维。他所谓的高思维，就是我们所说的人文精神、人文关怀。他说："科技进步加速了社会的发展，给亿万人民带来了繁荣和欢乐。在这一点上，我们应庆贺科技所起的作用。其中一个很好的例子就是电信系统的最新发展水平。在注意科技对人性的种种后果时，同样重要的一点是不要忽视高思维，因为这一平衡对社会的全面发展和进步具有根本性的重要意义。"（奈斯比特 等，2000）中文版序3-4 "我们从什么是有益于人性的角度来思索科技，就能看见一缕智慧之光，它除了理性思维以外，还包含着体恤和同情他人、心胸豁达大度以及对人类的尊敬。"（奈斯比特 等，2000）中文版序2

总之，科学性与人文性相统一，亦即工具理性与价值理性相统一，是现代课程观的基本要求和具体表现之一。

2. 学术性与职业性

学术性与职业性作为课程观的基本特性，在教育发展历程中也有比较长的历史，在不同国家的教育体系中两者表现为统一或对立的不同状态。在我国教育体系中，普通中小学教育存在着重"学术教育"轻"职业指导"的倾向。

虽然我国单一普通高中与单一职业高中双轨运行的教育体制，有其存在的合理性，但问题也是非常突出的。一方面，普通高中事实上已演变为单一的升学预备教育，致使那些不能升入大学而直接进入劳动力市场就业的学生缺乏就业的思想准备和职业技能，难以适应劳动力市场的竞争；另一方面，随着科学技术的迅猛发展，科学和工艺学日益渗透到各项职业活动中，职业活动不再是简单的实际操作，而是充满着科学思维和智力活动的劳动，这要求职业教育为学生打下较为坚实的文化科学知识基础，培养学生的科学分析能力。而实施单一就业预备教育的职业高中，往往只重视单项的、狭窄的职业操作技能训练，致使职业高中的毕业生后劲不足，难以适应市场经济对人才的多种需求和本专业深层次发展需要。

基础教育中学术性与职业性相隔离的问题，也反映到我国快速发展的高职教育中。正如有学者指出：高职学生知识结构单一，对理论课的学习具有比较强的依赖性，懒于动手实践，学习的自主性差，对教师具有一定的依赖心理；职业意识不足，缺乏系统性的职业规划。这和当前中小学教育中普遍存在的三种倾向密切相关：一是以考试和升学为导向的"应试教育"严重影响了学生的全面发展；二是文化课程负担过重且缺乏实践训练；三是缺乏对学生职业意识的培养。为此，该学者建议，中小学在实际的课程安排中适当地穿插一些职业启蒙课程。这些课程不仅可以增强学生的职业观念，而且可以磨砺他们的意志品质，增强团队意识和创新精神，同时也为高职院校生源质量的提升做出应有的贡献。（王胜炳，2010）

有研究者就我国当前技能型人才短缺现象谈道："据统计，当前中国获得国家职业资格证书及具有相当水平的技能劳动者仅占所有城镇从业人员的33%，包括高级技师、技师、高级技工在内的高技能人才则仅占技能劳动者的21%；而发达国家的这两个比例分别是50%以上和30%。……有关调查显示，目前我国高校毕业生创业率不到1%，其中创业成功不到10%，大大低于欧美等发达国家。"（赖德胜 等，2010）人们往往把原因归咎于对职业技术学校发展不够重视。这样说有其合理性，因为职业技术学校是培养技术工人的重要阵地。但是，进一步思考可以发现，更深层次原因是学校里忽视职业性课程与教育，普通学校就是进行学术性教育，而排斥职业性教育。

事实上，我国教育决策者已经充分认识到这个问题，2010年7月颁布的《国家中长期教育改革和发展规划纲要（2010—2020年）》中明确提出："推动普通高中多样化发展"，"鼓励普通高中办出特色。鼓励有条件的普通高中根据需要适当增加职业教育的教学内容。探索综合高中发展模式。采取多种方式，为在校生和未升学毕业生提供职业教育"。综合高中既进行普通文化教育又实施职业教育和技术教育，可以把相互割裂的学术教育与职业教育、技术教育统一起来，为在普通高中教育中引进职教因素和就业预备教育中有机融进普教因素提供了现实的有利条件，能够摆脱普通高中只为升学和职业教育只为就业的不良局面。

事实上，无论是从满足个体全面发展需要来说，还是从适应经济社会发展来说，在整个基础教育阶段，加强职业启蒙教育都是非常必要的。早在 20 世纪 70 年代联合国教科文组织的重要报告《学会生存：教育世界的今天和明天》中就讲道："普通教育的观念必须显著地加以扩大，使它明确地包括社会经济方面的、技术方面的和实践方面的普通知识。"（联合国教科文组织国际教育发展委员会，1996）[237]"如果所谓的普通教育要真正成为普通的教育，那就必须发展技术教育；如果普通学科要具有充分的教育价值，那就必须注意使智力训练与体力训练和谐一致，并经常把学习与工作结合起来。然而，技术教育不应限于学习各种科学定律及其应用，也不应限于学习已经在使用的工艺程序。如果技术教育要体现出它的充分意义，那末在它的通常形式上，就必须进行两方面的改变：第一，同语言、历史、地理、社会学和集体生活等方面的教学一起，在整个教学过程中必须给予技术教学以适当的地位；第二，技术问题的处理必须联系工作、休闲、社会机构、通讯、环境等多方面的生活现实。"（联合国教科文组织国际教育发展委员会，1996）[237-238]

正如胡森（Torsten Husén）所说，在这个时代，"技术的进步不断地使旧的职业淘汰、新的职业产生。在这个'教育社会'中，一个人的社会地位很大程度上取决于他在教育上所获得的机会和经由教育所形成的能力"，"对于一个农村青年来说，他获得的教育成就越高，迁移到城镇的可能性就越大"。（Husén，1986）[136-137] 这里所讲的"机会""能力"，应该既指学术方面的，又指职业教育方面的。

当然，我们强调学校课程规划、课程内容、课程实施等方面的学术性与职业性相统一，特别是在开展基础文化课教育的同时，要施以职业性教育，其根本目的不是单纯地让学生接受一些职业技能、技术运用的训练，而是在学生整个受教育阶段，特别是中等教育阶段，给学生以职业规划和人生规划指导，使其成为学校教育体系的必要部分。其根本价值在于，通过自然有机的教育，增强学生人生规划意识、职业意识与能力，让学生全面科学地认识自我、认识职业、认识社会，从而实现最有效发展自我的目的。

3. 国际性与民族性

经济全球化和信息网络化的发展，已经使各国经济和社会生活紧密地联系在一起，我们生活在一个变得越来越小的"地球村"里。这样一种生活形态对我们的学校教育提出了新的挑战，国际性与民族性成为现代课程观的又一对基本特性。我们的学校教育如何在国际性与民族性之间保持一种适当的张力，成为我们不得不面对的问题。

首先，学校教育在人才培养上要树立国际视野。从国际来看，世界经济已经进入了全球化时代，而经济的全球化是以人力资源的国际化作为支撑的，这就要求学校培养更多的具有国际视野、通晓国际规则、能够参与国际事务和竞争的国际型人才。知识经济是全球性经济，教育要有全球视野，培养具有全球眼光和国际竞争能力的人才，特别是能跟踪世界发展趋势、驾驭全局的战略性人才。人才市场需求必然推动教育向国际化发展，国际化的教育将更多地以国际标准来衡量，从而对我国的各类学校和办学机构在培养规格、课程标准和教学质量上提出更高的要求。在这一背景下，我们的教育应当具有全球战略，开放自己以适应日新月异的变化；我们的学校必须树立国际视野，敢于改革创新，迈向世界。

其次，学校教育要重视加强国际文明素养教育。随着人们生活水平的提高和现代交通的便捷，旅游休闲成为人们一种重要的生活方式。我们的国民也开始走出国门，分享不同地域、不同国家、不同民族的自然遗产和文明成果。但我国公民的一些不良习惯让人反感，如随地吐痰、乱丢垃圾、旁若无人地大声喧哗、在各种公共场合不排队、在旅游景点乱涂乱画等。这些不良习惯让我们的形象在国际交往中受损。这值得我们深思。在我们的生活扩大到整个世界范围后，我们必须养成一些基本的国际文明素养。这也是教育的重要课题，学校要从小加强学生国际文明素养教育。

最后，学校教育要加强民族文化与多元文化教育。世界是多元的，这特别表现在文化方面。虽然当今世界经济日益表现为一体化，人类开始进入"地球村"时代，但因人类种族、民族、地域的多样性而形成的多元文化，绝不会因此消失。我们必须在保护民族文化的前提下，坚持多元文化的价值观。有研究者深刻分析道："多元文化的发展和碰撞，是 21 世纪世界格局变化的一个重要趋势。在经济和科技全球化的发展进程中，各民族之间的文化交流随之加强，尤其是西方文化随着经济的扩张而增强其对其它民族的影响。一些西方学者把现代化当作西方化，在很大程度上就包含着把西方文化作为一种普世文明看待的态度。然而，文化是深深地植根于民族土壤之中的，是民族历史的积淀，不同文化之间既有交流吸取的一面，又有差异碰撞的一面。我们生活在一个多元文化的世界里，全球化过程会影响各种文化之间关系的变化；我国又处于现代化进程之中，文化（包括思想观念）的进化，也是现代化的内容之一。在面向世界的现代化进程中，教育如何在吸取世界先进的文明成果，促进思想文化现代化的同时，继承和发扬中华民族优秀的文化传统，进而以现代的中华文明影响和推动人类文明的进步，确实是一个具有战略意义的课题。尤其是在一个信息技术飞速发展、大众传媒日益普及的开放的环境里，文化传播的广度和速度前所未有，信息量激增，并以各种形式迅速进入学生视野。这无疑对教育工作者提出了很高的要求：要以宽广的全球视野和历史视角，审视世界多元文明和中华文明，既要教育学生以开放的胸怀了解多元文化，包括帮助他们学习各国的语言、历史、地理和科学技术等；同时，又要引导学生以科学的态度分析判断，让他们从对服饰、饮食、流行音乐等'快餐文化'的感受，深入到对文化底蕴和社会背景的深层了解和剖析，吸取符合时代要求的人类和中国优秀的文明成果，抵御腐朽的文化糟粕，为发展 21 世纪新文明形态做出贡献。"（谈松华，1998）

总之，"如果说人类生活的空间已真的扩展到全球范围，那么教育也就应该培养视野广阔的世界观"（拉塞克 等，1992）[101]。"教育应当有助于一种可以说是新型的人道主义的产生，这种人道主义应有主要的伦理标准并十分注重了解和尊重不同文明的文化和精神价值，这是对只从经济主义和技术主义观点理解全球化的必要的抗衡力量。"（国际 21 世纪教育委员会，1996）[36]

今天的中国处在一个开放的世界中，处在一个深度融入全球化的进程中，学校自然要跟进这种进程，在课程体系、课程内容中要有意设计安排能够增强学生国际视野、国际理解、多元文化认知的元素。当然，最优先、最根本的是要始终不渝地加强学生中华优秀传统文化教育，树立他们的文化自信，培育他们的民族自豪感。

（三）国家课程校本化实施

适切性是国家课程校本化实施的基本价值追求。统一的国家课程方案只是书面的、计划的课程，它只能规定国家课程改革与发展的总的原则和基本框架，国家的权力和意志也正表现在方向的引导上，而不在于对行为细节做出具体的规定和要求。它客观上需要不同地区、不同学校的创造性改造，以适应本地区、本学校的实际，也就是说，国家课程校本化实施是一种必然。

长期以来，我国广大学校教育工作者只有国家课程的概念，鲜有学校课程意识，"以纲为纲""以本为本"是学校课程实施的普遍特征。在这种思想指导下，学校只是国家课程计划的执行者和实践者。虽然我国历次基础教育课程改革都多少对这种高度集中的国家课程管理体制有所触动，但改革力度最大的是自 2001 年开始的基础教育课程改革，这次基础教育课程改革明确提出建立国家、地方、学校三级课程管理体制，由此衍生出国家课程、地方课程和校本课程，这三类课程统一构成学校课程体系。这就要求学校（当然校长是最核心的要素）树立学校课程体系意识，即学校成为课程创新的主体，具有课程开发、创建的重要功能，而不再只是国家课程计划的执行者和实践者。

目前，国家课程在学校课程体系中仍然是绝对的主体。国家课程的基本特征是统一性、普适性，它基本不观照不同地区、不同学校的差异性、个别性，追求的是适龄儿童青少年在某一个教育阶段要达到一定的基本发展目标。对这种统一性要求，学校在没有树立学校课程体系意识之前，就是"以纲为纲""以本为本"地忠实执行。吴刚平指出："在高度稳定的计划经济时代，我国实行刚性课程框架，忠实取向的课程实施占主导地位，而创生取向的课程实施不被重视或不具备课程政策上的合法性。如果说这种局面对于当时我国基础教育的发展还是适应的话，那么进入新世纪，面对我国社会主义市场经济突飞猛进的发展形势，社会和个人对于人才素质的多样化和个性化需要日益突出，课程适应性问题的矛盾就越来越尖锐了。"（吴刚平，2005b）[38-39]

由于国家课程的统一性、普适性，它很难完全适应学校的实际和学生发展的需要，特别是国家规定的教学内容，与科技发展和社会进步相比，总会有一定的滞后性，这就要求它必须随着时代的发展和科学文化的进步而不断更新。所以说，国家课程只有经过学校创编，转化为适应学校实际和学生发展需要的课程，才有意义。因此，学校实施国家课程，不能再像以前一样，只是简单的"照本宣科"式的执行，更为重要的，它应该是一个创造、丰富、适应的过程。

如何理解国家课程校本化实施？首都师范大学徐玉珍教授曾做过一番深入的辨析："校本课程开发不仅包括学校在国家课程计划预留的课程空间内的完全自主的课程开发，同时也包括学校对国家课程'因地（学校）制宜''因人（学生）制宜'的创造性的改编和再开发，后者笔者称之为'国家课程的校本化实施'。""在坚持国家课程改革纲要基本精神的前提下，学校根据自身性质、特点和条件，将国家层面上规划和设计的面向全国所有学生的书面的计划的学习经验转变为适合本校学生学习需求的实践的学习经验的创造性实践，包括教材的校本化处理、学校本位的课程整合、教学方法的综合运用和个性化加工及差异性的学生评价等多样化的行动策略。""校本化课程实施所描述的正是教师在其教学生活现场依据国家课程改革的基本精神，了解和研究学生的学习需求，并在均衡各个教育要素之间的复杂的相互关系的基础上，对国家课程所做的不断的调整、补充、拓展和整合等创造性的课程活动。""'国家课程的校本化实施'的核心词'实施'表示，校本化课程实施首先关注国家课程对所有学校所有学生的共同要求（忠实取向），限定词'校本化'则表示，校本化课程实施同时也关注学校情境中教师根据所面对的实际教学情景，特别是学生的学习需求对国家课程进行的创造性加工和改造（相互适应），以及师生互动所生成的既不同于国家书

面计划的课程也不同于教师试图教的课程的学习经验（创生取向）。"（徐玉珍，2008）

　　国家课程校本化实施，正顺应了课程理论中"相互适应"和"创生"的发展取向。施耐德（Jon Snyder）和富兰依据20世纪70年代之后研究者对课程实施的研究，总结出三种基本的研究取向，即忠实的研究取向、相互适应的研究取向和创生的研究取向。忠实的研究取向关注的是实际发生的变化与课程革新计划所预期的变化是否一致。虽然这种取向允许实际的变化有细微的"变形"，但是坚持认为理想的课程变革应该是忠实于原初课程改革计划的。相互适应的研究取向主要关注实际发生了什么，倾向于根据课程实施者与课程改革发起者之间的互动来界定课程实施，认为课程实施的本质就是课程设计者与课程实践者双方经过不断的协商和互动灵活地调整课程实施的过程。这种研究取向注重了解课程实践者对外部课程改革的感知和理解，关注课程实施过程中多方面的复杂关系，批判性地分析课程实施背后的社会意识形态及组织的价值冲突和调节。创生的研究取向认为，课程是教师和学生共同创造的教育经验。这种取向关注的是草根的课程创生，研究的问题包括：所创生的教育经验是什么？师生是如何创造这些经验的？有哪些因素影响了师生的课程创生？教师和学生何以能够创生？……（徐玉珍，2008）

　　综上所述，国家课程校本化实施，是基于"相互适应"和"创生"的课程理论所进行的课程实践。它是学校为更有效地实现国家课程目标，基于自身实际情况创造性地执行国家课程计划的过程。这包括学校就课程资源、内容结构、单元进度、授课顺序、课时安排、教学方法、学业考核评定等课程议题进行自主决策。国家课程校本化实施的前提是，学校必须坚持国家课程的主流价值观、教育培养目标及其主体地位。在新课程改革背景下，除了传统学科课程需要校本化实施之外，综合实践活动类的国家课程更是需要进行校本化的实施。对于综合实践活动课程，国家课程方案赋予了它必修课程的地位，但是把具体实施的权力下放到学校，因此学校可以充分发挥自主权，实施好综合实践活动课程，创出特色。

（四）校本课程开发与建设

《基础教育课程改革纲要（试行）》提出，调整和改革基础教育的课程体系、结构、内容，构建符合素质教育要求的新的基础教育课程体系。基础教育课程改革的目标之一，就是改变课程管理过于集中的状况，实行国家、地方、学校三级课程管理，增强课程对地方、学校及学生的适应性。2003 年教育部发布的《普通高中课程方案（实验）》又提出，赋予学校合理而充分的课程自主权，为学校创造性地实施国家课程，因地制宜地开发学校课程，为学生有效选择课程提供保障。这在我国课程管理体制史上具有突破性的改革意义，确立了学校课程开发的自主权和专业地位，体现了课程决策的民主化。由此，学校除了认真贯彻实施国家课程外，拥有了自主开发课程的新的重要职能。

例如，2004 年秋季启动实施的我国普通高中新课程方案，在建立必修课程与选修课程相统一的课程体系方面，取得了重要的突破。普通高中新课程方案设置了语言与文学、数学、人文与社会、科学、技术、艺术、体育与健康、综合实践活动八个学习领域；实行学分制，分为必修学分和选修学分，要求学生每一学年在所有学习领域都获得一定的学分。学生要完成高中阶段学业，总学分需达到 144 学分，包括必修学分116 学分和选修学分 28 学分，其中选修学分在全部学分中占 19%。综合实践活动课程作为必修课程，在 116 学分中占 23 学分，占比近 20%。如果我们把综合实践活动学分和选修学分合计，则为 51 学分，占总学分的 35%。也就是说，研究性课程、实践性课程、自主性课程学分在总学分中所占的比重超过了 1/3，这与过去必修课程一统天下的情况相比，变化是比较大的。

在课程发展史上，校本课程可以追溯到 20 世纪六七十年代。从国际经验看，实践中的校本课程开发有两种形态：一是地方分权体制下的校本课程开发。在这种体制下，国家（州、学区）制定统一的课程标准，学校依据这一标准决定具体的教学内容，因此，课程开发的主体在学校一级。这样，学校中的所有课程都可以称为校本课程，即学校课程就是校本课程。二是集中管理下的校本课程开发。在这种体制下，国家制定严密的课程计划，地方和学校执行这一计划；同时，国家在课时安排上留出一定的空间，给学校自主设计课程。这里的校本课程是相对于国家课程、地方课程而言的一种课程板块。考虑到我们国家的教育传统，我国的校本课程开发形态应该属于第二种类型。

校本课程是相对于国家课程（国本课程）、地方课程而言的，三者之间有着许多重要的差异（见表3-4）（钟启泉 等，2001）[351-352]。

表3-4　两类课程开发的比较

项目	国家/地方课程开发	校本课程开发
开发目标	以开发全国/地方共同、统一的课程方案为目标	以开发符合学生、学校或地方等特殊需要的课程方案为目标
参与人员	课程开发是学者专家的权责，只有校外的学者专家有权参与	所有与课程有利害关系的人士均有参与课程开发的权责，因此学校成员与校外人士均可参与
课程观	课程即书面的课程文件，是计划好的课程方案	课程是教育情景与师生互动的过程与结果，具有生成性
学生观	假定学生没有个别差异，是被动的学习个体，课程可以在事前做好详细、完善的计划	学生不但有个别差异，也有主动建构学习的能力，课程因学生需要进行调整
教师观	教师仅是课程的实施者、执行者，教师的职责就是忠实地执行设计好的课程方案	教师是课程的研究者、开发者与实施者，教师有主动诠释课程、开发课程的能力

校本课程开发是指学校为实现教育目标或解决学校自身的教育问题，根据国家或地方制定的课程纲要的基本精神，以学校为主体，结合学校的性质、特点、条件以及可以开发利用的资源，由学校成员如校长、行政人员、教师、学生、家长和社区人员等合作进行的课程开发过程与结果。校本课程的价值在于：允许学生自由选课，能够激发学生的学习兴趣，满足学生的个性发展需求；能够提高教师的课程意识，促进教师的专业发展；课程内容更加前沿，拓展了课程内容的广度和深度，强调了教育与现代社会的关系；更能够实现学校的课程创新，凸显校长的课程领导能力，形成学校的办学特色，促进学校内涵发展。

有效的校本课程开发，需要对相关的诸多因素进行科学整合，如课程目标、内容、资源、形式等的整合，课程开发过程中校内各要素的整合，校内与校外有关要素的整合，与国家课程、地方课程之间的有机整合，等等。因此，整合性是校本课程开发的重要价值取向。校本课程开发不能随意而为之，必须从促进学生全面发展与个性发展的整体育人角度，有效整合各种教育要素。

与此同时，校本课程开发还要注意克服另一种倾向，就是开发大量的校本教材。不少校长在谈论学校校本课程开发成绩时，总是津津乐道学校编写出几十本甚至上百本校本教材。对此，有研究者指出，一些学校在校本课程开设过程中出现了校本教材的说法和做法，甚至有些教育行政和业务管理部门不仅大力提倡校本教材，而且把它们作为对学校的校本课程进行考核和评估的要求和指标，导致校本课程的开设背离了课程政策的基本方向，在实践中造成了误解和混乱。课程政策并不主张开发校本教材，这是因为：第一，作为一项课程政策，开设校本课程必须是所有学校都能做的。如果只有少数学校能做，就不具有课程政策的意义了，课程政策是不鼓励和支持编写校本教材的。第二，即使一部分学校和教师能够编制所谓的校本教材，它的使用范围、周期和效率都极其有限，会大大提高校本课程的开设成本，加重学校和学生的经济负担。第三，由于校本课程与国家课程、地方课程的功能不同，它是以学生需求和兴趣为导向的，在教学方式上更加宽松活泼，所以更适合于比较宽泛的形式。第四，"教材"是一个政策性很强的概念，目前所谓的校本教材都不具有课程政策上的合法性。因此，管理部门应该更多地从政策包括评价导向上引导学校和教师加强课程资源建设，而不是热衷于让学校编写学生人手一册的校本教材。（吴刚平，2005a）

与学校热衷于编写校本教材如影随形的现象是，一些学校校本课程开发更多地侧重在学科课程的拓宽、加深上。虽然我们不能一概否定学科课程拓宽、加深的这种校本课程开发模式，但是这种校本课程开发绝不能成为学校校本课程开发的全部。学校的课程设计不应该是单一的形态，相反，它应该呈现多元形态。除了学科课程形态，还有整合的形态、综合的形态、主题的形态等。美国课程学者亨德森和霍索恩在谈到课程设计时，提出包括单学科设计、多学科设计、整合设计的课程设计统一体概念，并鼓励学校多思考各种各样的整合设计。他们认为："整合设计（integrated design）可以被看做学生学习统一体（a student learning continuum）的一端，另一端是单学科设计（separate subject design），居于中间的是多科目或多学科设计（multidisciplinary/multisubject design）。单学科设计适用于传统的学术科目（如数学、生物、化学、物理、文学、语言、作文、心理学和历史等），而多科目或多学科设计则将各学术领域整合起来（如整合技术、生命科学、语言艺术和社会研究等）。整合设计方法强调主题本位学习（thematically based learning）。"（亨德森 等，2005）[16] 这种课程设计统一体的思路对于我国中小学校本课程开发和建设很有启发。在我国学校的课程体系中，学科课程依然是强大的，相反，多学科设计、整合设计的课程形态很薄弱，而这样的课程设计更能培养学生的综合思维、批判性思维及多种能力，校本课程开发和建设应该多向这个方向努力。

（五）教师课程创生

教师课程创生是国家课程校本化实施、校本课程开发和建设的题中应有之义，是教师在各级各类课程中的主体权利。

《中华人民共和国教师法》第 7 条规定，教师有"进行教育教学活动，开展教育教学改革和实验"的权利。这里面应该有两层意思：一是教师具有开展教育教学活动的权利；二是教师可以非机械性地、创造性地开展教育教学活动。换句话说，教师在教育教学活动中具有课程创生的权利。这是法律赋予教师这一职业的权利，这源于教师从事的教育教学活动是一项充满创造性的专业活动。关于教师职业的内涵，我们可用当年马克思在论及人的职业选择时说过的一段话来描述："能给人以尊严的只有这样的职业，在从事这种职业时我们不是作为奴隶般的工具，而是在自己的领域内独立地进行创造。"（马克思 等，1982）[6]

虽然教师职业本身蕴含着专业的创造性，或者说课程创生特性，但是在我国长期高度统一的课程管理体制环境中，课程的确定性特征十分明显：统一内容，统一教材、教参，统一考试。全国同年级、同学科的课堂教学如出一辙。课程的这种高度确定性，造成教师过度依赖教科书及参考书，总体上是见物（教材、教参，完成教学任务）不见人（学生），从而也丧失了独立性和创造性。我国新一轮基础教育课程改革，使得这种局面有了非常大的改变。三级课程的实施，使学校有了更多的课程决策权力。学校和教师都不再是工具的化身，而是促进课程运行的有效主体；不仅仅是课程的执行者，最重要的是课程创生者。过去学校管理者对教师的控制已被民主化学校领导所代替，所有成员在学校这个组织当中，或在学校特定的团体中，协商共建课程。（靳玉乐，2011）[279]

课程不再是封闭静态的，而是开放动态的；教师也不再是课程的忠实执行者，而是反思建构者。教学的多样性、变动性要求教师是决策者，而不再是执行者。在这种课程环境下，教师具有创造新形式、新内容的空间：教师需要创造出班级气氛，创造某种学习环境，设计教学活动，表达自己的教育理念。教师必须是真正的专业人员。（钟启泉 等，2001）[430]

我们平时所说的课程，常以两种形态存在着：一是静态的课程，表现为各种课程标准、课程计划、教材、教学参考书等，这通常是由"专家"制定的；二是动态的课程，即静态课程运用到课堂，成为教师和学生教与学的活动方式。在实际活动中，它表现为两种方式：一是"照本宣科"式的"复制"过程；二是对静态课程"再设计"式的转化、开发过程。笔者认为，课程作为育人的载体，其育人功能的实现必须经过教师课程创生的过程。具体来说，教师课程创生是指教师根据本地本校的实际情况、自己的知识经验和能力优势、学生的兴趣爱好和发展水平等，在整个课程运作过程（包括课程决策、课程开发、课程实施、课程评价、课程研究等）中通过批判反思而实现的对课程目标、课程内容（包括文本内容和非文本内容）、课程意义、课程资源和课程理论的持续的主动的变革、建构和创造。它要求作为课程主体的教师自觉地主动地变革课程的各要素以达到促进课程完善、教师成长和学生发展的目的。其所要揭示和倡导的核心思想就是：教师在整个课程运作过程中都应该充分发挥主体性和创造性，并以此为基础，培养和提升学生在课程活动中的主体性和创造性。（李小红，2005）

教师只有充分发挥课程创生的意识和能力，才能形成自己的教学特色和教学风格。教师只有充分发挥课程创生的意识和能力，才能不断激发自己的创造力和成就感。与此同时，我们也看到，虽然教师课程创生具有"合法性"和课程政策上的支持，但是教师课程创生的实践状况与课程政策之间还存在着比较大的差距。这种差距反映出，教师课程创生要成为一种实然状态，有赖于校长的课程领导。校长要通过课程领导，保护、唤醒和激发教师拥有的专业自主意识和自主能力，要通过营造一种鼓励教师课程创生的学校组织文化，转变教师固定的思维方式、依附和保守心态。只要教师从被动、依赖的外在专业化模式中走出来，转向内在、主动的发展模式，他们就会积极主动地探索教育教学中存在的问题，不断地改进教育教学实践。教育发展到今天，教师已不能再停留在一般的文化、知识及技能的传递上，而要注意对学生生命活力的激发和对学生创造性的培养，要让学生生命中所具有的创造欲望燃烧起来，使他们能拥有充满信心和勇于开拓发展的积极人生。随之，教师就能成为具有自觉的创造性的人。

四、校长形态与校长课程领导

在校长课程领导这个命题中，其主体无疑是校长，由此自然引申出校长形态与校长课程领导的关系问题。目前，我国有 35 万多所普通中小学，35 万多名中小学校长，他们带领着千万名中小学教职员工，教育和影响着 2 亿多名中小学生，是撑起我国教育大厦的最基础力量。曾任教育部副部长的陈小娅这样评价道："在我国从温饱不足到总体小康再到建设全面小康的历史进程中，在我国基础教育特别是义务教育从不普及到基本普及再到全面普及和巩固提高的发展历程中，广大校长们承担着重要责任，付出了艰辛努力，做出了突出贡献。校长们的工作非常辛苦，既组织教学，又管理学校；既牵挂学生，又要关注教师；既要建设学校，还要发展学校。在农村，许多校长为了让孩子们都能受到教育夙兴夜寐；在城市，许多校长为了建设高水平的学校而呕心沥血。在西部地区'两基'攻坚的任务中，在新一轮学校布局调整的工作中，在素质教育推进的过程中，在基础教育课程改革的实践中，在基础教育各项事业快速发展的进程中，都凝聚着广大校长们的心血，都书写着校长们的功勋！"（陈小娅，2007）

应该说，我国广大中小学校长受到这样的评价是当之无愧的。但同时我们也要认识到，在推进我国教育改革的进程中，由于不同地区经济发展水平和教育发展条件的差异，也由于教育内部与外部的压力，我国中小学校长这个庞大的群体也表现出形态上的差异。笔者认为，我国的中小学校长可以相对划分为三种类型，即依附型、维稳型、变革型。如果把我国中小学校长整体比作一个"枣核"，那么三种类型校长的分布状况是：维稳型校长占据了"枣核"中间的主体部分，而依附型、变革型校长则是"枣核"的两个尖端，如图3-3所示。

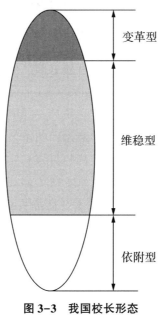

图 3-3　我国校长形态

如图 3-3 所示，维稳型校长在整个校长队伍中拥有最大多数成员，它的上端是人数最少的变革型校长，它的下端是人数略多于变革型校长而少于维稳型校长的依附型校长。虽然校长遭遇的教育情境可能不同，但他们都面临着学校生存发展的挑战和压力。而校长敢于挑战压力、实现学校创新发展的意识和水平，取决于其主体性发挥的程度。主体性具体表现为自主性、主动性、创新性三个维度，而依附型、维稳型、变革型三种类型校长在主体性三个维度上的表现如表 3-5 所示。

表 3-5 三种类型校长主体性表现水平

发展维度	依附型校长	维稳型校长	变革型校长
自主性	弱	中	强
主动性	弱	中	强
创新性	弱	中	强

毋庸讳言，当下大多数中小学校长改革创新意识不强、动力不足，只是着力于学校的常规管理，着力于学校秩序的维护，满足于校长任上平安无事，甚至一些校长得过且过，"不求有功但求无过"。校长这种心态形成的原因，可能有：一是长期稳定的环境和公立学校的"家养"性质，使其既无变革的压力又无变革的动力。二是目前学校的变革主要涉及办学体制和办学模式。一般认为，是应试教育和社会评价的简单化，消解了学校的多样性，导致学校改革延缓。三是虽然有的学校初始阶段进行了卓有成效的改革，但是很快出现固化的倾向，官僚主义不断增长，使得学校变革难以持续深入。此外，校长更迭也会造成正在进行的学校教育变革中断。

校长在自己的任上，是改革创新，还是维持现状？是有所作为，还是多一事不如少一事？是短期应付，还是做长远打算？是为了自身利益，还是为了学生、教师、学校的发展？在做这些决定时，虽有外部客观因素的制约，但更主要的还是取决于校长自身的主观因素。笔者认为，一段时间以来，不少校长在谈到影响办学水平、办学质量的因素时，往往把客观条件、外在因素放在首要位置。毋庸置疑，客观条件有它的制约作用，但是我们在对学校办学水平提升、办学质量提高的原因进行深层的分析后认为，客观原因要让位于主观原因，外部原因要让位于内部原因，他人原因要让位于自身原因，学生原因要让位于教师原因，教师原因要让位于校长原因。外在的良好的社会环境，只是让校长有了在教育领域做出成绩的基础。当代校长能否在这个基础上成就事业，关键是其主体性状态，如果校长个体的主体性能够保持、能够持续发扬，那么一定能在教育领域成就一番事业。

主体性是人作为对象性活动的主体所具有的本质特性，是作为对象性活动的主体、认识和实践的主体在处理与外部世界的关系时表现出来的能动性。它一方面是对客观世界的自觉能动的掌握，另一方面是对客观世界的自觉能动的创造。主体性集中表现为自主性、主动性和创新性。自主性、主动性、创新性分别对应于依附性、受动性、模仿性。主体性是针对长期以来将人作为工具的观点而提出的，主体性关注的是对人自身发展的追求，探讨的是如何使人成为一个现实的人、一个完整的人，所突出的是人对生命的自我把握，是人对自我及人与客观外界之间联系的一种主动掌握和控制。在学校变革与创新发展中，校长的主体性，集中表现为对学校与地区经济、社会、文化发展需求的处理，并呈现出不同的样态（见表3-6）。

表3-6　校长形态与学校发展

发展维度	依附型校长	维稳型校长	变革型校长
发展心态	玩世不恭，总觉得条件、环境不如人的消极心态	不求有功但求无过的趋稳心态	不甘现状、勇于进取、不断超越的积极心态
发展目标	没有明确的发展目标，学校自存在、自运行	学校对自运行、自存在有一定的超越，但发展目标存在一定的局限性	有基于办学思想的明确发展目标，学校自为存在、自为运行
发展方式	消极等待，具有极强的外在依附性	创新力不足，具有较强的从众性	发展源自内发的力量，具有较强的建设性和创造性
领导方式	单纯依靠行政职能的制度管理	采取行政角色与专业角色二元化的管理方式	基于专业自觉的文化管理
组织文化	群体是一种离散状态，学校仅是一个教学单位	组织具有一定的聚合力，学校是一个专业共同体	组织的聚合力强，学校是一个具有共同愿景的学习型组织

　　笔者之所以花费较多笔墨来分析我国中小学校长的不同形态以及不同形态校长所形成的学校发展特征，意在揭示校长形态与校长课程领导

的关系。在分析校长课程领导的含义时，笔者已经说明，作为课程领导者的校长，其自身行为特性是高水平的主体性，具体表现为自主性、主动性和创新性三个维度。进一步来说，高水平的主体性（自主性、主动性和创新性）是校长课程领导的根本特性。由此笔者认为，虽然我国课程政策已经给校长赋权，课程领导成为所有校长的应然行为，但是从实然状态来说，我国大多数校长还没有进入课程领导的境域，目前课程领导还只是少数变革型校长的所为。正如裴娣娜教授通过研究一些学校创新发展实践后认为："尽管学校发展存在差异，但有一点是共同的。那就是随着国家教育体制改革的推进，学校作为办学主体，面临前所未有的生存和发展的压力。实质是，变革的时代要求学校通过变革进行根本性的转型。我国的中小学校，正是顺应时代发展的潮流，不失时机地抓住发展机遇，凭借校长的胆识和战略思想，挖掘学校的优势和潜力，形成应对变革的自我更新机制，提升学校整体的综合实力，从而走出竞争中的劣势处境，构筑起了学校新的竞争优势。创新已成为学校发展的内在生命力。"（裴娣娜，2010）[总序3] 这些学校的校长就是笔者所言的变革型校长。虽然目前变革型校长在我国中小学校长队伍中是少数（当然也会不断发展壮大），但是他们引领着我国中小学教育的创新实践，在他们身上彰显着课程领导者的鲜明特征。他们之所以能突破自我与现实的种种制约，很重要的一点是他们对现代教育的本质把握。"现代教育的本质在于解决人自身的发展与价值问题，是人的发展的潜在可能的现实实现，而不是把人作为社会的被动客体来塑造。人的个体与群体的发展是现代教育的出发点和归宿，是使学校实现跨越式超常发展的生命力，是激发教育工作者潜在创造力的原动力。"（裴娣娜，2010）[总序4]

第四章

我国校长课程领导实践进展与形态

承接前一章，在对校长课程领导内涵与要素做了比较全面、深入的理论分析后，本章将运用相关理论知识，对我国中小学校长课程领导的实践进展与形态进行考察与研究，从中揭示出在不同历史阶段我国中小学校长课程领导实践所呈现出来的典型特征及其形成机制，最后在实践方法论的层次上，进一步思考校长课程领导问题。

一、校长课程领导实践进展的分析理路

前文指出，校长课程领导旨在促进每个学生最有效的发展，校长统领课程创造性实施和积极主动建设。它的显著行为特性是高水平的主体性，也就是说，主体性是校长课程领导行为的基本特性。"马克思主义认为，人的主体性指主体对客体的主导地位以及对客体能动地认识和改造的特性，其根本内容是人的实践能力和创造力。"（薛克诚 等，1992）[157] "只有

当人具有主体意识、主体能力并现实地作用于客体的时候，他才可能成为活动主体，具有主体性。"（袁贵仁，1996）[116] 一般认为，主体意识是主体性的发生机制，主体需要是主体性的动力机制，主体能力是主体性的发展机制。由此而言，主体性将成为笔者分析校长课程领导实践进程与水平的基本维度，或者说基本线索。校长主体性水平的高低，决定着校长课程领导实践的成熟水平。

在哲学中，反映主体性水平一般用两个词，即"自在"和"自为"。换句话说，"自在""自为"是反映实践主体认识水平和自觉程度的两个概念。"自在"乃潜在、尚未展开之意，"自为"则有区别、分化、展开之意。纵观我国改革开放 40 年来中小学校长课程领导的实践进程，其总体上呈现出从自在到自为的发展走向。根据校长对课程活动的认识水平和在课程领导中的自觉程度，我们可以将校长课程领导的发展过程大致划分为两个阶段：一是以自在性为明显特征的潜意识阶段，二是以自为性为鲜明特征的显意识阶段。同时笔者也感到，虽然这样两个阶段的划分基本可以呈现我国中小学校长课程领导发展的面貌，但确实也有线条过粗、过于笼统之嫌。因此，笔者提出在校长课程领导的潜意识阶段与显意识阶段中间，应有一个"意识阶段"，这是一个承前启后的阶段。这个阶段校长课程领导的水平，笔者用"自求"这个词来表征。顾名思义，其乃主动探求之意义。这样一来，我国中小学校长课程领导的实践走向就是从潜意识阶段（自在）走向意识阶段（自求），以至显意识阶段（自为）（见图 4-1）。校长课程领导处在不同的发展阶段，其基本特征、行为方式和形成机制是不同的，具体如表 4-1所示。

表 4-1 和图 4-1 比较直观地反映了校长课程领导实践走向以及不同阶段校长课程领导的基本特征、行为方式和形成机制。这里需要着重强调的是，校长课程领导实践中主体性水平的高低、强弱，受内部和外部两个因素的制约。内部因素是校长自身认识和实践的水平，即主观能动性发挥的程度；外部因素是社会环境特别是教育行政部门或教育管理部门赋予学校和校长"主体实践"的空间。

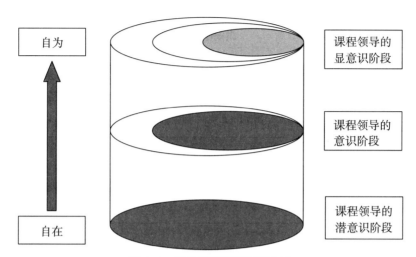

图4-1 校长课程领导实践进展

表4-1 校长课程领导实践要素

实践要素	课程领导的 潜意识阶段	课程领导的 意识阶段	课程领导的 显意识阶段
课程领导的基本特征	自在	自求	自为
课程领导的行为方式	经验基础上的应对	借鉴基础上的主动变革	自主能动的创造
课程领导的形成机制	知识与权力的双重影响	外部动因+主体胆识	政策支持+理论引领+创造

二、校长课程领导潜意识阶段：惯常性、自发性的课程意识与行为

（一）潜意识阶段校长课程领导特征：自在

"自在"即潜在、尚未展开之意。当一棵树还是一粒种子时，就可以说这棵树处在"自在"阶段。虽然种子最终会生长成一棵参天大树，

但它毕竟还不是一棵树，只是有生长成一棵树的潜质。在这里，生长成大树的潜质还没有得到展开，还处在一种潜在状态。进一步从抽象意义上分析，自在指不应他物的在场或不在场的存在，是本身的存有，着重在客观的存在。自在常与自发相连并同时使用。自发指人们未认识、未掌握客观规律时的一种活动状态。在活动过程中，人被客观过程所支配，往往不能预见活动的后果。

虽然课程领导对校长而言，是领导学校的题中应有之义，但是在长期高度统一的课程管理体制下，学校对上级教育行政部门存在过度的依附，同时，上级教育行政部门对学校也有超强的控制力，即使学校有课程改革发生，也都是由上级教育行政部门安排或授意的。像我国各地区都有实验学校，顾名思义，这些学校拥有开展"教育实验"的功能，但这种"教育实验"往往是上级教育行政部门交办的任务，而不是"自主"而为。一位实验学校校长的感慨很能反映这一点："50年的学校历史，就是一部课程改革的探索史。在这50年的课程之旅中，我们安吉路人（杭州市安吉路实验学校）一路走来，欢乐无限，有太多的旅途故事需要分享。正值我国新一轮课程改革到来之时，我们又在寻找新的旅程，进行新的思考。反思已有的各项改革，较多地是按上级行政的要求进行的，在遇到困难的时候，也在一定程度上依赖上级行政力量的支撑，而在课程、教材等攸关学校命脉、品质的项目上，学校缺少必要的自主权。长此以往，学校自身应对课程改革的能力似显不足；从学校自身来说，既有的名气、地位对学校的发展是一种无形的压力，要谋求进一步的发展，就要承受来自社会、舆论的各种压力，改革中的一点挫折、困惑很容易酿成外界对变革的疑虑和反对，迫使学校返回原有的轨道。这也是一直以来中小学校，尤其是名校所面临的普遍问题。"（骆玲芳 等，2006）[196-197]

在这样的历史时期，显然，校长课程领导是处在潜意识阶段的，这时的校长还只是自在的主体，具有明显的自在性。具体地说，潜意识阶段校长课程领导的这种自在性主要体现在以下几个方面。

1. 日常性与自发性

由于校长在学校课程发展中过度依赖某些规范、规则、秩序和模式，课程领导主要循着规范在相对封闭的系统中运行，长期下来，校长就形成了某些高度日常化的思维方式和行为方式，校长的课程领导也折射出日常生活的性质和特征。与此同时，校长对学校课程发展的认识还处在直觉、经验等朴素、朦胧的阶段，因而在课程领导实践中又表现出某种自发性。

2. 盲目性与即时性

在潜意识阶段，校长的课程领导没有分化出明确的主体和客体，学校课程系统的每个要素都在参与某种过程。校长课程领导的目的不是预设的，而是在个体交互作用的过程之中自然形成的，校长课程领导是课程系统内部各种因素盲目的合力交互作用的结果。受这两个方面因素的影响，校长的课程领导是盲目的、无意识的，而不具有自觉性质；校长的课程领导是即时的、当下的，而不具有超前性质。

3. 默会性与难以监控性

由于校长的课程知识主要来源于自己的教育实践、观摩别人的教育实践和接受学校传统习俗，其课程领导所依赖的知识主要是不能外显的缄默知识，因而具有默会性。这正是很多校长在课程领导中知道"做什么"，却不知道"为什么这么做"的原因之所在。与此密切相关，校长的课程领导就表现出难以监控的特点，既不能强化有利的缄默知识对课程领导的影响，也不能控制和减少不利的缄默知识对课程领导的控制。

（二）自在型校长课程领导的行为方式：经验基础之上的被动应对

由于存在难以跨越的日常性与自发性、盲目性与即时性、默会性与难监控性特征，潜意识阶段的校长课程领导或多或少地存在两种极端的倾向：一是经验主义。长期以来根深蒂固的诸多消极文化因素塑造出学校校长基于经验、常识、习惯和情绪的课程领导行为方式，无论是课程的建设还是课程的实施都缺乏创新精神，其基本行为模式是经验模仿。二是形式主义。出于某种功利心，或者因为要对上级"交差"，学校的课程建设和课程实施背离了教育的本义，表面上的繁荣和热闹取代了学校课程的实质发展。

综合归纳潜意识阶段校长课程领导的大量实践可以发现，在历史传统和现实实践的基础上，其主要形成了如下几种典型的行为方式。

1. 谨慎尝试

由于没有形成对课程及课程改革的深入认识，实践中又难以找到可供参考、复制和借鉴的成功做法，此时校长可能选择一种尝试摸索的行为方式，主要依靠习惯、经验、常识，甚至凭个人的喜好和一时的兴致，通过对教材内容的增减、拓展或改编等手段，发起对学校课程建设和课程实施的改造。

2. "忠实"执行

这种行为方式建立在校长"想当然"的认识之上，校长认为课程领导的主要方式就是"忠实地"反映课程设计者的意图，以便达到预定的课程目标，这几乎成为校长的集体无意识行为。课程设计者所建立起来的一套程序、要求，尽管可以做局部变动，但基本上必须得到遵循，因为这些程序、要求是对课程进行评价的基本依据，因而课程领导的重点在于保证学校课程符合课程设计者的意图。

3. 得过且过

坚持这种课程领导方式的校长认为，课程改革以及与之相适应的课程实施主张是可以"讨价还价"的，相信课程改革以及与之相适应的课程实施主张不会形成某种确定可见的结果或取得成功。于是，校长更多的是避开问题，而不是朝向目标。因此，他们在做出每一个微小的选择和行动之前，总会立即想着要有某种可见的评价结果和某种可靠的保证。就其实质而言，这种课程领导的方向是不确定的，是在过程中临时决定的，而结果也是无法预计的。

4. 消极抵制

变革旧的课程计划，实施新的课程计划，势必会得到一部分校长的支持，当然也会受到另外一部分校长的抵制。作为教育工作的实际推动者，校长会对课程改革持否定或怀疑态度，因为他们更习惯于现有的这种更"经济"的做法。然而，当校长因为自己对课程改革的认识不到位而产生一种反感、逆反心理，或者因为内心根深蒂固的保守心理而产生一种恐惧、担忧心理时，他们就会本能地建立起一道心理防线，采取一种实质上是抵制的课程领导方式。

（三）自在型校长课程领导方式的形成机制：知识与权力的双重影响

如前所述，潜意识阶段的校长课程领导表现出以自在为核心的基本特征，由此又形成了若干课程领导的行为方式。那么，这种自在性以及由此而产生的课程领导方式究竟是如何形成的？深入地分析和回答这个问题，将有助于我们从根本上去发现和暴露校长课程领导所存在的深层问题，进而揭示出校长课程领导的形成机制以及校长课程领导的实现机制。

综观大量的实践案例后笔者认为，潜意识阶段校长的自在型课程领导与校长本身的课程观念、传统的课程管理体制、课程领导知识的建构以及课程领导的行为方式密切相关。这四个因素分别从观念、权力、知识和行为几个方面，形成了潜意识阶段校长自在型课程领导的内在机制。

1. 根深蒂固的课程观念："法定文化"之外的无意识

作为一种文化，课程不仅是从现存的文化中"拿来"的文化，而且来源于人的现实文化，又重构并超越了现实文化。这种现实文化具有时代性、地域性、社会性等特征，并指向对人的内在的深切关怀（靳玉乐 等，2003）。长期以来，课程完全受制于现存的"法定文化"，始终在社会文化为它提供的轨道上运转，并成为基础教育课程改革的重要影响因素。正是这样一种课程实践文化，在不断地暗示、强化校长对课程的一种根深蒂固的观念：课程就是一种"国家知识"和"法定文化"。

在这里，校长的课程领导只是机械地、盲目地甚至惯性地认同、接受、服从以及服务于现存的法定文化。校长的视野被定格在"国家知识"和"法定文化"的框架之内，校长形成了一种在"国家知识"和"法定文化"之外对课程以及课程领导的无意识。

2. 传统的课程管理体制：课程领导意识、权利与能力的缺失

在高度统一的课程管理时期，我们国家课程开发一直实行由中央到地方的"研究—开发—推广"课程模式，课程专家和教育行政部门处于课程开发的中央，而课程的直接领导者——校长，和课程的直接实施者——教师、学生以及家长、社区等处于边缘地带。

在这种课程管理体制下，学校的具体环境和学校课程的真正生长点——学生被全面地忽视了，国家没有赋予学校、校长、教师、学生等主体共同参与课程开发的权利和机会。长期下来，校长不可避免地沦为国家课程的机械执行者，教师成为课程的机械实施者，他们逐渐丧失了对课程的理解能力、开发能力和领导能力，自然就形成了校长以自在为特征的课程领导方式。

3. 日常化的课程领导知识建构：只可意会，不可言传

应当承认，校长课程领导的能力与智慧主要依赖于一种默会的知识，也就是"只可意会，不可言传"的知识。但是，如果校长的课程领导不能摆脱和超越这种知识，那么最终就会形成一种基于"惯习"的行为方式，而不能达到一种清晰的自我意识与自觉的行动。

实际上，校长的课程领导知识主要来源于学校实践和个人生活两个渠道。学校实践是校长课程领导知识来源的主渠道：一是来源于校长自己的教育实践。校长在教育中的做法、感受、体验和顿悟不断得到强化、确认，从而逐步建构起校长个人的课程领导知识。二是观摩别人的教育实践。三是接受学校的传统教育习俗。生活是校长建构课程领导知识的另一个渠道，它包括三个方面：一是校长本人的生活史，校长在接受家庭教育和学校教育的过程中获得若干教育经验；二是校长参与日常教育活动，在家庭、社区的教育氛围、教育活动和人际交往中获取各种体验和感悟；三是通过习俗、道德、舆论等社会文化因素的影响，校长逐渐学会了各种知识、技能和规范，以及在社会生活中不可缺少的思考和行为模式。

如果校长只局限于上述各种自在的学习，那么依靠这种学习而建构的课程领导知识就不能够通过语言进行逻辑的说明，也不能以规则的形式加以传递，当然，就更不可能加以批判性反思。这样建构起来的课程领导知识虽然可以帮助校长提高对学校课程不确定状况的把握和应对水平，但同时又使校长难以从纷繁复杂的信息中鉴别和发现那些有利于解决问题的信息，从而表现出课程领导的智慧和创造性。

4. 非自觉的课程领导行为方式：以经验、习惯、常识为基础

根深蒂固的课程观念、传统的课程管理体制、过于日常化的课程领导知识建构等塑造出校长基于经验、常识、习惯的行为方式，其基本的行为模式是简单的基于经验的模仿。不管是谨慎尝试、机械执行，还是消极抵制，校长都缺乏自觉意识和创造精神。这一切导致了校长主体意识、参与意识和创造性的丧失。与之相伴随的则是对权威的迷信取代了批判怀疑，而对权威的绝对服从又造成了他们民主平等意识的淡漠。其结果是，校长在课程领导中只是满足于自在的"是什么"，而不是以追问"为什么"和"应如何"的自觉态度来对待学校的课程建设和课程变革。

受这种课程领导方式的支配，潜意识阶段校长课程领导的实践样态是：课程不是情境化、人格化的，课程建设、课程实施的技术化、程序化特性鲜明；课程实施不是一个真正的变革与创造过程，而只是就原初的课程计划"按图索骥"的过程，或者是稍事修改的过程；校长、教师和学生不是课程知识的开发者和创造者，而只是从外部专家处获取知识的接受者；课程变革只是课程内容和资料的变革，而不是学校主体在思维、情感、价值观等各个方面的变革。

三、校长课程领导意识阶段：萌动的课程变革意识与实践

（一）意识阶段校长课程领导特征：自求

校长课程领导的潜意识阶段孕育着校长课程领导意识阶段的产生和出现。1978 年中国共产党十一届三中全会确立了改革开放的思想路线，中国社会开始了最深刻的变革历程。改革开放成为国家发展和社会进步的根本动力。国家发展和社会进步的根本目的是促进人的全面发展，核心应该是不断培育和增长人的主体性。尽管教育改革的步伐同经济改革和其他社会事业改革相比也许有些慢，但毕竟教育已走上了改革之旅，并不断深化着改革。

特别是 1983 年邓小平提出"教育要面向现代化，面向世界，面向未来"的号召后，我国教育开启了改革和发展的新时代。在邓小平"三个面向"教育思想促动下，教育理论工作者和实践工作者都涌动着一股改变中国教育现状的力量。特别是一些有胆识的校长突破"忠实执

行"的课程领导窠臼，开始主动变革课程。校长课程领导意识阶段的种种特征开始凸显。笔者借用"自求"一词，来概括这个阶段校长课程领导的特征。"自求"即主动探求之意，深入一步讲，有"自我解放"之意味。"自求"强于"自在"，弱于"自为"。以自求为特征的意识阶段校长课程领导，在 20 世纪 80 年代中后期到 90 年代表现得非常明显、具体。具体地说，意识阶段校长课程领导的这种自求性特征主要体现在以下几个方面。

1. 开放性与接纳性

在我国计划经济时代，教育基本上是封闭的，这难免会形成同化甚至僵化的教育思维和实践模式。教育要面向世界，就必须打开封闭的大门，让我们的教育人走出国门，其他国家的教育人走进来，教育交流日益加强。在这种"走出去、请进来"的教育交流过程中，我们的教育人不但极大地开阔了眼界，而且经历了一次又一次思想的洗礼。在这些教育人当中，有一部分校长率先接受了其他国家和地区的先进教育理念、办学思想和教育模式。

2. 反思性与批判性

这些率先走出国门、放眼世界的校长，首先看到、体验到其他国家特别是发达国家的学校办学模式和课程实践模式，开始对自己已成"无意识"的教育思维方式和教育（课程实践）模式进行反思：教育模式不应是一元的，而应该是多元的，衡量教育模式优劣的标准在于是否有利于学生的最有效发展。基于这样一种认识，这些校长对教育从反思升华为批判。

3. 变革性与超越性

随着校长反思程度的加深、批判意识的不断增强，他们对现实的不满足感也随之加强，于是产生了变革现有教育模式的冲动。也许起初的这种冲动带有较强的情感性，但正是这种较强的情感性冲动，真正触动了他们习以为常的乃至僵化的教育思维方式和教育模式，促使他们超越现实，超越自我，把学校教育带入一种新境界。

（二）自求型校长课程领导的行为方式：借鉴基础上的主动变革

如果说潜意识阶段校长课程领导的行为方式，是经验基础之上的应对，那么意识阶段校长课程领导的行为方式，就是借鉴基础上的主动变革。如果说经验基础之上的应对还体现较浓厚的习惯性思维方式和行动策略的话，那么借鉴基础上的主动变革已开始显现出明显的变革意识和行动策略。正如前面谈到的，中国此时已进入一个开放的环境，教育已开始进入一个在国际层面上交流的新时期，一些率先走出国门考察其他国家或地区教育的校长，很自然地会把他们看到学到的先进教育理念、教育经验带到自己的办学实践中。这不是简单的照搬照抄，相反，对消除我们自身的教育积弊来说，是一种积极、主动的变革行为。由于我国长期实行高度统一的基础教育制度，各学校的办学模式基本上是同一的，所以向国外特别是发达国家教育同行学习，就成为这个阶段校长的一种自然选择。

综合归纳意识阶段校长课程领导的一些实践可以发现，我国中小学校长的课程领导主要形成了如下几种典型的行为方式。

第一，消除弊端。通过学习、借鉴国外特别是发达国家教育同行的办学经验，校长准确诊断和深刻分析学校课程发展中所存在的严重弊端和突出问题，并在认真研究这些弊端和问题的基础上，提出切实可行的解决方案。

第二，顺势利用机遇。那些拥有强烈机遇意识和敏锐捕捉信息能力的校长，能够及时发现并充分利用学校办学实践过程中由偶然因素引发的某种特殊条件，并在学校课程的某些方面取得突破，然后将其加以扩展、充实和提升。

第三，弥补空白和不足。学校由于某种传统的思维方式、思想观念和行为模式等消极因素的影响，在课程发展目标、内容、过程和方式等方面形成了"空白""盲点"和不足，校长针对这些"空白""盲点"和不足进行弥补，从而实现学校课程的完善与提升。

第四，摆脱困境。在学校面临发展困境和处于历史低谷的情况下，校长率领学校全体成员，理性而认真地分析问题，充分发挥全体教师员工的积极性，使学校课程得到更新，学校重获发展活力。

第五，实现理想信念。校长在已有发展基础上，从学校自身的课程理想和课程信念出发，通过课程实践，努力实现学校的办学理念，进而达到学校跨越式发展的目的。

（三）自求型校长课程领导的形成机制：外部动因＋主体胆识

上面比较深入地分析了意识阶段校长课程领导"自求"的基本特征以及所形成的课程领导的行为方式。那么，意识阶段自求型校长课程领导的形成机制是什么呢？综观这一阶段校长课程领导的实践，笔者以为，其形成机制为"外部动因＋主体胆识"。

就外部动因而言，一方面，教育面向世界，使得我们长期封闭的教育大门被打开了，我们的教育置身于整个世界教育环境中。在这样一个开放的教育环境中，我国基础教育的弊端也凸显出来，借鉴他国先进的教育理念和教育模式来解决自身的问题，成为教育发展的现实诉求。另一方面，1977年我国恢复了高等学校统一招生考试制度，为莘莘学子提供了奋发成才的机会，整个社会形成一股追求升学的大潮。由于广大青年学子接受高等教育的强烈愿望与现实高等教育不能完全满足这种愿望的矛盾，我国形成"千军万马过独木桥"的局面。高等学校统一招生考试制度的弊端也越来越暴露出来："全统一、全必修、同样难度"的课程制度与学生差异性需要之间的矛盾十分突出，这在造就一些人才的同时，也埋没牺牲了另一些人才，同时也造成学生学业负担过重、厌学问题突出。

消除在这种追求升学率的潮流中暴露出的教育弊端成为一些校长进行学校教育改革的动力。我国资深教育专家江山野先生曾指出："还有一点具有重大意义的是，这一个大潮流强烈地冲击了我国原有的死板划一的学校教育制度，非常明显地揭示出它存在着严重的缺陷，使人们认识到迫切地需要对之进行重大改革，从而有力地促进了我国教育改革的不断深入、不断发展，突破了一些多年来难以突破的高度集中统一的僵硬教育制度、办学模式和许多积弊，开创了一些新的制度，建立了一些新的模式，展开了一些新的实验。这些改革……具有划阶段的历史意义和深远意义。由此可见，这一大潮流中暴露出来的种种问题和弊端，已成为进行教育改革的强大动力，并起了突破性的作用。很多教育工作者也就是在这种情势之下，积极地投入了教育和教学改革的。"（江山野，2006）[代序6] 毋庸置疑，在这种大潮流当中积极进行教育改革的学校或校长，有"孤军奋战"或者说"单枪匹马"之感，没有一点胆识，没有一点"骁勇"的精神，这样的改革是难以开展起来的，或者是难以持续下去的，改革夭折的事例并不罕见。

（四）自求型校长课程领导案例分析：南京师范大学附属中学课程改革的经验与意义[*]

20 世纪八九十年代南京师范大学附属中学（以下简称南京师大附中）实施的课程改革具有典型的示范意义，呈现了意识阶段校长课程领导的基本特征和行为方式。时任校长胡百良，在 1985 年就提出"课程结构改革是教学改革的关键"，并提出新的课程概念，即"学校课程应该是指能够对学生有目的、有计划地施加教育作用的活动的总和"。学校从五个方面开始进行课程结构改革。

1. 改革必修课程

我国中学必修课程门数偏多、要求偏高、周课时过多，是公认的问题。只有对必修课程进行必要的精简和调整，学校才能有时间增设其他必要的课程和改变原来的课程结构。为此，南京师大附中在 1987 届高中生中进行了适当压缩必修课周课时、适当增加选修课、适当增加学生自己支配的学习时间的改革试验。在高一下学期，学校调整了必修课的周课时，由原教学计划规定的 29 节压缩为 27 节（语文 5 节，数学 5 节，外语 4 节，政治 2 节，物理 3 节，化学 2 节，历史 2 节，体育 4 节），高二上学期数学被压缩为 4 课时。必修课原则上安排在上午，有三个下午为选修课时间，其余时间为各学科讲座和学生自修时间，每天

---

  * 资料来源：2001 年 5 月，笔者作为《中国教育报》记者参加了教育部组织的中央新闻单位记者采访团，采访报道江苏省转变教育观念深入实施素质教育的经验，当时从南京师大附中获得了第一手资料。同时笔者参阅了 2006 年教育科学出版社出版的胡百良著《校长的特殊使命》一书和《中国基础教育》（内部刊物）2004 年第 6 期刊发的胡百良所写的《南京师大附中 20 世纪 70—90 年代课程改革的历史回顾》一文。

第七、八节课为文体活动和学生自由支配时间。在学生自由支配时间内，实验室、图书阅览室、语音室都向学生开放。后来，学校又在1990届高中生中进行了第二轮压缩必修课的试验。压缩必修课的指导思想是改变原来单一的课程结构，促进多层次学生的提高。例如，外语由5课时改为4课时后，课内主要面向中间层次的学生；而部分高层次的学生可以选修英语口语或科技英语选修课，这样必修课虽然少了1课时，而选修课增加了2课时，总课时还增加了1课时。对于少数学习基础较薄弱的学生，教师还可以通过辅导课帮助他们提高。教师每周的工作量，仍按照原课时计算。压缩周课时的学科，一般三年的总课时只减少了10~20课时，影响不大。实践表明，所有减少课时的学科，都没有因此而影响教学总进度。但是，这样做以后，周课时有所减少，为改革课程结构创造了条件，增加了学生自己支配的时间，促进了教学方法的改革。为了增强学生的身体素质，学校从1985年起，将各年级的体育周课时均增加为4节，其中3课时按大纲教学（含保健知识），1课时为选学，另有2次自选的课外体育锻炼活动，为此体育教师数量比原编制增加了1倍。

2. 增设选修课程

一开始，学校把自选课分为三类：一类是扩大知识面的，着眼于改善学生的知识结构；一类是培养兴趣爱好的，着眼于发展学生的个性特长；还有一类是培养尖子学生的，可以不受大纲教材的限制。从1987届学生起，选修课实行学分制，每周2学时的学科，一学期按10学分计算，40学分为合格。高中毕业时，必修课程和选修课程同时合格的，除发给一般毕业证书外，还发给学校的特种毕业证书。参评市级以上三好学生和高校免试直升者，选修课程均需合格。

3. 开设劳动技术课程

南京师大附中通过调查发现，87.5%的毕业生认为开设劳动技术课程是必要的。普通中学开设劳动技术课程的目的：一是培养学生劳动观念，二是让学生掌握一定的劳动技能，三是促进学生智力的发展。为此，学校早在1981年开始，先后在初中开设了植物栽培、菌类培植等劳动技术课程，在高中开设了缝纫、英文打字和电脑等劳动技术课程，并在初一、二年级进行了开设缝纫、英文打字等劳动技术选修课程的试点。在总结前几年实践的基础上，学校调整了劳动技术课程的设置计划：初一为工艺美术，初二为裁剪、缝纫，初三为家用电器的使用和简易维修，高一为英文打字和电脑，高二为制图，高三为金工。劳动技术课程考核及格者，发给单科结业证书。劳动技术课程的成绩，同样作为三好学生的评定条件之一。

4. 社会实践课程化

南京师大附中将社会实践列入教学计划，规定在高中二年级下学期用一周时间集中进行社会实践。后来又建立了这样的社会实践活动系列：高一年级新生入学后进行军事训练；高二、三年级学生重点到农村、部队、工厂、商场等进行社会实践和调查。社会实践活动结束后，学校根据原定计划和学生的实际表现，特别是活动能力、调查报告或小论文的水平，做出综合鉴定，并作为评定三好学生的条件之一。

5. 建立课外活动体系

传统的课外活动是相对于课内的学科课程而言的，它被排斥在课程之外。南京师大附中改变了过去的认识，把课外活动作为可选择的活动性课程，纳入学校课程体系中。课外活动处在课程之内、"课堂"之外，它对于促进学生个性特长的形成、各种独立活动能力的培养，具有不可替代的作用。

学校的课外活动主要包括：①校班会活动；②团队活动；③读书和影视活动；④向学生开放实验室和语音室；⑤学科、文艺、科技、体育等各种社团和小组活动；⑥各种讲座；⑦编辑学科黑板报；⑧每年定期举行文化节和科技节等活动；⑨各种竞赛活动；⑩群众性的文娱体育活动。建立课外活动体系，关键要做到组织、时间、地点、指导、经费"五落实"。学校专门制订了课外活动时间表，每周一下午统一为各种课外活动时间，另外各年级每周都有 2 次课外体育活动、1 次讲座。学校把课外活动指导任务与教师任职条件结合起来，要求各教研组均要有三分之一以上的教师从事课外活动的指导工作，以保证全校有 70% 左右的学生参加各种社团小组活动。课外活动既然是课程，就应该制订活动纲要，各社团和小组都应有明确的目的、要求和活动计划。

南京师大附中在课程改革实践中不断进行理论探索，调整对课程改革的理性认识。1985 年学校把原来只有必修课程的单一课程结构，改变为必修课、选修课、劳动技术课相结合的课程结构。1988 年，又把课程结构改变为必修课、选修课、劳动技术课、社会实践课和课外活动相结合的复式课程结构。1990 年又把课程结构改变为学科性、活动性和环境性课程相结合，必修与选修课程相交叉的复式课程结构。他们认为，从实现教育目标的宏观途径来划分，学校课程可以分为学科性课程、活动性课程和环境性课程三大类：学科性课程有建立在概念基础上的理论体系，主要通过课堂教学实施；活动性课程以学生参与实践活动为主，能让学生获得一定的直接体验；环境性课程以潜在形式发挥教育的作用，主要指校容、校貌、校风、校纪。到 1990 年，南京师大附中教师已经完成了 24 门选修课、劳动技术课和社会实践课教学大纲（试行稿）的编写，17 门课程自编教材（初稿）的编写，撰写了 16 篇论文和 3 篇自编教材的试教报告。

从 1991 年开始，南京师大附中又进行了必修课程的分层教学改革。分层教学是根据教育对象发展水平的差异，通过分层要求、分层指导、分层训练、分层考评等途径，实施因材施教，其根本目的是促进各层次学生在原有基础上得到应有的发展，对每一个学生负责。他们确定的分层教学的学科有数学、外语、历史（各分两个层次），物理、化学（各分三个层次）。各层次的教学目标如下。（1）数学、外语：A 层为拔尖要求，适当提高学习程度，可高于教学大纲要求；B 层为国家规定的要求。（2）物理、化学：A 层为拔尖要求，适当提高学习程度，可高于教学大纲要求；B 层为国家规定的必修和分科选修的综合要求；C 层为国家规定的必修要求。（3）历史：B 层为国家规定的必修和分科选修的综合要求；C 层为国家规定的必修要求。所有A 层课程，学校都制定了教学大纲。各学科、各层次都有相应的教材，各成系统，并有不同学时。

虽然南京师大附中的课程改革带有比较明显的借鉴发达国家学校教育模式的特征，但对我们整个基础教育课程制度来说，这样的课程改革确有革命性的意义、开拓性的价值，因为他们所从事的这一系列改革，"使整个学校的制度和面貌都发生了根本性的变化，一种新型学校的雏形已经出现在我们面前"（江山野，2006）[代序17]。这同时证明，在大环境没有改变的情况下，学校并不是完全无能为力的，而是可以有所作为的，关键是校长的认识和胆略。南京师大附中所进行的一系列课程改革，从根本上反映了胡百良校长的认识和胆略。

首先，学校能坚持正确的教育价值观。胡百良校长反复强调，基础教育要"为学生成人成才打好基础"，为此，学校确立了学生成人成才的十个方面的具体目标：坚定的理想与信念，广博而扎实的文化基础知识，良好的个性特长，开拓创新精神，身心健康，务实作风，合作品格，社交才能，自立能力，丰富的生活情趣。胡百良校长认为，学校要实现这样的目标，就必须建立一个与之相适应的新的教育体系。与此同时，他还特别强调，学校教育应该承认学生有差异，而且这种差异不能简单地用传统的考试分数区分。中小学生的个性特长和潜能是千姿百态的，社会对人才的需求也是多种多样的。教育的任务就是要挖掘人身上的潜能，把他们培养成为社会需要的各种人才。他认为，"有些学生之所以成为'差生'，并不是因为他们真的差，无才能，无长处，而是他们的长处和才能得不到承认，得不到培养和发展。是我们评价他们的标准不科学，是不合理的教育制度扼杀了这部分学生的才能"。这些认识来自他多次出国考察学习所得，也来自他对我国教育的深刻反思，这些都成为他进行课程改革的指导思想。

在学校统一了正确的思想认识后，胡百良校长能够果敢地采取变革行动。课程改革是基础教育改革的核心问题，也是解决难度最大的问题。如果正确的教育思想不能落实在学校课程上，那么教育思想就永远停留在认识层面，不能转化为促进学生发展的教育实践。由于我国长期实行高度统一的基础教育课程制度，形成了较强的传统和习惯势力，在大的教育环境没有改变的情况下，一所学校要改变这种单一化制度，不仅会有很大的阻力，而且还会遇到很多具体的困难。胡百良校长在阻力和困难面前没有止步，而是率领学校教职工坚实地蹚出一条以学生为中心的学校课程改革之路，其经验不但为其他学校所借鉴，而且成为国家层面思考和制订基础教育课程改革政策的重要参考。由此可见，胡百良校长所进行的课程改革实践，所彰显的校长课程领导之意蕴是十分明显的。

四、校长课程领导显意识阶段：学校课程改革的理论自觉与能动创造

（一）显意识阶段校长课程领导的特征：自为

如果说在课程领导潜意识阶段校长主要是作为一个自在的实践主体而存在的话，那么到了课程领导显意识阶段，校长对课程本质及课程领导的理性认识更加深入，校长逐渐成为一个自为的实践主体。在这个阶段，自为性成为校长课程领导的基本特征。与"自在"相比，"自为"更强调主观的意识存在。存在是一个事物的"自在"，而本质则是它的"自为"。存在是本质的内容和现象，本质是存在的真理。从存在到概念的发展就是同一个事物由"自在"到"自为"的发展，是由非真理性到真理性、由不真实到真实、由直观多样性到多样性统一、由表面现象到深刻本质的发展。自为常与自觉相伴。自觉，意即内在发现、外在创新的自我解放意识，它强调主体本身的主观能动性。

显然，校长课程领导从潜意识阶段的"自在"经由意识阶段的"自求"，最后向显意识阶段"自为"的根本转换，实际上反映的是校长对课程本质及课程领导规律性把握的自觉程度不断提升。与潜意识阶段和意识阶段相比，显意识阶段校长课程领导自为的行为特征主要表现在下面几个方面。

1. 自觉性与自主性

在显意识阶段，校长进一步熟悉和理解学校课程发展的本质、过程与规律，能够自觉地遵循、运用学校课程发展的规律去为学校课程的变革与发展服务。正因为如此，校长课程领导超越了盲目性与无意识性而具有自觉的性质。同时，校长的课程领导也不是为短浅的功利目的所驱动，或者是为了向上级"交差"，而是出于学校课程发展和自身专业发展的内在需要而进行的自主选择。

2. 专业性与反思性

相对于潜意识阶段校长课程领导的日常性与自发性，在显意识阶段，校长的课程领导超越了日常化的思维方式和行为方式，摆脱了经验、习惯、常识等消极文化因素的影响，校长能够从专业的角度对学

校课程发展和课程领导进行理性的思考与行动，能够对自己的课程领导过程进行重新审视与思考，从而不断超越此前的思维方式与行为方式。

3. 能动性与创造性

在显意识阶段，校长能够自觉地把握、遵循和运用学校课程发展及课程领导的规律。以此为基础，校长还能够摆脱某些理论、规范、规则、程序和模式的束缚，根据学校的实际需求和具体情况进行主动的选择、自觉的行动和创造性的实践。在这里，校长实现了由自在自发、消极被动的客体向能动积极、进取创造的主体转变，因而具有更强的主体意识、参与意识和创造精神。

（二）自为型校长课程领导的行为方式：自主能动的创造

在显意识阶段，由于校长在课程领导上具有自觉性与自主性、专业性与反思性、能动性与创造性，因而能够根据学校课程发展和学校各主体发展的内在需要，并在理性选择和自觉行动的基础上，采取富有理论自觉与实践合理性的课程领导方式，其主要特征是自主性、能动性与创造性。

学校的主体价值体现为具有特色的教育模式、鲜明的品牌个性、深厚的文化底蕴。综合归纳显意识阶段校长课程领导的一些实践可以发现，这些校长以宽广的教育视野，在把握历史传统和现实实践的基础上，主要形成了如下课程领导的典型行为方式。

1. 打造学校特色

特色是此学校不同于彼学校的标志所在，也是增强学校社会影响力和吸引力的重要抓手。特色既可以是学校的一点，也可以是学校的整体面貌。学校特色反映在学校办学的不同方面，或者说，学校特色建设存在多元形态，但核心是课程特色。课程是育人的载体，课程特色就是学校育人特色。显意识阶段的校长课程领导超越了机械执行、借鉴模仿的阶段，需要校长根据学校的教育哲学，能动自觉地开发和建构学校的课程，这样的课程是有学校特色的课程。

2. 形成学校风格

所有学校都要认真贯彻国家教育方针，这是教育的总纲，是校长必须遵循的教育总原则。但是学校贯彻教育方针、实现教育培养目标的路径是可以不同的，校长是可以选择的。这种选择的过程就是塑造学校风格的过程。校长不仅要注重自身办学风格的凝练，更重要的是要把教师作为塑造学校风格的主体力量，在国家课程校本化实施、校本课程开发和创生中，激发教师的智慧和创造力，使其能够有所作为，形成不同的教学风格和鲜明的品牌个性。这种个性集中体现了学校的品质和品格，是学校知识体系和价值体系的反映。

3. 提升学校文化

学校是全息的生命体，是有生命活力的文化主体。对文化的理解体现出教育的价值取向、哲学思考、思维方式、话语方式。与此同时，学校是靠课程来实现对学生的培养目标的，没有课程就没有教育培养目标。课程改革和课程文化建设同步进行，应该是正确的途径。如果没有课程改革，那么学校所谓的文化建设肯定是浅表层次的。学校只有深入到课程改革之中去进行文化建设，课程改革与文化建设才能是水乳交融的。所以，课程改革关系到学校发展，关系到学校文化建设这个大工程。课程里面凝聚了学校主体的文化素养和文化精神，这是学校发展的原动力，是学校这个生命体的 DNA。高品质的学校文化是学校特色、办学风格的宝贵结晶，校长课程领导的最高境界是形成一种不断增强学校旺盛生命活力、凸显育人特色的先进学校文化。

（三）自为型校长课程领导的形成机制：政策支持、理论引领与自身创造

校长走出和超越潜意识阶段以"自在"为特征的课程领导图式，经过以"自求"为特征的课程领导，逐步达到一种自为自觉的课程领导水平，由此校长课程领导也就进入了显意识阶段。那么，显意识阶段校长自为型课程领导的形成机制是什么呢？答案是政策支持、理论引领与自身创造。以 2001 年《基础教育课程改革纲要（试行）》的颁布实施为标志，我国基础教育课程改革进入了一个新阶段。这次基础教育课程改革的亮点之一就是对课程管理体制做了较大调整，课程管理权力进一步下放，建立了国家、地方、学校三级课程管理权力框架，学校拥有了一定的课程自主权。它从政策上赋予学校课程自主权，无疑也是对校

长、教师在课程建设与实施方面主体地位和主体权利的确认。如果说在校长课程领导的潜意识阶段以至意识阶段，校长、教师这样的主体地位、主体权利还是应然的话，那么在校长课程领导显意识阶段，它们就是实然的了。

另外，如果说在校长课程领导潜意识阶段、意识阶段，校长对课程改革、课程领导的认识与实践带有明显的感性色彩、经验与模仿成分的话，那么在校长课程领导显意识阶段，校长对课程改革、课程领导的认识与实践就有了更鲜明的理论自觉和能动创造的特征。同样以 2001 年《基础教育课程改革纲要（试行）》的颁布实施为标志，我国的课程理论研究进入了最活跃的时期，校长们普遍受到了一次课程理论洗礼。也就是在这样的背景下，校长课程领导作为课程管理之外的新范式出现，并逐渐成为一种显学。校长课程领导研究始于教育理论界，但很快这个命题就被校长们所接受。

显意识阶段校长课程领导以"自为"为基本特征，反映出校长课程领导的自觉、能动、创造水平达到一个新高度，这首先源自校长自身的自主能动的创造力量。与此同时，外在的支持性因素，也促进了校长课程领导"自为"水平的提升。以此为背景，我们对显意识阶段校长自为型课程领导的形成机制做进一步具体分析。

1. 持续的课程变革力量

长期以来，国家高度统一的课程体制造成校长的集体无意识，由此使校长的课程领导建立在经验、习惯、常识和情感等日常性、自发性与自在性因素的基础之上，校长的课程意识、课程理解能力、课程开发能力和课程领导能力都远未达到自为、自觉、自主的水平。这意味着，显意识阶段自为型校长课程领导方式的形成，需要由外部提供一种持续的课程变革力量，以解决校长课程领导的动力和压力问题。

首先，要通过持续的课程变革，把校长从熟悉的、重复的、惯常的课程管理活动中唤醒，使之投入充满挑战性与不确定性的课程改革活动中去。当下的校长正在置身于越来越频繁的课程改革情境中，其固守的课程管理方式正在不断地被打破，他们正在经历着从未有过的发展机遇，同时也面临着巨大的压力和挑战。

其次，持续的课程变革有利于促进校长由自在自发、消极被动的客体向自为自觉、能动创造的主体转变。面对日益频繁的课程改革，校长需要具备主体意识、参与意识、能动意识和创造意识。在这种情况下，校长究竟做出何种选择，采取什么行动，都不能是盲从和被动听命的结果，而应经过深思熟虑。

最后，通过持续的课程变革，建立与校长自觉自律行为相适应的课程管理机制。传统的课程管理体制使校长主要扮演的是"忠实"的课程执行者角色，校长越接近这个角色，就越表现出盲目、自在、自发的特征。只有当课程管理体制能够激发校长的主体意识、参与意识、能动意识与创造意识时，校长才能真正超越自在、自发的行为方式，以主体自觉、自为的精神从事课程领导活动。

2. 强调批判性反思的课程领导实践

学校课程发展是一个复杂和变动不居的领域，学校课程发展的这种"不确定性"使校长面对的课程发展问题始终是在学校课程发展的实践情境中产生的。这正是校长课程领导需要具有自主性、能动性与创造性的原因。课程领导的反思性、批判性实践恰恰是校长基于自己的课程领导过程与学校课程发展过程而进行的一种重新审视和思考，其目的是不断提高自身课程领导和发展学校课程的理论自觉性与实践合理性。

作为校长课程领导实践的一种方式，反思批判性的课程领导实践需要校长自觉地检讨和审视自己的实践知识。校长课程领导的成败往往取决于校长自觉意识与理性思考能力的高低，取决于校长能否真正自觉而理性地审查个人的实践知识，达到个人实践知识的重建和行为方式的完善。在这个意义上，校长必须拥有理性的专业发展意识和课程专业知识。这就是说，校长要通过不断的学习与反思，超越自身在大量课程领导实践中所建构起来的缄默知识。与明确知识相比，缄默知识具有如下特征：第一，不能通过语言进行说明。缄默知识又称前语言知识或不清晰的知识，明确知识又称语言知识或清晰的知识。第二，不能以规则化的形式加以传递。不能明确陈述的知识自然不能通过教育、媒体在人与人之间以明确的规则化的形式加以传递，而只能在活动中或通过"学徒制"的方式获得。第三，不能加以批判性反思。校长要实现自觉自为的课程领导，就必须不断地对自身的课程领导实践以及由此而获得的缄默知识进行不断的反思和批判。

3. 基于行动的课程领导实践研究

由于学校课程活动的日常性和重复性，校长容易形成一种基于经验、习惯和常识的课程领导行为方式。为此，校长要有意识地把日常化、常规化的课程领导实践作为研究的对象，把自己因为熟悉而认为没有问题的典型行为通过特定方式呈现出来，进行暴露和澄清：哪些是与学校课程发展方向相一致的，能对学校课程发展起积极影响作用的行为？哪些是与学校课程发展方向不一致的，会对学校课程发展起消极影响作用的行为？当校长把常规化和日常化的行为从无意识的状态转化为有意识、能够用语言和逻辑加以表达的状态时，校长对自己的行为习惯就有了更为明确的认识，并能自觉地改造和摈弃那些不利于学校课程发展的行为，从而使自己的领导思想和领导行为提升到自为自觉的水平。

4. 基于校本的课程专业研修

实际上，潜意识阶段校长课程领导之所以未能达到一种自为自觉的水平，不仅是因为动力和压力不足，而且因为校长能力不足。在此种意义上说，自为型的校长课程领导首先是作为一种能力而存在的。这意味着校长需要寻找专业的援助和引领。从个体的角度看，校长个人的认识水平常常会造成反思性实践的低效，加之学校课程实践容易日常化和常规化，校长的课程领导行为又常常是自动化和无意识的产物，校长自己难以捕捉和把握，因而需要借助他者的眼睛。从群体的角度看，校长职业群体由于接受的是大致相似的专业文化塑造，加之以往学校管理和课程领导对划一、秩序的强调，长期下来，他们的思维方式容易趋同。其结果是：一方面存在共同的专业发展困境和问题，但他们却已习惯以至于熟视无睹；另一方面他们的专业能力和专业水平大致处在相对均衡的状态，没有外部专业力量的援助，他们就很难打破业已形成的惯性而获得新的专业发展。因此，校长需要通过专业研修从外部寻找专业援助，以实现课程领导的转型和发展。校长要通过专业研修共同体中的学习，分享智慧、交流体会、发现问题，提高课程领导的理论自觉性与实践合理性。

（四）显意识阶段校长课程领导案例分析 I：深圳中学个性化课程体系建设与管理制度创新

深圳中学早在国家正式进行普通高中新课程实验前，就开始了课程改革之路。这条课程改革之路不但与国家普通高中新课程改革的基本精神相吻合，而且具有很多创新之处。2007 年 6 月底至 7 月初，笔者用一周的时间，对时任校长王铮领导的深圳中学做了一次比较深入的探访，较为全面地了解了学校的课程改革举措。

1. 着力于学生自主发展的课程改革

（1）选课制：学什么，学生做主

每到高一学年末，深圳中学就充满着学生的讨论声，平时再不羁和随性的学生也变得严肃起来，互相询问着选课意向，因为在即将来临的高二，选什么科、上什么课，都由学生自主决定。在最终选择后，课程表上排列的课程也预示着学生的发展方向。在关乎未来的选择面前，"手握大权"的学生没有随便的理由。

早自习时间，校园广播就会播放各门课程内容的介绍，如物理 2 系列或者"历史改革回眸"等课程究竟适合文科还是理科方向。同时学校还为学生配备了导师。导师要为学生提供建议。通过这些举措，学校力求使每个学生都能找到适合自己的位置。

曾担任学生会主席的刘嘉宏同学谈道："通过课改，我们的自主能力有了较大提高。（我们需要）根据自己的兴趣、能力以及高考要求，选择适合的课程。我觉得课程与我的学生工作贴得越来越紧了。比如我选的政治课程，就与我的学生会工作有机地结合在了一起。'民主''决策'等不再是书本上的名词，这些已经切实地出现在我的工作中。我可以把书本上的知识应用到实践中，而这个过程又更好地加深了我的理解。我相信这是其他学校的同学体会不到的。"

选课制，就是在为学生提供多样化课程的基础上，允许学生根据个人的学习需求做出修习选择的一种教育管理制度。选课制在内在机制上为课程内容的更新与重组提供了切实保障，为学生个性化学习的有效落实奠定了制度基础，对于最大限度地挖掘和发挥学生的潜力，让不同的学生脱颖而出，使所有学生各得其所地发展具有极为重要的意义。以选课为核心内容的课程实施与管理机制，还能够使学生在不断的选择中提高选择能力，学会规划人生。选课制也为学校有特色的发展提供了可能。

在实行选课制时，深圳中学严格遵守了学生自主自愿、必修课与选修课协调进行的原则。选课带给学生最直接的变化是，同一学段学生修习的课程内容可以不一样，同一模块学生修习的先后顺序可以不一样；一个行政班内，可能所有学生的课表都不一样，他们一天在校生活的主要内容就是按自己的课表与不同的同学到不同的教学班上自己选择的课。这样，从学生个性化选择的角度使学生的自主发展成为可能。

对学生进行科学的选课指导是推行选课制的关键环节。为此，深圳中学编写了内容翔实的《选课指导手册》，发动导师、任课教师、学生家长对学生选课做多层次、多角度的说明和指导。有了科学的选课指导，学生便能够根据现有的课程资源，按照个人的需求制订自己的发展计划，并按学校的选课程序确定模块课程修习方案。

例如，2006 级学生的《选课指导手册》主要包括八个部分，分别是"致家长的一封信""准备出发——你是否为你的未来做好了选择""国家普通高中课程设置及其说明""选课实施及课表形成""2006 级学生 5—8 学段国家课程选课单""2006 级学生 5—8 学段国家课程模块说明""2006 级学生 5—8 学段校本课程开设计划""2006 级学生 5—8 学段校本课程说明"。《选课指导手册》是深圳中学学生选课的有力助手。

深圳中学是真正实行课程选修制的学校，课程开设丰富，学生有自主选择组合权。对于选课制，有同学谈道：

> 一张小小的课表有何奇怪之处？原来，我们每学段排一次课，分一次课表，原班同学一天能碰面三次就已经不错了。我们掌握着自己的时间，这意味着我们可以根据自己的需要、兴趣合理地安排一张针对性强的时间表。
>
> 在深圳中学这几年我进行了多次选择。学校给我们的选择机会很多，从选择自己的上课顺序及任课老师，到选择自己的科目方

向，再到选择各式各样的课余活动，深圳中学正因这种自主的方式吸引了我们。每次选择都不容易，每次选择都面临太多诱惑和不确定性。取舍之间我更好地认识了自己，自主选择提高了我的能力。我选择了深圳中学，因此选择了更广阔的天空。

（2）学分制：看你学得咋样，更看你学了多少

学分制是一种以学分为计量单位来衡量学生学业进程和完成状况、满足学生个性发展需要、充分实现学生自主发展的课程与教学的管理制度。它是在课程选修制的基础上发展起来的一种现代学校教育管理制度。

为了使学生选课真正成为可能，深圳中学依据国家课程方案建立了完善的学生学业评价管理办法，实行学分管理——通过学分反映学生的课程修习状况。

学分制的意义在于：不论课程类型，不论是否是考试科目，都按照学时确定课程的学分，在评价体系中能够赋予同样学分的不同课程同样的权重，打破以单纯学科考试特别是以会考、高考等考试得分率评价学生的旧框架，构建对学生德、智、体、美、劳等方面的课程修习和素质提高进行全面评价的素质教育评价体系。在保证国家必修课程统一要求的前提下，制约与激励学生根据自己的个性、兴趣与爱好、将来的择业方向有效地选择课程，既可以减轻学生的学业负担，又有利于学生全面、生动、主动、和谐的发展。

（3）走班制：不看形式看实质

在深圳中学实施课程改革的年级，所有的教学班都没有固定教室，学生按课表在规定的专业教室上课，并被统一安排在自习室自修。实施走班制，是基于新课程改革在课程方面给学生提供了选择性，可以说，可选择课程是新课程改革最本质的特征之一。随着新课程改革的深入发展，学生在课程上将有极大的选择空间。选课模式多了，就必然要求打破原有的行政班格局，走班就成为必然。

走班制的实施，有利于专业教室的建设。课程改革对教师教学方式、学生学习方式都提出了新的要求，传统的教室满足不了师生需要。专业教室按照学科设立，教室具有鲜明的学科特色，为师生的教学、学

习提供了专业化的环境，充分发挥了环境的教育教学功能。

走班制打破了行政班的概念，扩大了集体的内涵，有利于培养学生的"学校视野"。学生能更加充分地利用学校的各类硬性资源（图书馆、艺术馆、体育场馆等）、软性资源（教师、同学、社团等），使学校真正成为每一个学生的学校，使教育成为每一个学生的教育。走班制在创建充满多样性与选择性的校园环境、建设丰富多彩的校园文化、培养学生主动发展的意识和选择的能力上具有重要的意义。为了更好地实行走班制，深圳中学在楼道里配置了学生储物柜，固定安排了班会教室和自习室。

（4）艺、体教育本不是配角

听说艺术课和体育课每周分别拥有4课时，笔者不禁问："在深圳中学，艺术课和体育课是特别受重视的特色课吗？"王铮校长回答："在深圳中学每门学科都是同等重要的，没有主、副科之分，时间分配上也是公平的，什么课该用多少时间就用多少时间，一切按照课程标准的要求来，绝不能用一门学科打压另一门学科。"在仍以高考为主要评价方式的高中里，这种态度是非常难得的。深圳中学不仅坚持了这一态度，更是在实践中坚持了这个原则。深圳中学艺术组组长房尚昆老师不无感慨地说，艺术教育、体育在深圳中学课改的过程中，受益非常大。在这里，体育老师不叫"老师"，叫"教练"，因为他们都是在自己的专长领域带领学生们学习和训练。深圳中学的艺术课，完全打破了传统的课程模式。在艺术楼里，笔者看到许多教室的门边贴着工作室标识和指导教师的名字，门上的图画或装饰极富特色。

根据艺术学科特点和各位教师的特长，艺术组教师建立了多个艺术工作室。音乐工作室开设的课程包括音乐鉴赏、歌唱、演奏、创作、音乐与舞蹈、音乐与戏剧表演等，美术工作室开设的课程包括美术鉴赏、绘画、设计、工艺、书法、篆刻、现代媒体艺术等，内容涵盖面非常广阔。

在教学形式上，老师们也是不断创新，如江波老师探索出了班级演唱组合与自编自演小型音乐剧两种教学形式，有效地使音乐教育由传统的单纯技术传授转向学生综合艺术素质的培养，由孤立的学科教育转向艺术学科的融合与沟通。

在艺术选修课的考核方式上，老师们也是独具匠心，提出每学期末进行一次面向全校的汇报演出。

（5）信息中心：课改不能缺少你

从学年制转变为学分制，需要从教学计划管理、教学过程管理、学籍管理等方面进行教学管理方式的全方位改革。学分制要求教学管理必须规范化、科学化、程序化与现代化。由于学分制下教学管理的复杂性较之学年制大大增加，因此需运用计算机处理大量的数据，如排课、选课、学生成绩等。计算机管理要求对各教学要素（如课程、教师、学生、教室）进行编号，以利于计算机识别和系统编排。此外，还要设计出自动化和智能化水平较高并且操作者易于掌握的计算机管理程序。计算机管理对整个管理程序的规范性、科学性和确定性（稳定性）提出了更高的要求，要求尽最大努力避免学校的各种制度及工作流程频繁更改，否则将会导致教学管理上的混乱。

另外，深圳中学实现了一卡通。学生使用卡除了可以考勤外，还可以打开所选课程使用的教室的门，在学校食堂、便利店、图书馆就餐、购物、借书都可以使用卡。家长可以上网查询学生卡使用、消费记录，便于管理。

可以说，深圳中学运用信息技术，极大地提高了管理效率，这也是课程改革得以顺利进行的重要技术支撑。

2. 学校制度主动适应课改新变化

学生在多样化的环境中成长起来，逐渐学会选择，在选择中去规划自己的未来，把握自己的命运。但开放式的课程结构、多样化的选择空间，打破了传统的行政班与教学班统一的班级格局，给学生管理带来的挑战是不言而喻的。为此，深圳中学主动适应课改新变化，进行管理制度创新。

（1）导师制：集体管理向个别辅导的转变

"我的导师更像我的朋友，他常常找我谈话。他对自己负责的 25 个学生都是如此，关心我们的生活和学习，我们有什么困难和问题都可以找他。"邓卓锐同学说。

2003 年 9 月，深圳中学根据高中课程实施和学生发展需要，开始取消班主任，实行导师制，尝试让教学班与行政班脱离。一般每个班级安排两名导师，每位导师负责该班级半数学生的基础管理与教育工作，具体工作包括：迅速认识、了解学生，按时组织师生见面，与学生沟通，对学生进行个别辅导与帮助，与学生家长交流，等等。

深圳中学实行导师制的基本理念是：以学生的发展为本。学生管理的核心就是指导学生、服务学生，充分结合学生的个性，提供最具针对性的指导和服务。这些指导、服务涉及学生的学业发展、生涯规划、能力拓展等，对学生的发展具有至关重要的深远的影响。导师制彻底改变了过去学生管理面向群体的格局，使教育和管理针对活生生的个人；同时，导师制也更有利于教师人格魅力、职业精神与管理制度等教育、管理因素相结合，使学生管理更科学、更高效。

（2）学科组：行政划分向专业划分的转变

为了更好地推进课程改革，促进教师专业发展，深圳中学按照国家课程方案和学校课程发展计划取消了年级组，设立了学科教研组。学科教研组是在学校统一管理下，学科教师集体进行教学研究的基本组织，其主要任务是研究教育、教学工作，研究学科的教材教法和教学规律，并对本学科教学工作进行管理。年级组向学科组的转变是教师专业发展的必然要求，更有利于新课程的组织实施。

对于学科组这样的教学管理组织制度，老师们也谈了他们感受到的一些问题："现在的科组办公虽然适应了走班制，却不利于老师了解学生。原来年级组是基本行政单位时，不同学科的老师教同一个学生，相互交流时老师会对学生有一个全面客观的了解，但现在同一学科的老师坐在一起，对于同一个学生基本上只有单个学科的了解，缺乏交流的平台。导师若想了解自己所带学生的全面、综合的情况，必须询问很多不同的导师，这个工作量是很庞大的。""科任老师的需求很多，以前按年级办公，现在按学科办公，这有很多不同的地方。以前学校开会，通知三个年级组长就可以，现在要通知 12 个学科组长。学科组内部很多老师不教授同一年级，在行政管理上很不方便。以前年级组长一声号令，整个年级老师都会动起来。以前有一套比较完备的管理模式，（各种活动）由教学处、政教处、学生处统一部署和安排，但现在不是。它虽然适应了走班制和新课改，但组织活动起来非常麻烦。"

（3）单元制：班级人向深圳中学人的转变

单元制是深圳中学一个比较鲜明的特色。新课程改革后，多层次、多样化、开放式的课程结构在给学生提供了更广阔选择空间的同时，也带来了管理上的困难。例如：学生的团队意识、集体荣誉感如何培养？针对这个问题，深圳中学在传统的行政班建制的基础上，实行单元制管理。学校将每个年级的 20 个班分为 7 个单元，除第七单元由 2 个班构成外，每个单元由 3 个班构成。每个单元有 150 名学生，设学生单元长，配有 6 位导师。

关于单元制，曾有一名同学这样描述："别了，十八班！别了，六单元！我知道，一旦我抬脚踏入高三的大门，这一切都将远离我的生活。往昔我和你们一起有过的疼痛、辛酸、欢乐只能汇成回忆，长成盛开在过往的一朵花。回忆如潮水，它一次又一次席卷而来，重重拍打我的心扉。我这才明白，任时光流逝，和你们一起经历过的瞬间已变成永恒，无法磨灭。"是怎样的制度使深圳中学学子如此难忘呢？

目前我国中小学的基本组织单位是班级，然后是年级，在年级和班级之间不再设置其他行政组织。而深圳中学在这一点上进行了大胆创新。

因为选课制与走班制的实施，传统上相互统一的教学班与行政班分离，尤其是导师制取代班主任制之后，导师虽然对学生有了更多个性化的关照，但"一对一"的方式并不利于学生集体荣誉感的形成，不过，这也为学生形成大的"集体观"提供了契机，为学生形成从"班级人"到"学校人"的意识提供了契机。从这方面考虑，深圳中学提出，单元制能够与"学校人"的概念相适应，能扩大学生对集体组成元素的认识；充分鼓励学生互助，有利于营造师生共同成长的氛围和环境，有利于形成特有的、能顺利地传承和发扬的单元文化，有利于学生形成大的集体观和荣誉感。

为此，深圳中学在传统的行政班建制的基础上，实行单元制管理，单元建设的主要内容包括如下几点：

第一，组织单元集会。单元集会是教育集会的主要形式，其主题以加强单元建设、促进学生发展为主。

第二，打造单元共同体。单元制通过强化单元内的纵向交流、竞争和合作，形成了单元共同体。在这里，高年级同学对低年级同学的个别帮助和集体指导，使单元共同体充分发挥带动、示范、影响、激励的功能，让学生形成学校归属感。在每一个单元里，学生、任课教师、导师、家长均是主体，他们从不同方面参与单元的管理，共同参加单元的活动。

第三，建设单元文化。深圳中学以赤、橙、黄、绿、青、蓝、紫为主体颜色，每个单元都有自己的标志性颜色和旗帜，并对应不同的价值目标和品行要求；设置单元节，以单元为单位开展教育活动。

（4）学长团：演绎大家帮助大家的关爱文化

在深圳中学学生辅导中心的直接推动下创建的深圳中学学长团，是深圳中学一个非常有特色的组织。前面提到过，不论是班主任制，还是"导师+辅导员"制，都有明显的弱点，即对学生尤其是对新生的指导太过于单一。于是，学长团在深圳中学应运而生，它由50—80名优秀的高二学生组成，以建立深圳中学和谐校园和温馨校园、加强深圳中学人文关怀、增加深圳中学文化底蕴、传承深圳中学文化为目标。学长团要求学长致力于协助新生适应校园生活，建立班集体，形成班级文化。每学年末学长团都要进行新学长的竞选，任何一个深圳中学的学生只要符合学长要求，均可申请加入学长团。学长团的日常工作由学生辅导中心指导。

学长团是学校有组织地开辟的一个学生纵向交流的渠道，虽然学长的任期只有一年，但是很多学长"离团不离队"，在其整个的高中生涯都在履行使命和责任。低年级的学生都可以找到能够帮助自己的学长，适应新的校园生活，这让学生尤其是新生的适应变得更加顺畅。同时，作为学生自主发展和校园文化建设的一部分，作为一支传承深圳中学文化的使者队伍，学长团的诞生，为更多的学生锻炼和发展提供了广阔的平台，其本身就是深圳中学一道亮丽的风景，也是对深圳中学文化的诠释和注解。学长团的出现直接推动了深圳中学的校园文化建设和学生自主发展建设，增强了学校的文化氛围和人文关怀，形成了和谐校园、温馨校园的良好环境。

学长团的工作主要围绕帮助新生适应和转型以及自身的建设来进行。学长团负责新生入学前的军训，负责新生的入学教育，负责组建新生的班集体、形成班级文化，负责组建新生班干部队伍，负责新生的适应及转型工作，负责学长团自身的建设和活动，推动学校文化建设，等等。在新生入学前，学长团的学长就已经在工作岗位上了，他们迎接新生入学，举行别开生面的迎新仪式，在烈日炎炎和狂风暴雨下带领大家军训。入学后，对新生进行入学教育，帮助大家相互认识并融入新家庭；帮助新生组建班干部队伍，建设班集体，形成班级文化；为大家答疑解惑，帮助大家适应新生活，等等。

可以说，深圳中学的导师制、单元制和学生自主管理等制度，给予了选课制、走班制等极大的保障。显而易见，深圳中学目前的管理制度是结合课程改革的契机在原有基础上的主动创新，其中有一些做法更是独一无二的创举，这是深圳中学课程改革能够切实推进的重要原因，对于实行新课程改革的高中学校来说具有重要的借鉴意义。

3. 校长对学校的定位：建设一所以学生自主发展为本的新型学校

笔者在与王铮校长的接触交流中发现，他对深圳中学的课程改革有一个较高的定位。他质疑：中国的基础教育特别是高中教育为什么只有一种模式？一所所普通高中犹如一架架高考战车，从学生一上高中开始，这场没有硝烟的"战争"就开始了。校长率领老师、学生为高考升学率而与其他学校"拼杀"，家长在一旁摇旗呐喊。先争清华大学（以下简称清华）、北京大学（以下简北大）名额，再抢重点大学上线率，最后再看"一本"百分比，高考状元唯自己校独揽才好，清华、北大名额全出自自己校才荣耀。这是教育的本真意义吗？这是成人世界的功利思想所致，绝不是为学生真正意义上的发展的教育。王铮考察过国外一些发达国家的教育，他认为，与其他国家的同龄学生相比，我们的学生在知识基础、学习能力方面一点都不弱，但我们学生缺少一种"精神气"。这种"精神气"是被普遍存在的整齐划一式、填鸭式、机械训练式的教育和严格的行为约束给压抑了。能否构建一个让学生的"精神气"得以释放的教育模式？王铮要做这样的尝试。这也是他从北京来到我国改革开放前沿阵地深圳的初衷。而就在此时，我国普通高中课程改革正式启动。王铮校长指出，这次普通高中课程改革"新"就新在贯穿了一条主线——以学生为本，把普通高中教育定位在为学生的终身发展奠定基础、促进学生全面而有个性的发展上。这种变化不但涉及学生培养目标、模式、手段和评价等方面的整体性变革，还必然促使学校在办学目标、管理体制和学校文化等方面更加主动地追求发展和创新。

以下是王铮校长的一段自述：

在中国，人们一般认为，一所好学校，特别是一所好的高中校，（应）升学率高，特别是升入清华、北大等国家重点高校的学生多。在今天"应试教育"还是现实地主导学校教育的背景下，应该说全国这样的好学校很多，如果我再办一所这种模式的学校，即使做得再好，那又有多大意义?! 我们的学校太缺少多样化。"多样化"是我经常思考的一个词，也是我办学的一种追求。（如果）都是同一种模式，我们的学校未免显得太单调，太缺少色彩。我要办一所与传统模式不一样的学校，这样的学校可能是极少数，也可能不会像传统学校那样被社会认可，但正因为你做得不同，才会带给人们另一种视角，（用来）看我们的教育、思考我们的教育，这对我国教育的改革和发展是极其有意义的。我正是看重这样一种意义，才非常执着地去做。

王铮校长非常执着地去开创的模式是什么呢？说起来很简单，就是以学生发展为本，促进学生真正自主、主动、充分发展的学校教育模式。其实，就是给学生一些自由，让他们能够作为真实的、有权利、有思想、有个性的人来成长、发展。

（五）显意识阶段校长课程领导案例分析Ⅱ：上海建平中学课程体系与课程文化建设

上海建平中学在我国新世纪基础教育课程改革大潮中勇立潮头，立足于国家关于普通高中课程改革的指导思想和工作方针，从学校历史和现实基础出发，着力根据学校培养目标，融合国家课程和校本课程，构建整体的学校课程体系。2007 年 9 月，笔者曾到学校调研，后又与时任校长程红兵有过多次广泛深入的交流。笔者在这里所呈现的就是程红兵校长在建平中学所演绎的独特的校长课程领导实践。

1. 建设培养目标、学习领域、学科、模块内在逻辑统一的课程体系

建设具有建平中学个性特色、符合建平中学理念、承载建平中学文化的学校课程体系，是程红兵校长的理想与追求。他认为，学校课程体系建设既要全面服务于学校培养目标，又要有所侧重。建平中学的育人目标是培养具有自立精神、共生意识、科学态度、人文情怀、领袖气质的未来人才。建平中学的教育理念是：让每一个建平中学学生的名字都充满神圣和庄严！学校基于这样的培养目标和教育理念，构建了八大学习领域：心理健康和主体发展学习领域——侧重于自立精神的培养；艺术审美和休闲健身学习领域——侧重于自立精神的培养；人与自然、人与社会学习领域——侧重于共生意识的培养；科学知识和科学技能学习领域——侧重于科学态度的培养；中华文化和民族思想学习领域——侧重于人文情怀的培养（民族精神）；西方文化和国际交流学习领域——侧重于人文情怀的培养（世界眼光）；社会实践和社团活动学习领域——侧重于领袖气质的培养；活动评比和学科竞赛学习领域——侧重于兴趣特长的培养。

建平中学不同的学习领域由相应的学科和模块组成，由此构成了建平中学培养目标、学习领域、学科、模块内在逻辑统一的课程体系（见表4-2）。

表4-2 建平中学课程体系

学习领域	学科/教育计划中活动安排	模块
心理健康和主体发展学习领域	心理、班会、校会	主题活动、学习心理、人格心理……
艺术审美和休闲健身学习领域	音乐、体育、美术	双周音乐会、健美操、电脑绘画、新年音乐会、青春形象大赛、金秋赛歌会……
人与自然、人与社会学习领域	物理、化学、生物、政治、历史、地理	环境保护、社区活动、南京行、长江行……
科学知识和科学技能学习领域	数学、物理、化学、生物、信息科技、劳动技术	网络技术、电脑组装、机器人、生活中的生命科学、科技讲座……
中华文化和民族思想学习领域	语文、政治、历史、地理	诸子百家作品选读、《史记》选读、人文讲座、西部行……

续表

学习领域	学科/教育计划中活动安排	模块
西方文化和国际交流学习领域	外语、政治、历史、地理	莎士比亚作品选读、欧洲行、美国行、澳洲行、加拿大行……
社会实践和社团活动学习领域	各学科	学农、学军、航模社团、跆拳道社团、志愿者活动……
活动评比和学科竞赛学习领域	各学科	作文比赛、英特尔青少年科技创新大赛、数学竞赛、物理竞赛、化学竞赛、生物竞赛、信息学竞赛、科技英语竞赛……

2. 必修课程改革："必修学科+模块"

模块课程是强调学生在教师指导下获得经验或体验，以及学生自主获得经验或体验的课程。模块课程不同于学科，它是教师、学生、教材、环境四因素的整合。模块之间既相互独立，又反映了学科内在的逻辑联系；每一个模块都是德育与教学的综合体，有明确的教育目标，并围绕某一特定内容，整合学生经验和相关内容，构成相对完整的学习单元。模块课程本质上是一种教育进程。课程主体是教师和学生，他们是课程的开发者、知识的建构者。在师生平等对话、合作学习的过程中，教师有效地指导、热情地鼓励，学生积极地探究、自主地建构知识或经验。

模块教学在遵循一般教学原则的同时，还要考虑到自身的特点和规律，在教学上特别强调以下原则。

①自主性原则。尊重学生的主体地位，以学生自主活动为主。教师讲授、指导少而精，尽量让学生多练、多动，给学生尽可能多的时间与想象、创造的空间。

②灵活性原则。教学内容、方法应以学生的实际情况而定，教师应从学生的能力、学习效果等差异出发，因材施教，灵活地做内容、形式上的调整，使全体学生都得到发展。

③开放性原则。这主要体现在目标多元化、内容的宽泛性与即时性、时间空间的广域性与可变性、评价的主体性与差异性等方面。

模块课程作为一种以学生实践为主的课程，它势必要打破固有的教学模式，教师要尽可能给学生更大的自主活动余地以及更多的相互交流的机会。在教学上强调采用以下形式。

①导引。教师对一个或几个问题进行分析，引导学生学会细致观察问题、深刻思考问题和多角度探究问题。

②交流。将教学班级的学生分成若干组（每组4—5人，设组长、信息收集员、记录员、资料整理员等），以小组为单位进行研究成果交流。

③总结。在实践、交流的基础上，各小组对本组的成果进行反思、总结，由感性认识上升到理性认识。

模块课程不采用书面的考试或考查方式，而是采用学生实践操作、交流汇报、成果展示和撰写研究报告等评价形式，同时教师参考每个学生参加学习的态度进行评价，评定等级，作为学年总评成绩的重要依据之一。

拿数学课程建设来说，建平中学构建了"数学必修课程+4个模块课程（系列）"的数学课程结构。每个模块课程（系列）由若干个小模块组成（见表4-3）。如果说数学必修课程重在对学生基础知识和基本技能进行培养的话，那么数学模块课程主要着力于扩大学生的视野，陶冶学生的情操，提升学生的数学人文素养，激发学生的探究欲望，同时培养学生的合作交流能力。

数学课程采取每周4+1的实施形式，其中包括4节必修课、1节模块课。

表4-3 建平中学数学模块课程结构

必修课程	模块课程			
基础课程	数学大师系列	数学实践与探究系列	数学文化系列	数学竞赛系列
课程标准和考纲基本要求	1. 了解数学大师 2. 接触数学大师 3. 感悟数学大师 4. 追踪数学大师	1. 游戏中的数学 2. 生活中的数学 3. 形态中的数学 4. 设计中的数学	1. 数学与文学 2. 数学与音乐 3. 数学与美术 4. 数学与体育	1. "希望杯"全国数学邀请赛 2. TI杯数学竞赛 3. 应用数学竞赛 4. 上海市高中数学竞赛 5. 高中数学竞赛

比如，数学大师系列包括：①了解数学大师——选择部分中外著名的数学大师，让学生从这些数学大师的成长经历中，感悟、学习他们的科学精神。②接触数学大师——在学生现有的知识基础上，让他们了解一些数学大师的重要科学研究成果，以及这些成果对人类的贡献。③感悟数学大师——感受数学大师发现问题的情景、思考问题的角度、探究问题的精神和解决问题的方法，尤其是在没有计算机（器）的情况下，他们是怎样保证其成果的精确度的。④追踪数学大师——了解现代人是如何跟随数学大师的足迹，探究未知的科学领域，为人类文明的发展做出贡献的。学生在了解、接触、感悟、追踪历史上这些数学大师的过程中，潜移默化地受到了数学文化教育，数学人文素养得以提升，探索欲望和创造精神得以培养。

3. 课程改革定位：建设一种新文化

程红兵校长认为，学校最核心的是课程，没有课程就没有培养目标；所谓课程建设，就是育人模式的建构，课程改革的过程就是学校文化建设的过程。所以，课程改革关系到学校发展，关系到学校文化建设这个大题目。建平中学课程改革意在生成一种"以学生发展为本，提供多样课程，适应学生个性选择，促进教师课程创生，形成教师教学特色"的新文化。具体表现在课程文化特性、教师专业发展文化特性和组织文化特性三个方面。

（1）课程文化特性

建平中学在课程建设中统整德育与教学活动，重构学校课程，即将学校的德育活动、学科教学、课外活动、社区活动、体育锻炼等一系列有计划有组织的活动，统一纳入课程管理范畴，构建以课程为中心，以教师、学生为课程主体，以活动为载体，以学分制评价为纽带，以开放性、选择性、综合性为课程文化内涵，适合学生发展的课程系统。

所谓开放性，就是指教师、课程内容、学习方式、评价标准等的多元开放。

所谓选择性，就是指基于开放性构建多元自主学习，学生对课程内容、学习方式、教材、教师、基础型必修课不同层次、拓展型选修课科目模块、研究型课程课题、活动课程以及是否参加某次考试、考试层次、考试科目可以进行自主选择。

所谓综合性，就是指课程的每个模块都是德育与教学的综合，课程的每一次活动都综合了德智体美诸因素；学科之间加强沟通，建立学科联系，组织综合性的社会实践活动。

（2）教师专业发展文化特性

在课程改革中建平中学形成了教师专业发展新途径，学校统整教育科研、课程改革、师资培训为一体，构建以学校为基地、以问题为中心、以课程改革为舞台、以建构学科模块课程为抓手的教师专业发展模式。课程改革引发教学研究，教学研究推动课程改革；教学研究带动教师培训，教师培训提升教学研究；教师培训启发课程改革，课程改革激励教师培训。教育科研、课程改革、师资培训本身就有着密切的联系，将三者融为一体能够实现相互推动，提高效率。

（3）组织文化特性

建平中学在课程改革中生成了教师团队注重"共同性、进取性和团队精神"的学校组织文化。所谓共同性，是指教师是学习共同体、发展共同体，在尊重教师个性需求的前提下，建立教师共同的哲学观和价值取向。所谓进取性，是指在尊重教师个人愿景的同时，建立建平中学共同愿景，激励教师追求卓越，崇尚一流，不断进取。所谓团队精神，是指教师共同体具有恰当的专业态度或取向。这种专业美德是大家对共同事业的承诺、共享的专业价值观、共享的专业传统。

总之，建平中学从促进学生最有效发展出发，对各类课程进行统整，并在课程体系整体建设中，着力建设新的学校文化形态，这正是自为型校长课程领导的行为特征。

五、校长课程领导实践的方法论思考

以上笔者比较全面深入地考察了校长课程领导的实践进程，揭示了校长课程领导是一个由"自在"走向"自为"的动态发展过程，同时尝试性地呈现了不同学校的校长课程领导实践样态。校长从"自在型"课程领导走向"自为型"课程领导，实际上反映的是校长对课程本质及课程领导规律把握的自觉程度的不断提升。校长能够根据学校课程发展和学校各主体发展的内在需要，在理性选择和自觉行动的基础上，采取富有理论自觉性与实践合理性的课程领导方式，这正反映了校长从"自在型"课程领导走向"自为型"课程领导的方法论。

（一）遵循高品质结构化的整体设计思路

高品质结构化的学校课程体系建构是对学校多元课程形态的自觉回应，是学校创新育人模式、追求人才培养特色的主体实践。所谓"高品质"，意指学校课程体系建构要自觉反映"以人为本""多元文化""自主选择"三个核心价值（裴娣娜，2015）[314]，以此来区分功利意义上的发展观与本体意义上的发展观，进而实现学校课程改革从工具理性到价值理性的根本转化。所谓结构化，是指超越静止、平面的课程形态，形成纵向有层次、横向可分类的立体化学校课程体系。所谓整体设计，就是学校课程体系构建必须从顶层设计理念出发，基于学校办学定位、教育理念、培养目标，审视学校课程开发建设，形成学校个性化的育人特色。高品质结构化的课程体系内含学校所持的课程价值观，体现着对必修、选修各类课程关系的梳理，彰显着校本选修课程、特色课程开发的能力，同时也是课程建设主体对各类课程价值功能的正确把握。高品质结构化的学校课程体系具有分层、分类、生成的特点，把以学生发展为本的核心价值理念落到实处。

我国基础教育课程制度由课程的集中统一管理走向国家、地方、学校三级课程管理，带来了课程形态的多元化。例如，除了国家课程，还有地方课程、校本课程；除了学科课程，还有活动课程；除了必修课程，还有选修课程。学校如何面对这些不同的课程形态？或者说，校长在课程领导实践中如何面对这些多元的课程形态？简单的思路，就是有什么课程形态就开设什么课程，这是一种粗浅的"加法"思路，表现为粗放型的课程实践，结果是学校课程的膨胀。特别是在我国基础教育课程改革的背景下，一些校长以为在国家规定的必修课程方面做不出什么名堂，于是非常热衷于所谓的校本课程开发。有的校长在介绍学校课程改革经验时，说学校几年中开发出几十种甚至上百种校本课程，与之相适应，开发编写出几十种、上百种校本教材。大有哪个学校开发建设的校本课程多，哪个学校就更"以学生为本"之架势。这样的做法应引起我们深刻的反思。

校本课程的数量并不能简单地代表课程的质量，尤其不能代表学校教育的品质。从高度统一的国家课程走向国家、地方、学校三级课程，对广大中小学校来说，具有从思想到行为解放之意义。如果据此认为学校最初对校本课程开发数量的追求是可以理解的话，那么在基础教育课程改革不断深入的背景下，校本课程开发应不再简单地追求数量上的多少，根本在于课程品质的提升。特别是对校长来说，在从"自在"的课程领导者走向"自为"的课程领导者过程中，课程实施与开发建设的"结构化"思想、"整体化"思想是非常重要的。在课程数量与课程结构之间，我们更应该在课程结构上下功夫。不论哪种课程形态，到了学校这个层面，都是学校育人体系的一部分。如果说"育人为本"是学校教育工作的核心、最高原则的话，那么学校在育人的载体、内容、形式等方面都可以进行能动的创造，以淡化不同课程形态的边界。学校课程体系的建设与形成，是对校长课程领导的自主、能动与创造要求不断提升的必然要求。

树立课程整体化的思想，学校（校长）要坚持国家课程也就是核心课程的主体地位。虽然我国实行了国家、地方、学校三级课程管理制度，但是无论是在时间上还是在空间上，国家课程的主体地位都是十分明显的。国家课程亦即核心课程反映着一个国家的核心教育价值观，也反映着一个国家的整体基础教育质量，是培养学生核心素养的根基。

近年来，加强国家课程亦即核心课程建设，是世界各国基础教育课程改革的一个基本趋势。像美国、英国等长期以来课程制度比较自由的国家，近年来都着力于加强核心课程建设。在我国，由于学校作为科层组织系统中的一个组成部分的鲜明特性，校长身上所具有的课程管理与课程领导双重职能是十分明显的，这两种职能同时存在。管理重在落实，领导重在带领组织创造性发展。从校长所处的关系范畴而言，校长课程管理与校长课程领导是两种同时存在的范式，不能因为强调课程领导职能而削弱课程管理职能。校长是国家教育意志的履行者，认真贯彻实施国家课程计划是其必须履行的责任。在一些学校里事实上存在的高考考什么教什么、高考不考的课程不开，或者重视所谓的主科轻视所谓的副科，随意增加或缩减课时的行为，都是绝对不被允许的。我们所说的校长课程领导，一定是校长坚持国家课程亦即核心课程主体地位的课程领导，在国家课程计划都没有认真落实的情况下，谈校长课程领导是一种庸俗的曲解。

当然，我们说坚持国家课程的主体地位，并不是要照本宣科，我们认为国家课程可以进行校本化实施，可以进行课程创生。事实上，在校长课程领导显意识阶段，在校长课程领导实践方面走在前面的学校，都是在这方面做得比较好的学校。

总之，校长课程领导的关键是要建立课程的"结构化""整体化"思想，根据学校教育哲学或者说办学思想进行学校课程体系建设。学校的教育哲学或者说办学思想应该是国家教育方针、总的教育培养目标的具体化。

（二）坚持课程体系构建的主体意识和特色意识

坚持学校主体是高品质结构化学校课程体系建设的基本理念之一。它是现代教育关于人作为主体存在、发展这一思想的必然反映。所谓发展的主体意识和特色意识，就是要求学校由被动发展走向主动发展，由千校一面走向追求特色发展，学校要真正成为"育人为本"的主体，这是学校特色发展的基础和前提。学校作为"育人为本"的主体，既是信息社会、知识经济时代和创新驱动发展模式的应然要求，也是我国深化教育改革的实然状态。赋予学校办学自主权、鼓励和促进学校特色发展是我国教育改革政策的重要主张，特别是基础教育课程改革，充分扩大了学校在课程开发、建设和实施上的自主权。学校要顺势而为，充分把握发展的主动性、创造性。

任何一所学校，不论其历史长短、规模大小、层次高低、基础厚薄、影响力大小，总会存在某种优势，总能在某些方面焕发出自己的生命活力。学校的主体意识和主体能力，就体现在善于发现和凸显其发展优势上。学校要珍视自己的历史，要从学校发展的历史长河中，继承和发扬优良传统，并融入现代学校课程体系建构中；学校要充分挖掘自身优势，把小亮点做成大特色。学校的优势就是学校的潜在特色，优势发扬光大就成为学校特色。学校要善于把自身的优势转化成育人的载体——课程，构筑学校特色课程体系。学校特色就是学校特殊的质量、特殊的品质，是其超出其他学校普遍和一般的特征，这些从根本上要从课程开发建设上体现出来。学校特色有助于学校的持续发展与后发超越，一些原来水平较高的学校的持续进步，一些基础薄弱学校的成功超越，往往由于它们形成了某一方面的特色。整个教育事业的活力来自千万所学校的活力，每所学校办学活力的充分释放是我国教育事业兴旺发达的基本保证。

坚持学校主体，其中一个重要的方面就是树立和激发教师在课程体系开发建设以及实施中的主体地位。教师职业本身蕴含着专业创造性，亦即课程创生特性。教师教育风格、特色的形成有赖于这种专业创造性。虽然教师在学校课程体系开发建设及实施中的主体地位无人质疑，但要使其成为一种实然状态，有赖于校长的课程领导。校长要通过课程领导，营造一种鼓励教师进行课程创生的学校组织文化，唤醒、激发和保护教师拥有的专业自主意识、自主空间和自主能力。20 世纪八九十年代以来，西方兴起的民主课程领导观、创造课程领导观等课程领导理论思潮，代表着课程领导从"工具取向"向"价值取向"的重要转变。这种转变凸显了课程领导的愿景性、民主性、合作性、建构性和批判反思性，突出强调教师不是课程的机械传递者和执行者，而是课程的有机组成部分，强调要对教师赋权增能，使教师参与课程决策，在课程开发建设及实施中成为主体。

（三）建构综合实践活动课程的校本形态

综合实践活动课程是相对于学科课程而存在的一种课程形态。早在1992 年国家教委公布的全日制小学、初中教学计划，就将活动课程纳入其中，这是我国课程发展史上的一件大事，它标志着我国中小学长期以来学科课程一统天下的局面的结束。目前无论是在我国义务教育课程方案还是在普通高中课程方案中，综合实践活动课程都是一门必修课程。

综合实践活动课程对学科课程的补充作用，或者说，综合实践活动课程的功能具体体现在以下几个方面：①有益于学科知识的理解。实践活动可以为课堂上和书本上抽象的孤立的知识提供极为生动形象的例证和解释。②为学科知识的应用提供更多的机会。学习一切知识的目的皆在于应用。综合实践活动课程可以使学生通过应用感悟知识的价值，促进学生素质的提高。③有益于学科知识和技能的迁移和发展。越来越多的研究表明，学历不等于学力。实践是使学生完成这个转化的必要条件。④有益于增强各学科学习之间的有机联系。任何实践活动都需要综合的知识，任何实际问题的解决都需要综合运用各科知识。这是单一学科课堂教学无法做到的。（高峡 等，1997）[41] 显然，综合实践活动课程相比较于学科课程，有其独立的价值功能，人们对综合实践活动课程的这些价值功能以至它在学校课程体系中的地位是没有疑义的。但是在学校的课程实践中，综合实践活动课程同学科课程相比，实际上还处在十分明显的弱势地位，"似有实无"是它的总体样态。虽然这里有学校的认识因素，但是外在的社会风险等环境因素常常造成学校"多一事不如少一事"的心理——即使学校意识到这种心理是不正确的。

《国家中长期教育改革和发展规划纲要（2010—2020 年）》把"坚持以人为本、全面实施素质教育"作为教育改革发展的战略主题，强调"坚持能力为重""坚持德育为先""坚持全面发展"。其中，坚持能力为重，就是"优化知识结构，丰富社会实践，强化能力培养。着力提高学生的学习能力、实践能力、创新能力，教育学生学会知识技能，学会动手动脑，学会生存生活，学会做人做事，促进学生主动适应社会，开创美好未来"。显然，综合实践活动课程在实现教育培养目标方面，在提高学生综合素质方面，有其重要的价值和功能。与此同时，综合实践活动在平衡课程的学术性与职业性、扭转普通中小学教育重学术教育轻职业指导的倾向等方面，有其不可替代的价值和作用，与学科课程相得益彰。因此，校长在课程领导实践中要充分发挥主观能动性和创新精神，重视和加强综合实践活动课程建设。当然，社会有关部门要着力为学校开展综合实践活动创造支持性的环境。

（四）学校课程体系要在开放的大环境中不断融入新内容

学校作为一个处于社会大环境中的微环境，无时无刻不在受着社会大环境的影响。特别是随着信息传播技术的快速发展，学生获得知识或者说信息的渠道越来越多，速度也越来越快。学校教育（课程）的相对封闭性与社会环境的开放性之间的矛盾日益凸显。早在 20 世纪 80 年代联合国教科文组织的重要报告《从现在到 2000 年教育内容发展的全球展望》就曾深刻地指出："四五十年前，学校还被看作是教育的主要的独立领地，是科学教学的唯一圣殿。而今天，人们在学校之外学习基本知识。相当一部分关于空间、现代物理、技术和艺术文化知识的新认识材料是由传播媒介传送的。那么今后学校应起什么作用呢？应怎样把'课程设计'和'校外活动设计'联系起来，把知识和校外获得的信息联系起来呢？这个问题在其他时候无疑曾被尖锐地提出过，现在是需要回答的时候了。"（拉塞克 等，1992）[4] 显然，这个问题在今天要比在2000年时还要尖锐得多。学校不能逃避这种挑战，而只能积极地面对。所谓积极地面对这种挑战，就是指我们的学校课程体系建设要面对开放的大环境，树立一种融入、动态形成的课程思想。学校教育（课程）是系统性的，这也是学校这个组织不同于社会其他各种信息媒体的地方。但学校教育不应该是封闭的，任何设计好了的课程，同各科学领域的不断发展相比，都有滞后性，只有保持学校教育（课程）系统的开放，才能够不断纳入新的知识源泉。课程开发的意义也就在这里。

与此同时，社会各方面总试图在学校开展各类教育，如人口与计划生育教育、环境保护教育、国防教育、法治教育……，种类繁多，并且各项教育都想成为一门课程。对青少年健康成长而言，每种教育都有其合理性，但都要作为独立的课程来实施，就不太现实。这就要求学校通过整合以及动态生成的手段，将这些教育内容恰当地整合到学校课程体系中，使其成为某一主干课程或课程领域的模块、教育主题。

总之，学校面对的是一个开放并快速发展的世界，教育（课程）体系保持一定的开放性是适应这种变化的必然要求。"当代世界性问题的一个重要方面，就是变化的节奏愈来愈快。这主要是由于技术的变化所致。我们知道教学要跟上技术变化的步伐是极其费力的。于是，一般教学便担负起提供一个牢固基础的任务。这一基础是一般文化共同的主干，以后的职业或其他方面的培训均可嫁接其上。这就要求学校不仅能够与变化共存，而且能够培养学生适应变化。这种双重要求促使人们给予未来学校教育内容和结构以足够的灵活性，并注意把学校和外部世界、把学校和国家及国际社会的文化、经济生活持久地结合起来。"（拉塞克 等，1992）[274] 充分认识学校课程系统与外部世界的关系，在学校课程体系建设中树立一种融入、动态生成的课程思想，是对校长课程领导的必然要求，或者说，是显意识阶段自为型校长课程领导的一种自觉反映。

第五章

建构高品质结构化的学校课程体系

建构结构化的学校课程体系是对学校存在的多元课程形态的自觉反映，是学校创新育人模式、追求人才培养特色的主体实践，彰显着校长课程领导的水平与特色。不同类型的学校构建了丰富多样的结构化的课程体系。这些结构化的课程体系内含着学校所持的课程价值观，体现着学校对必修课程、选修课程等各类课程的统整，彰显着学校校本选修课程、特色课程开发的能力，同时，也反映着课程建设主体对各类课程价值功能的正确把握。结构化的学校课程体系具有分层、分类、生成的特点，有助于把以学生发展为本的核心价值理念落到实处。

一、建构高品质结构化的学校课程体系的价值取向

课程，作为基础教育的核心工程，是教育制度和教育思想的具体表现，是实现教育目标的基本途径。

基础教育课程改革特别具有开拓创新意义的是，由课程结构与形式的变革带来了学校课程体系结构的丰富多元样态，极大地释放出学校主体发展的生命活力。我们认为，"恪守以学生发展为本""整合多元文化""坚持学校主体"是我国中小学高品质结构化的课程体系建构的基本价值取向。学校课程改革应秉持这三大核心价值，在严格区分功利意义上的发展观和本体意义上的发展观基础上，深入研究学校课程改革的目标、内容、动力、机制、方式与形态，从而实现对"千校一面"同质性教育价值观的突破，超越学校被动发展状态，真正实现我国中小学的多样化、特色化、个性化发展。

（一）恪守以学生发展为本

"以学生发展为本"是高品质结构化的学校课程体系最核心的价值取向，其根本精神就是要反映学校课程改革与建设的主题从工具理性到价值理性的转化。现代教育的本质在于解决人自身的发展与价值问题，是人发展的潜在可能的现实实现，而不是把人作为社会的被动客体来塑造。人的个体与群体发展是现代教育的出发点和归宿，是学校实现跨越式发展的生命力所在，是激发教育工作者潜在创造力的原动力。围绕这一主题，置身中国社会的特殊语境，置身中国基础教育现代化发展的历史进程，置身多元文化、多种价值选择并存的环境，理论界形成了目前研究的论域（范畴）和主线。这就是，在学校教育中关注学生的文化生存环境和活动方式，关注学生的生存状况和生命价值，尊重学生的主体地位和主体人格，培养学生的自主性、主动性和创造性，使他们在掌握人类优秀文化的基础上学会学习、学会创造。

"以学生发展为本"具体到高品质结构化的学校课程体系建构和教育教学活动过程中，就是要实现每个学生的最有效发展，或者说，实现每个学生的真正发展。首先，教育必须面向全体学生。学校要尊重每个学生学习与发展的权利，不忽视更不能歧视每一个学生，也就是说，学校应该创造适合学生的教育，为每个学生提供适合的教育，而不是挑选适合教育的学生，这反映了两种不同的教育价值观。创造适合学生的教育，就要充分满足不同学生学习与发展所需要的资源与条件，学校的课程开发、实施与评价都应致力于此，让每一个学生在学校里过得有价值，从而为学生的终身学习和发展奠定基础。

其次，教育必须尊重学生差异。学校的课程、教育内容、教学计划等都是针对相同年龄阶段的儿童、青少年设计的，反映的是同一发展时期儿童、青少年认知和思维方式的特征。但就每个个体而言，发展的速度、水平和需求总是存在差异的。所以，学校教育不仅要遵循儿童、青少年发展的共性特征，还要充分观照不同学生个体的差异性。差异是重要的教育资源。如果说全面提高学生素质是共性发展要求的话，那么尊重学生差异就是满足不同学生个性发展的要求，实现每个学生的有效发展，是学生共性发展和个性发展的统一。高品质结构化的学校课程体系建构要着眼于学生的不同发展层次、不同发展程度、不同兴趣取向，进行有针对性的安排与设计，为每一位学生提供适合的教育。

（二）整合多元文化

今天的中国，既处在工业化、信息化叠加发展的历史时态中，又处在世界各国彼此相互依存的全球化空间形态中（"地球村"是对这种形态的形象说明）。居于这样的时空环境，学校不可能是一座孤岛。相反，学校应该以更加主动的姿态，积极面对这样的时空环境。工业化、信息化的发展，全球化的推进，外在表现为信息资讯、经济贸易、人员往来等都呈现出全球流动的态势，而这背后蕴藏的是文化的碰撞，也不可避免地会产生文化冲突。于是，尊重多元文化、理解多元文化，成为当今时代的一个重要问题。承担培养人、进行人文交流重任的学校，在开展教育活动中，尤其是在构建学校课程体系中，整合多元文化应该是一个重要的价值取向。

在高品质结构化的学校课程体系构建中，学校应坚持整合多元文化，最重要的是把握好科学性与人文性、国际性与民族性的关系。

如果说在漫长的历史长河中，科学性与人文性更多地表现为分歧与对峙的话，那么在当今与未来社会，二者将更多地走向协调与互补。学校课程应该既具有科学性、客观性，及时地反映科学的最新发展成就、技术的最新创造成果，又要体现科学成就、创造成果的高度人文性与社会性特征，二者应内在地统一于学校课程体系和教育教学活动的全过程。

当今世界，全球贸易体系的建立和互联网技术的飞速发展，已经把各国经济和社会生活紧密地联系在一起，不同国度的人们生活在一个越来越小的"地球村"里。具有不同文化特征的"村民"生活在一起，要和谐相处，最根本的就是对不同文化持尊重和理解态度。所以，在国际性与民族性之间保持一种适当的张力，就成为人人必须面对的问题，学校教育也应自觉回应这种挑战。一方面，无论是在学校的课程体系建构还是在教育活动的开展中，我们必须树立国际视野，要以国际标准来审视和衡量学校教育的质量，促使学校改革和创新，真正提升国际化水准；另一方面，越是在全球化时代，我们越应加强民族优秀传统文化教育，在培养中小学生坚定信守民族优秀文化和核心价值观的同时，尊重世界多元文化，加强国际理解。虽然当今世界全球化发展进程不可阻挡，人们的生活范围"越来越小"，但因人类族群的多样性而形成的多元文化，绝不会因此消失，多元文化带给世界的是文明多样性。在面向世界的现代化进程中，教育如何在吸收世界先进的文明成果、促进思想文化现代化的同时，继承和发扬中华优秀传统文化，进而以现代的中华文明影响和推动人类文明的进步，这对我们的学校来说是一个具有战略意义的课题。

（三）坚持学校主体

把"坚持学校主体"作为高品质结构化的学校课程体系构建的基本价值追求，是由学校的功能所决定的。学校是培养人活动的具体组织者和实施者，先进的教育理念唯有通过学校这一主体才能落地生根。学校在培养人的教育活动中，主体性（自主性、主动性和创造性）发挥得如何，往往反映着其育人质量。

坚持学校主体是现代教育关于人作为主体存在、发展这一思想的必然反映。长期以来，我国实行高度集中的国家课程制度，由于课程的高度统一性，学校之间在办学上没有明显的差别，由此形成"千校一模、万人一面"的局面。这种整齐划一的学校教育形态，完全抹杀了学生个体之间发展类别、发展水平的差异性，抑制了具有不同潜能的学生的充分发展，更谈不上实现学生的最有效发展。尤其是整齐划一的教育形态，造成一部分学生因学业失败而产生失败的心态，这本身也造成了教育资源的极大浪费。现代教育强调人的主体发展，这不仅体现在学校教育教学过程中要以学生为主体，而且体现在给学生提供最多的选择机会，包括学习时间、学习方式和学习内容等。简单地说，就是要使学生对教育享有充分的"参与"和"选择"。教育要满足每个学生发展的个性化要求，其实质是进行人才培养体制的变革，包括教育观念、课程体系、教学模式、评价制度等方面的改革。

坚持学校主体的根本在于发挥校长的主体性，因为校长是履行学校领导与管理职能的专业人员，校长作为学校改革发展的带头人，肩负着引领学校发展和师生发展的重任。校长对于学校是主体发展还是被动发展，对于学校发展的层次、水平和特色具有决定作用。校长要引领学校主体发展，一方面要善于激发组织的活力，调动起以教师为核心的学校利益相关者的主动性、创造性，使之共同谋划学校发展，创建以课程构建和实施为中心的育人模式；另一方面，要善于谋划学校的战略性发展，在学校发展历史和所处的时空环境中，找准学校发展定位，扬长避短，充分开发校内外资源，推进学校以高品质结构化的课程体系建构为核心的内涵发展、特色发展、跨越式发展。

二、 高品质结构化的学校课程体系构建的基本原则

打造高质量、有特色的育人模式，有赖于高品质结构化的学校课程体系的构建。学校课程体系应充分体现促进学生全面发展与个性发展相统一的价值取向，有效整合现有各类课程，拓宽课程平台。为此，高品质结构化的学校课程体系的构建必须遵循以下基本原则。

（一） 立足基础性

高品质结构化的学校课程体系的构建首先要把握好"基础性"，这是由中小学教育的基本价值、功能所决定的。中小学教育要为全体儿童、青少年打好全面发展的基础，奠定他们终身可持续发展的基础，筑牢未成年人成人成才的根基。

既然中小学是为儿童、青少年全面发展和终身可持续发展奠定基础的重要阶段，那么学校课程体系设计就必须把握重视基础、着眼高质量的原则。首先，要充分尊重儿童、青少年身心发展规律，突出教育（课程）的可接受性和适宜性；其次，要围绕中小学生核心素养开发构建学

校课程体系，注重基础知识、基本能力和社会主义核心价值观的教育，为全体中小学生学会学习、学会生存、可持续发展奠定坚实基础；再次，要注重人文教育与科学教育的有机结合，贯彻全面、均衡的学校课程体系构建策略；最后，要充分体现研究性学习和综合社会实践环节，注重培养学生的实践能力和创新意识。

（二）突出特色性

高品质结构化的学校课程体系的构建要把握好"特色性"，这是由学校的"独特性"所决定的。由于所处地域、发展历史、办学资源不同，学校形成了差异化的样态，这种差异化样态就是学校的"独特性"。独特性正是学校多样化、特色化发展的宝贵资源，是学校发展的优势所在。

既然独特性是学校发展的优势所在，那么学校课程体系设计就必须把握多样化、有特色的原则。首先，学校要立足于所在教育阶段的功能，根据小学、初中、高中所处的教育阶段特点，在全面落实国家课程计划和教育目标的前提下，为学生提供丰富的活动，开设种类多样的校本选修课程，实现学生的全面发展与个性发展；其次，学校要立足于自身办学传统和发展优势，善于把自身的"传统"和"优势"开发成学校课程，形成鲜明的学校课程特色，在使学生具有不同的发展特色的同时，促进学校特色化、个性化发展。

（三）体现选择性

高品质结构化的学校课程体系的构建还要把握好"选择性"，这是由不同发展阶段学生和同一发展阶段学生的差异性所决定的。不同年龄阶段的学生，因其生理、心理发展水平的不同，知识、能力的发展程度存在较大的差异；同一年龄阶段的学生，由于环境、兴趣的因素，在发展的取向和发展的程度上也会有一定的差异。

既然学生的差异是客观存在的，那么学校课程体系设计就必须把握层次化、可选择的原则。首先，根据小学、初中、高中不同教育阶段的功能特点，在课程的全面性与选择性上做到既同时兼顾又有所侧重：小学和初中课程更多地满足学生发展的"全面性"和"基础性"要求，同时满足部分学生发展的特殊需求；而到高中阶段，学校课程则要加大选择性。其次，尊重学生个体兴趣发展取向上的差异性。学校课程体系要满足学生多样化学习兴趣和个性化发展需求，体现课程科目的选择性和课程层次的梯度性，既有丰富的校本选修课程，又有分层的必修学科课程，最终实现学生全面均衡发展与个性差异发展相统一。

三、高品质结构化的学校课程体系构建类型分析

显意识阶段的校长课程领导，在课程领导的自主性、主动性和创造性上达到了更高的境界。校长已超越对课程门类、课程开发数量的简单追求，能够在深刻把握学校发展定位、办学理念和培养目标的基础上，提炼学校历史传统和改革经验，形成清晰的高品质结构化的学校课程体系设计思路，在遵循学校课程体系设计的价值取向和基本原则的同时，凸显学校课程体系的个性化设计。通过审视部分学校课程体系的建构，笔者发现其呈现出三种基本建构思路，即基于学生素养发展目标的课程体系建构、基于不同类别课程价值功能的课程体系建构、对国家规定课程进行调适的课程体系建构。

（一）基于学生素养发展目标的课程结构设计

基于学生素养发展目标的高品质结构化的学校课程体系设计，就是把国家规定的教育目标具体化为学校的课程培养目标，形成既有区别又有联系的有机的素养结构，并根据这种有机的素养结构，整合不同类别的课程，形成纵横交错、分层分类的立体化的学校课程结构。

1. 北京大学附属小学生命发展课程体系建构

北京大学附属小学（以下简称"北大附小"）在"以人为本，快乐和谐发展"的办学理念指导下，提出"让每一个孩子都得到独具特色的发展，使之成为高素养的中国公民和世界公民"的培养目标。这样的"公民"具有五方面的基本素养，即健康艺术素养、人文素养、科学素养、社会交往素养、国际理解素养。北大附小以个体生命发展为基点，构建了学校生命发展课程体系。

（1）生命发展课程体系的层次类别与价值功能

生命发展课程，英文名称为"Life Development Curriculum"，简称

L-D 课程。北大附小对"life"加以了阐释，其中每一个英文字母分别代表不同的含义，具体如下："l"代表 love（爱），"i"代表 inclusion（包容），"f"代表 freedom（自由），"e"代表 esteem（尊重）。北大附小的生命发展课程体系体现为"三层五类"的课程结构（见图 5-1）。"三层"分别是面向全体学生的基础类课程、面向不同层次学生的拓展类课程、面向个体的研究类课程。"五类"就是对应五方面素养而开发的课程，分别是健康艺术课程、人文素养课程、科学素养课程、社会交往课程、国际理解课程。北大附小生命发展课程体系中五类课程的价值与功能及课程设置分别如表 5-1 和表 5-2 所示。

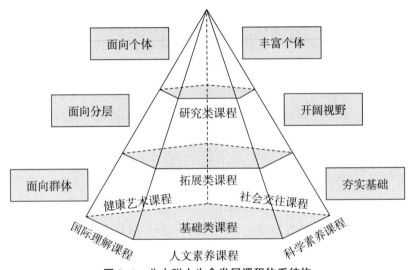

图 5-1　北大附小生命发展课程体系结构

表 5-1　北大附小五类课程的价值与功能

课程类别	课程价值与功能
人文素养课程	人文素养课程不仅承载着公民基础素质培养任务，而且承载着中国传统文化、校园历史文化传承的重要使命。因此，面向全体、彰显文化底蕴、体现人文价值是实施人文素养课程的基本要求
科学素养课程	科学素养课程以科学探究为核心。将科学知识、科学概念、科学方法、科学态度情感和价值观融汇在一起，对学生进行感性体悟与理性思考相融合的教育，是科学素养课程实施的根本要求

续表

课程类别	课程价值与功能
健康艺术课程	健康和艺术素养是基础教育阶段学生必备的素养。学校在课程体系建构中，适度向健康艺术课程倾斜，不仅在课程的量上有所增加，而且在课程的质（课程门类的丰富、课程质量的优化）上也有很大的提升
社会交往课程	社会交往课程是在一系列社会实践活动中实施的，注重情境性、体验式、互动性是课程实施的要点
国际理解课程	国际理解课程是以英语交流为基础，以孩子们的国际交流经验为依托，在此基础上开发出来的旨在尊重不同信仰差异、理解不同价值观差异的课程。每个孩子的兴趣和体验不一样，这就要求国际理解课程贯彻自主选择的原则，针对不同的需求进行分级分层的课程内容设计

表 5-2　北大附小生命发展课程设置

课程领域	课程维度	课程模块	课程内容			课程目标定位
			基础类课程	拓展类课程	研究类课程	
人文素养课程	人文知识	中国文化	语文、阅读、书法	围棋、中国象棋、国学赏析、中外简史、世界遗产、校园文化、走进社区、中国方言、共赴青铜盛宴、古代钱币、文字的起源与发展、金融知识、法律起源及其重要性……	趣味经济学	提高人文素养
		历史知识				
		艺术赏析				
		简单经济学				
	人文实践	校园文化				
		社区实践				

续表

课程领域	课程维度	课程模块	课程内容			课程目标定位
			基础类课程	拓展类课程	研究类课程	
科学素养课程	科学知识	生命科学	科学、信息技术、数学、生活与科技、环境与可持续发展、安全与人民、防空教育、研究性学习	无线电、电子制作、动手做模型、种植与养殖、趣味实验、天文、模型、信息学、DI课程、了解生命、安全知识、了解宇宙、身边的地理、动物世界、身边的植物、北京的气候、环境与健康、陀螺与力学原理、环境与保护、中国古代陶器、科技发展	单片机、智能机器人	提高科学素养
		自然科学				
		信息科学				
	科学探究	科学研究方法				
		科学研究实践				
社会交往课程	社会礼仪	家庭礼仪	道德与法治、社区服务与社会实践活动、劳动技术	演讲、领导力培养、家庭礼仪、学校礼仪、社会礼仪、节日礼仪、如何交往、安全教育、青春期教育、法律为我保驾护航、如何解决冲突……	走进社区	提高适应社会生活的综合素养
		校园礼仪				
		社会礼仪				
	交流方法	沟通技巧				
		领导能力				

课程领域	课程维度	课程模块	课程内容			课程目标定位
			基础类课程	拓展类课程	研究类课程	
国际理解课程	文化传统	价值观	综合实践	外国文学作品赏析、宗教文化与故事、国际礼仪文化、外国饮食文化、新闻与时事分析、徒步走天下、镜头里的世界、世界第一夫人、中国与周边国家的关系……	小脚走天下	培养世界公民意识
		文化差异				
		信仰差异				
	国际关系	国际时事				
		时事分析				
健康艺术课程	艺术修养	名作欣赏	体育、音乐、美术、手工、健康、毒品预防、心理学	戏剧表演、舞蹈、合唱、管弦乐、棒球、篮球、乒乓球、田径、外国音乐作品赏析、外国美术作品赏析、外国戏剧作品赏析、健康知识、护牙爱牙……	京剧	增强体质和艺术修养
		艺术学习				
	运动健康	健康知识				
		健康活动				

（2）生命发展课程体系的多样化形态与教师课程创生力

北大附小的生命发展课程体系依据学科发展的内在规律，实现学科间的整合，搭建学科群，这也是构建课程体系的一种重要方式。在前述生命发展课程体系中，共有 5 大课程领域，每个课程领域包括 2 个课程维度，总共有 25 个课程模块，100 多个内容项目。它将国家课程、地方课程和校本课程组合起来，分基础类课程、拓展类课程和研究类课程来设计与设施，既有横向的课程维度，又有纵向的课程梯度，充分展现了课程体系的多样化形态以及教师的课程创生力。例如，人文素养课程包括人文知识和人文实践两个维度。人文知识分解为中国文化、历史知识、艺术赏析、简单经济学 4 个课程模块，人文实践则包括校园文化和社区实践 2 个模块，其中的科目和不同容量的内容单元分别通过基础类课程、拓展类课程和研究类课程来呈现，从而整体构成了人文素养这一维度的课程体系。其他课程领域亦是如此。

在这一课程体系下，学生有了更多的自主选择空间，学习兴趣更加浓郁。以英语学科课程为例，它包含 9 个具体科目，基础类课程中有 Joy English（"乐学"英语课程）；拓展类课程中有 Joy Drama（"趣演"戏剧课程）；研究类课程中有 Joy Flying（"卓越"发展课程），它具体又包括 Joy Reading（卓越英语阅读课程），Joy Singing（卓越趣唱课程），Joy Drawing（卓画趣绘课程），Joy Baby Plan（卓越宝贝计划课程），Joy Tour Guides（乐游国际主人课程），Joy Speaker（卓越演说家课程），Joy Mind Developing（卓思精英团队课程），等等。多元开放的课程都是为学生量身打造的。这样的课程群建设，意在实现三方面课程目标：养成扎实的英语知识技能，形成广泛的协作与交际能力，培养敏锐的文化理解意识。同英语学科课程一样，北大附小的"博雅"语文课程、"生长的数学"课程同样有着学科群的特色。

北大附小生命发展课程体系的实施形态如图 5-2 所示。

（3）生命发展课程体系的基本特点

北大附小生命发展课程体系充分体现了基础性、层次性、选择性和开放性的特点，并较好地处理了课程实施中的若干关系。

第一，多元开放，丰富完整。北大附小生命发展课程体系以办学理念为指导，以培养目标为追求，以个体生命的发展与幸福为最终使命，通过目标素养的分类与分解，设计相应的课程项目，使形成的课程体系具有多样开放、丰富完整的特点，满足了基础教育阶段学生全面发展与个性发展的教育需求。

第二，立体分层，体现差异。北大附小不仅设置了面向所有学生的基础类课程，还设置了面向一定层次学生的拓展类课程，以及面向个体需求的研究类课程，真正满足了学生的不同发展需求。

第三，自主选择，合作探究。北大附小在设计课程项目时，十分关注课程实施中的自主选择。在一系列特色课程开设之初，学校进行了专

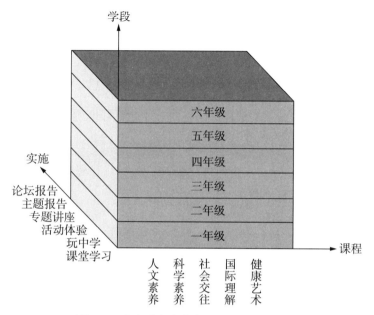

图5-2　北大附小生命发展课程实施结构图

门的调研和意见征集，充分尊重学生的自主性、选择性。在课程实施中，还特别注意将个体学习与群体合作学习、感性体验与理性思考相结合，让学生体验不同课程对人生的不同滋养意义。

2. 深圳市南山区后海小学幸福教育课程体系建构

深圳市南山区后海小学坚持以办学目标和教育理念为着眼点，秉持大课程观，力求通过"幸福教育"，把学生培养成"基础扎实、沟通理解、特长突出、健康阳光"的幸福"后海人"。学校以学生发展为根本，以尊重差异为前提，以循序渐进为原则，照顾全体、打牢基础、发展兴趣、凸显个性，全面培养学生。后海小学通过对各类课程系统设计、分层分类分步实施，促进学生全面发展。

（1）幸福教育课程体系的构成与价值功能

后海小学把"做幸福后海人"的培养目标和"基础扎实、沟通理解、特长突出、健康阳光"四个核心素养作为幸福教育课程体系的内核，围绕"内核"设计幸福教育课程体系的六大课程领域——语言教育、数学教育、科技教育、艺术教育、综合实践和体育，并通过系统实施课程，达成学校的培养目标。这六大课程领域围绕着"内核"展开，最外层是实施幸福教育课程的策略：悦纳、悦学、悦读。同时，学校把幸福教育课程分六个层级来实施。整个课程结构如同螺丝钉状（见图5-3），寓意是教师和学生要像螺丝钉那样有钻研精神，教师的教育教学和学生的学习要像螺丝钉那样由浅入深、层层深入。同时，螺帽的样子也像方向盘，寓意是把握好了方向，才能更好地达成教育的目标。

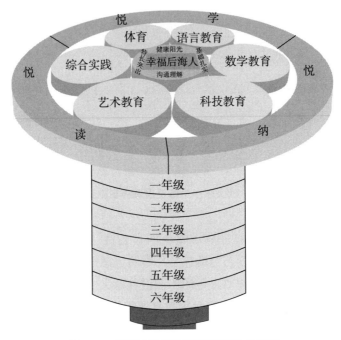

图5-3 后海小学幸福教育课程体系结构

语言教育、数学教育、科技教育、艺术教育、综合实践和体育六大课程领域构成了幸福教育课程体系，各个领域发挥各自的价值功能，从而把"幸福后海人"的培养目标落在实处。语言教育重在提高学生的语言素养，为学生终身学习、可持续发展奠定基础；数学教育着力让"人人都能获得良好的数学教育，不同的人在数学上得到不同的发展"；科技教育从培养学生的探究兴趣、动手能力入手，引导学生树立勇攀科学高峰的意识和精神，为成长为具有创新精神和实践能力的新一代打下良好的基础；艺术教育要让每个学生拥有良好的艺术素养，综合发展多方面的艺术能力；体育要让学生具备优良的身心素质，养成良好的生活方式，促进学生身心协调、全面发展；综合实践意在激发学生好奇心、问题意识的基础上，加强学生动手操作能力和社会实践能力的培养。

（2）幸福教育课程体系的构成要素

①语言教育。

语言教育要全面落实语言类学科的课程标准要求，提升学生语言素养，凸显语言学科特点，通过快乐阅读为学生终身学习、可持续发展奠定基础。语言教育课程设置如表5-3所示。

表5-3 后海小学语言教育课程设置

课程名称		课时安排	实施办法
语文		依据国家课时计划	严格执行国家课程标准，按照课时计划实施
英语		依据国家课时计划	
快乐阅读系列课程	海豚文学社	每周2课时	根据课程特点，由教导处会同相关科组统一协调安排课程实施教师，并组织实施。主要采取专题讲座、课外阅读、表演、文化交流和绘画表现等形式
	经典诵读	每周2课时	
	英语剧社	每周2课时	
	色拉英语	每周2课时	
	英语儿歌	每周2课时	
	伟大的原著	每周3课时	
	绘本创作	每周2课时	
	皮影戏	每周2课时	
	国学	每周1课时	
	励志名人	每周1课时	

②数学教育。

数学教育要全面落实数学学科的课程标准要求，提高学生数学素养，旨在达成"人人都能获得良好的数学教育，不同的人在数学上得到不同的发展"的数学教育目标，以满足后海小学学子对数学学习的更高要求。数学教育课程设置如表5-4所示。

表5-4　后海小学数学教育课程设置

课程名称	课时安排	实施办法
数学	依据国家课时计划	严格执行国家课程标准，按照课时计划实施
思维数学	每周4课时	根据课程特点，由教导处会同数学组统一协调安排课程实施教师，并组织实施。主要采取专题讲座、动手操作等形式
思维导图	每周3课时	
启思课程	每周2课时	
七巧板	每周2课时	

③科技教育。

科技教育要全面落实科学学科的课程标准要求，提高学生科学素养，挖掘学生的科学潜能，培养学生勇攀科学高峰的精神。科技教育课程设置如表5-5所示。

表5-5　后海小学科技教育课程设置

课程名称	课时安排	实施办法
科学	依据国家课时计划	严格执行国家课程标准，按照课时计划实施
机器人	每周2—3课时	根据课程特点，由教导处会同科学组统一协调安排课程实施教师，并组织实施。主要采取专题讲座、动手实践、合作研究等形式
航模车模		
种植养殖		
科技发明		

④艺术教育。

艺术教育要全面落实艺术学科课程标准要求，综合发展学生多方面的艺术能力，培养学生整合创新、开拓贯通和跨域转换的多种能力，促进学生全面发展和个性化发展。艺术教育课程设置如表5-6所示。

表 5-6　后海小学艺术教育课程设置

课程名称	课时安排	实施办法
音乐	依据国家课时计划	严格执行国家课程标准，按照课时计划实施
美术		
合唱	每周 3 课时	根据课程特点，由教导处会同音乐和美术组统一协调安排课程实施教师，并组织实施。采用的主要授课形式有学生创作、欣赏、专业指导等
舞蹈		
剪纸		
刮画		
形体		
大小提琴		
小演奏家		
影视	每周 1 课时	教导处会同信息技术组统一协调安排课程实施教师，并组织实施
摄影	每周 1 课时	
动漫	每周 2—3 课时	

⑤体育。

体育要全面落实体育与健康学科课程标准要求，凸显体育学科特点，提高学生终身开展体育运动的意识、知识和能力，养成良好的生活方式，促进学生身心协调、健康成长。体育课程设置如表 5-7 所示。

表 5-7　后海小学体育课程设置

课程名称	课时安排	实施办法
体育	依据国家课时计划	严格执行国家课程标准，按照课时计划实施
青春期教育	5—6 年级（每学期 1—2 次）	专业教师辅导
心理健康	每月 1 次	由专业教师辅导。对个别学生随时进行辅导。形式主要有主题活动、学科渗透

续表

课程名称	课时安排	实施办法
阳光体育	每天 1 小时	体育组和班主任组织实施，采取体育游戏、体能训练等多种形式
篮球	每周 4 课时	根据课程特点，由教导处会同体育组统一协调安排课程实施教师，并组织实施。采用的主要授课形式有专题讲座、教练指导、学生训练、比赛等
田径	每周 3 课时	
乒乓球		
围棋		
中国象棋		
国际象棋		
羽毛球		
健康小卫士	每周 2 课时	

⑥综合实践。

综合实践旨在加强学生社会责任感、动手操作能力和社会实践能力的培养，注重学校、家庭和社区教育的有机结合，为学生健康成长、全面发展奠定良好的基础。综合实践课程设置如表 5-8 所示。

表 5-8　后海小学综合实践课程设置

课程名称	课时安排	实施办法
综合实践活动	依据国家课时计划	严格执行国家课程标准，按照课时计划实施
信息技术		
道德与法治		
红领巾·中国梦	每天安排时间	含各种少先队活动、学科渗透、家校合作等
跳蚤市场	每学年 1 次	德育处组织，各班开展个性化活动，部分交易收入捐给贫困人群
财商教育	每月 1 次	专业机构负责实施
垃圾分类	每学期 1 次	利用宣传与授课相结合的形式

续表

课程名称	课时安排	实施办法
军营实践	4—6年级每学年1次	在社会实践基地实施，由专业教师辅导
走进深圳特区	每周1课时（时间不等）	采用学科渗透、参观访问、各类讲座、主题活动、媒体宣传等形式
网页设计	1课时	采用的主要授课形式有专题讲座、教练指导、学生设计、比赛等

（3）幸福教育课程体系建构的原则

第一，基础性。学校在课程设置时重点考虑要有利于每个学生的发展，适合每个学生的发展，促进每个学生的全面发展。因此，学校优先保证基础性课程数量齐、质量高、涉及面广。

第二，兴趣性。没有兴趣就没有学习。学校课程设置，在保证为全体学生打好全面发展的扎实基础上，还考虑到学生的学习兴趣。学校在幸福教育课程体系构建中，充分听取教师、家长的建议，充分考虑学生的需求和选择，尽可能满足学生的愿望。

第三，灵活性。学校幸福教育课程体系设计，在坚持基础性课程的主导地位的基础上，努力开发多元模块课程。

学校授课形式灵活多样，做到大课（以全校、全年级为单位）与小课（以班级、学习小组、社团等为单位）相结合、长短课相结合、长短课时相结合。

第四，多样性。课程设置面向全体学生，既保证所有学生完成小学阶段必须完成的学习任务，又为适应学生天赋和需求提供多种选择，打造多种平台；采取多样形式，构筑家校联动渠道。课程体系设计做到"上不封顶，下要保底"，努力满足每一个学生的发展需要。

第五，整合性。幸福教育课程体系建构突出课程设置的前瞻性、综合性和创新性，做到"三个有机结合"：国家课程、地方课程和校本课程有机结合，德育、智育、体育、艺术教育有机结合，国际教育、现代化教育和民族传统教育有机结合。这样的课程设置，必将为多样化人才的培养奠定良好基础。

（4）幸福教育课程体系实施策略：悦纳、悦读、悦学

实现幸福教育培养目标，需要从"悦"开始，因为"悦"是对学习、生活、工作、环境、生命的积极态度。没有"悦"，就没有幸福，就没有幸福教育。基于此，学校把"悦"贯穿在幸福教育课程体系中，通过"悦纳""悦读""悦学""三悦"策略，打造幸福教育，进而沉淀为具有后海小学特质的"悦"文化。

①悦纳。

纳己：了解自身的认知特点，能正确认识自己的优点和缺点，正确对待批评和自我批评；树立健康的身心发展观念；有社会公德意识。

纳人：认识到应当关心自己的亲人、朋友、老师和同学，树立人人平等的观念，有积极主动地为集体和他人服务的意识，有合作意识。

纳环境：热爱自然，热爱生命，具有保护环境的社会责任感；有美化、净化周边环境的决心；有认识、适应社会环境的积极愿望。

②悦读。

爱读：体味阅读的快乐，分享阅读的心得，培养阅读的兴趣，让阅读惠及幸福人生。

会读：选择适合自己阅读的书籍，运用各种阅读方法提高阅读效果，让阅读成为习惯。

"越读"：超越文本，培养和提升质疑批判精神，增进创作的欲望和实践能力。

③悦学。

好学，即具有良好的学习态度，这是学生进德修业的最大原动力。

会学，即具有良好的学习方法，这是学生获得可持续发展的保证。

博学，即具有一定的学习底蕴，这反映了学生学识的宽度和深度。

3. 杭州第二中学"一体两翼三层四类"课程体系建构

浙江省杭州第二中学（以下简称"杭州二中"）从自身的办学理念出发，基于未来社会对人才的发展要求，同时充分考虑学校的历史和现状，提出了全新的办学目标："基于人的卓越发展，育走向世界的精英人才。"所谓"卓越"，就是主动寻求更高目标，不断实现自我超越。只有不断追求卓越，不断激发潜能，不断追求成长，主动实现全面发展，才能成就卓越人生，促进社会文明和进步。所谓"走向世界"，就

是指始终以一种开放的心态、行走的姿态，走向日益美好的世界，走向融入了人类创造与追求的世界。所谓"精英人才"，就是具有杭州二中DNA 的突出人才，他们既是"卓越的二中人"，又是"杰出的中国人"，还应该是"优秀的世界人"。对"精英人才"，学校有四个指向：第一，健全的公民素质；第二，深厚的学业基础；第三，突出的创新品质；第四，开阔的国际视野。

（1）"一体两翼三层四类"课程体系构建的思路及特点

"一体两翼三层四类"课程体系构建的逻辑是基于人，服务人，成就人，一切从人出发，由此把学生"全面而自由"的发展作为课程设计的最高价值取向。

学校课程设计遵循以下四个原则。

第一，传承性。在学校原有课程的基础上，通过理性分析、新旧融合，构建新的学校课程体系。

第二，政策性。在《浙江省深化普通高中课程改革方案》的指导下，保证学校课程结构既符合文件要求又不拘泥于文件要求；同时在方案的执行中，尽量结合杭州二中自身发展的特点和需要。

第三，目标导引。基于学校办学目标，以促进人全面而自由的发展为课程总目标，在进行成长要素分析的基础上，进行目标的分层分类设计，把目标课程化。

第四，多元化。在课程体系构建时，通过课程类型的多元化、课程资源的多元化、课程实施方式的多元化等来满足学生成长的多元需求，满足不同学生的不同需求。

（2）"一体两翼三层四类"课程体系基本架构与特点

学校在对第一阶段课程改革实验中校本课程体系的实施效果进行总结反思的基础上，结合《浙江省深化普通高中课程改革方案》对校本课程体系构建的基本要求，以杭州二中办学目标和育人理念为起点，在广义课程理论的指导之下形成了杭州二中课程结构图谱，从中体现了"一体两翼三层四类"学校课程体系的基本架构。

① "一体两翼三层四类"课程体系的基本架构。

课程目标：大力培育"走向世界的精英人才"，即具有健全的公民素质、深厚的学业基础、突出的创新品质、开阔的国际视野的人才。

课程思想：将"必备素养、学业基础、人格成长、智慧成长"融为一体，进而促成学生"全面而自由"的成长。

课程架构：一体、两翼、三层、四类（见图5-4）。

一体：指向作为学业基础的国家必修课程，即"核心课程"。

两翼：其一为指向人格成长的"社会类自主课程"，其二为指向智慧成长的"学术类自主课程"。

三层："一体两翼"三大板块的课程，均按由低到高三个目标层次设计与实施。

四类：指向四个课程类别，即核心课程、社会类自主课程、学术类自主课程和以培养现代学生必备的"10+1"基本素养为内容的学校基础素质课程。

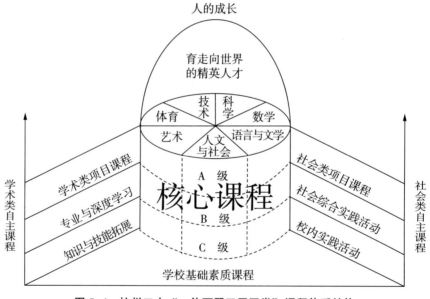

图5-4 杭州二中"一体两翼三层四类"课程体系结构

② "一体两翼三层四类"课程体系的基本特点。

第一，目标明确，结构完整。学校以国家教育方针为指导，以学校办学目标为追求，以促进学生全面而自由的发展为使命，通过目标的分类与分解，设计相应的课程项目，这样形成的课程体系构架具有目标明确、类别清楚、层次清晰的特点。

第二，传承历史，注重实践。学校课程体系基于原有课程，通过细化目标、挖掘资源、整合课程而形成，因此具有课程基础扎实、课程条件成熟、便于分层实施的特点。

第三，关注共同，体现差异。在学校课程体系中，不仅设置了关注学生基本素养培养的学校基础素质课程，还在核心课程、社会类自主课程和学术类自主课程中设置了三级课程要求，以此满足不同层次学生成长的共性及个性需求。

第四，动静结合，知行合一。在设计课程项目时，学校关注了课程实施的方式，关注了个体学习与集体学习、感性体悟与理性思考、理论吸收与实践生成等学习方式在人成长过程中的不同意义，并力图通过课程项目予以实现。

第五，面向社会，开放课程。学校充分关注了社会教育资源在课程建设中的重要意义，在课程体系中设计了许多必须通过校际合作、校企合作、校政合作才能落实的课程项目，并预留了足够多的外向型课程接口，为学生全面而自由的发展提供了开放性课程构架保障。

第六，有增有减，平衡负担。学校充分关注到了课程类型丰富之后带来的学生负担问题，力图通过对核心课程的分层要求，保障学生的选择自由，保障学生有更多的精力投入自选课程的学习。

（3）"一体两翼三层四类"课程体系设置

杭州二中"一体两翼三层四类"课程体系分为三个层次，即课程板块、课程门类和课程项目，具体如表5-9所示。

表5-9 杭州二中"一体两翼三层四类"课程体系设置

课程板块 （Ⅰ级）	课程门类 （Ⅱ级）	课程项目 （Ⅲ级）	课程目标指向
核心课程	学科必修课程	语言与文学 数学 人文与社会 科学 艺术 技术 体育	学科基础
	学科选修课程（Ⅰ）		
学校基础素质课程	身体素质课程	游泳 其他体育活动	公民必备素质
	心理健康课程	心理基础	
	应急与修养课程	应急自救 交往礼仪	
	生涯规划课程	生涯规划通识 大学讲坛	
	德育课程	主题教育活动 仪式教育 行为通则 校内服务	
学术类自主课程	知识与技能拓展	知识拓展类课程 职业技能类课程	知识拓展 研究能力 创新意识 智慧成长
	专业与深度学习	专业课程 研究课程 AP课程 大学基础	
	学术类项目课程	产品类项目课程 法庭与科学	

续表

课程板块 （Ⅰ级）	课程门类 （Ⅱ级）	课程项目 （Ⅲ级）	课程目标指向
社会类自主课程	校内实践活动	热点论坛 体育俱乐部 社团活动 仿社会组织活动 学生课程	社会意识 交往能力 领导能力 人格成长
	社会综合实践活动	行业体验 社区服务 带课题社会实践	
	社会类项目课程	领导力开发课程	

（二）基于不同类别课程价值功能的课程结构设计

一般而言，各类课程在功能上应是综合而又各有侧重的，如基础型课程重在促进学生全面发展与价值观的同质性生成，拓展型课程重在促进学生科学与人文素养的和谐发展，而研究型课程则侧重在进一步促进学生个性化发展。循此思路，有的学校将全部课程划分为学科基础类、个性特长类、能力拓展类、实践体验类和开阔视野类五类，有的学校则将课程体系分解为数学与自然科学、人文与社会科学、体育与艺术、社会实践四个领域。这些学校从课程类别或领域的主要价值功能出发，建构起分类分层、立体综合的学校课程体系。

1. 北京市第八十中学三级立体分层的课程体系建构

在新课程改革实践中，北京市第八十中学（以下简称"北京八十中"）依据学生多元发展的需求，在初高中一体化学制、课程整合建构、课堂教学、学生发展评价等方面进行了深入的探索与实践，同时，把这种探索与学校课程体系建构有机衔接，满足了学生发展的多元化需要。在北京八十中整个课程体系中，既有学科课程又有活动课程，既有分科课程又有综合课程，既有必修课程又有选修课程。研究性学习在活动课程和实践课程的基础上加以展开，双语教学在选修课的层面上得以进行。北京八十中的这种课程结构既保证了学科课程，加强了综合课程，也落实了综合实践活动课程，既符合学生身心发展及人才成长的规律，又满足了社会的基本要求，实现了课程体系的高品质、结构化。

（1）三级立体分层课程体系设计的指导思想与基本原则

①课程体系设计的指导思想。

北京八十中认真贯彻国家基础教育课程改革的精神，确立现代教育观、课程观、质量观，利用课程分级管理体制，优化学校课程结构，充分发挥学校及社区教育资源的功能，促进学生的个性发展，努力打造学校的教育特色。

学校在课程体系设计时通过科学评估不同学生的不同需要，以学校为基地，并与外部力量合作，充分利用学校内外的课程资源，设计出具有多样性、可供学生选择的课程体系。课程体系设计集中体现"以学生全面、和谐、可持续发展为本"的理念，主要强调课程的开放性、民主性、参与性，强调交流与合作。

②课程体系建设目标。

学校致力于为学生提供丰富、优质、可持续发展的课程资源。通过课程整合，建立学校三级立体分层的课程体系，旨在满足学校"多元兴趣，选择多样；基础扎实，习惯良好；特长明显，全面发展"的学生培养目标。学校通过课程体系建设促进学生有效发展，进而增进教师专业发展和学校个性化发展。实现学生、教师和学校共同发展是北京八十中课程体系建设的根本目的（见图5-5）。

③课程设计的基本原则。

第一，自主选择。学校课程设计要有利于学生的全面、和谐、可持续发展，让每一个学生的潜能都能够获得充分和谐的发展，个性得到张扬。因此，北京八十中在课程体系设计时最大限度地为学生提供多样化、可选择的课程，适应学生的需要、兴趣和经验。在学生"自选"科目时，教师充分尊重学生的意愿，发挥学生的个性特长。

第二，多元开放。北京八十中充分利用一切可以利用的资源，包括学校、家庭、社会等多方面的资源；在开发主体方面，学校充分调动校长、教师、家长、教研员、专家以及社会各界人士参与课程开发的积极性，共同进行课程建设。

促进学校发展
实现培养目标
形成学校特色
构建课程体系
突出办学理念
发展个性特长
奠定实践基础
激发探究潜能
培养学习兴趣
促进学生发展
促进教师发展
强化课程意识
形成教学特色
促进专业发展

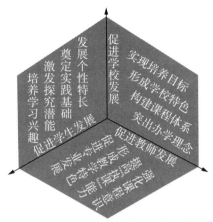

图 5-5　北京八十中课程体系建设三维目标

(2)“模块式分类、阶梯式分层”的课程设置

北京八十中坚持把培养“有理想、负责任、会学习、善合作的创新型人才”的育人目标作为课程设计的出发点和归宿，所设计的课程依据自主选择程度体现出三级立体分层的特点（见图 5-6）。它以面向全体学生的基础必修必选类课程为起点，同时以拓展延伸类课程和实践应用类课程呈现出丰富性和选择性，并以帮助学生发现自己、形成个性特长的自主特长发展类课程为高点目标。这样的课程结构设计较好地体现了各类课程的价值功能。

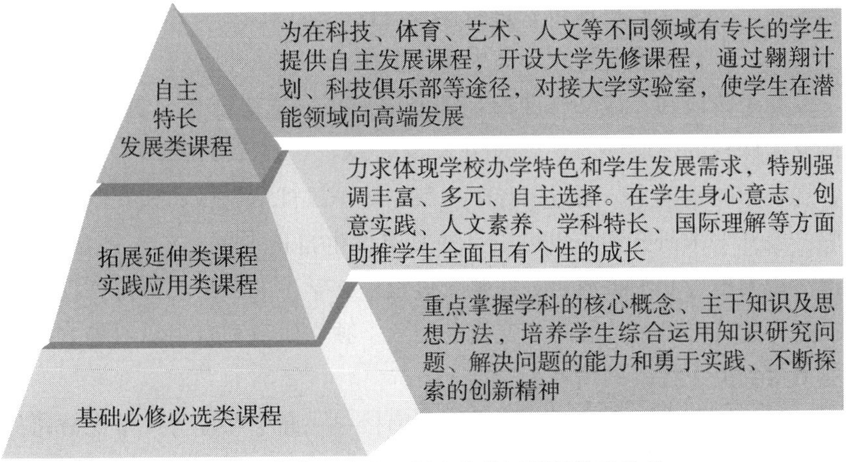
自主
特长
发展类课程
为在科技、体育、艺术、人文等不同领域有专长的学生提供自主发展课程，开设大学先修课程，通过翱翔计划、科技俱乐部等途径，对接大学实验室，使学生在潜能领域向高端发展
拓展延伸类课程
实践应用类课程
力求体现学校办学特色和学生发展需求，特别强调丰富、多元、自主选择。在学生身心意志、创意实践、人文素养、学科特长、国际理解等方面助推学生全面且有个性的成长
基础必修必选类课程
重点掌握学科的核心概念、主干知识及思想方法，培养学生综合运用知识研究问题、解决问题的能力和勇于实践、不断探索的创新精神

图 5-6　北京八十中三级立体分层课程体系结构

（3）课程结构的样态

①初高中一体化办学的课程结构设计。

北京八十中一校两址，分初中部和高中部。初、高中的办学思想、培养目标、办学模式、管理体制是一致的，在教育教学上具有连贯性，有利于开展初高中一体化课程改革实验。在我国较强的功利主义教育氛围下，因受到分数导向、应试导向的严重影响，不少学生经过初中三年、高中三年的学习后，缺乏持续的内在学习动力与探究、创新的激情。尤其是初三、高三的系统复习给学生造成了时间和精力上的浪费，重复的应试训练抑制了学生创新素养的发展。为此，北京八十中探索了2+4与3+3学制共存的人才培养机制，在对大部分学生实行3+3学制的基础上，针对有潜质的学生进行2+4学制实验，即在初中科技实验班探索实践基础上，通过"科学创新实验班"实验项目，在初中二年级末选拔具有创新素养和潜质高的学生直升高中，为国家培养拔尖创新人才。北京八十中2+4与3+3学制共存的人才培养机制是学校课程改革探索的一个亮点，为学校开展有特色的课程体系设计提供了基础。

②满足学生发展需求的多元课程结构设计。

课程是学生发展的重要载体。学生多元发展的需求需要学校在国家课程基础上开展校本化课程实践得到满足。北京八十中在课程建设方面的主要做法是：构建学校整体课程结构体系，加强校本课程体系设计，针对不同实验项目（如2+4直升项目、科学创新实验班项目、中外合作项目、艺术实验班项目）进行课程设计，协调课程安排与组织。

第一，初中课程整合与高中课程衔接——初高中课程一体化设计。

初中阶段在完成必修课程基础上增加拓展选修课程、实践型课程、研究型课程的体验学习，同时引入SDP课程。在SDP课程中，教师在常规教学的基础上，通过引导学生就一些争议性话题，比如互联网的利弊，展开学术研究和小组讨论，并要求学生自选课题，深入社会调查，撰写研究报告和汇报演示。在整个过程中，学生的多种能力得到训练和提高，尤其是批判性思维、交流与展示、独立研究和自主学习等方面的能力得到最大程度的培养。

第二，高中课程整合与大学课程衔接——高中课程与大学先修课程一体化设计。

通过高中课程整合与开发，学校形成基础必修课程、领域专修课程和领域研究课程。三类课程与学校总体课程体系中基础必修必选类课程、拓展延伸和实践应用类课程、自主特长发展类课程相对应，其中基础必修课程需要教师根据国家课程标准重新进行课程的整合与再造，主要是完成有关基础知识、基本技能的训练，是整个课程体系的基本要求，体现少而精的特点。学生需要用一年半的时间完成基础课程内容的学习。领域专修课程分为数学、物理、化学、生命科学、信息技术、工程技术、人文科学等领域，学生可以根据自己的兴趣选择1—2个领域。领域专修课程可由大学教授授课，重在给学生以大学前的知识铺垫、方法指导、信息储存、思维训练和未来志向等方面的引导。领域研究课程注重基于领域专修课程学习与导师（导师由高校专家与本校教师共同担任）指导，开展以学生为主体的科学实验与课题研究，强调个人探究与导师指导、个人学习与团队合作相结合。学校还合理开发引进国外优质课程资源，如具有挑战性的美国大学先修课程，即 AP 课程，并与我国现行高中课程进行有机整合。

第三，在国家课程标准基础上，结合学校办学实际，确立学校课程建设目标，进而研究符合学校办学实际的学科课程标准，重点进行国家课程校本化实践研究。

国家课程校本化实践的基本思路是：以国家课程为主线，根据学校的具体情况，把握学生的实际发展水平，打破学科间的壁垒，复原知识的立体关联的本质，打破校园的围墙，复原生存状态的本质。其中包括国家课程的校本化整合、中西方课程整合、高中与大学课程整合、课内与课外整合、校内外资源整合、小课堂与社会大课堂的整合。

普通高中是一个承上启下、具有高度关联性的教育阶段，是学生个性形成、自主发展的关键期。北京八十中希望通过学校课程体系建设与不同类别的课程改革实验，以及进行相应的选课制度、学分制度和评价制度的改革，打造具有特色的学校育人模式，使学生拥有更多的学习自主权，学会选择、学会学习、学会发展，让每个学生的生命成长得到尊重，实现学生全面发展与个性发展最大限度的统一。

2. 北京师范大学附属实验中学立体化、开放式课程体系

北京师范大学附属实验中学（以下简称"北师大实验中学"）是一所具有百年历史的名校。建校以来，学校一直行进在教育改革的前沿，为我国中学教育改革发挥了示范引领作用。在我国教育改革发展的新时期，学校提出"做真教育，真做教育"的办学理念，体现在课程建设上，就是尊重学生发展规律，加强课程与社会、科技的联系，加强分科课程与综合课程的结合，重视学生创新精神和实践能力的培养，实现学生德、智、体、美全面、和谐、均衡的发展。学校探索突破考试文化制约的路径，坚持"做真教育，真做教育"，真正把学生当作一个个鲜活的生命个体，关注学生真实的生命体验，让学校成为师生生命呈现、涌现、实现之所。课程的开发、实施、评价、管理等各个环节都要求充分尊重生命，激发师生的生命活力，坚持学科、学术、学业的高标准，培育本真的心灵。

（1）学校立体化、开放式课程体系及其构建路径与原则

①学校立体化、开放式课程体系。

2013 年以来，北师大实验中学充分利用上级教育主管部门赋予学校的自主设置课程计划的政策，从学校办学理念、培养目标出发，积极构建了具有学校特色的课程体系，具体如图 5-7 所示。

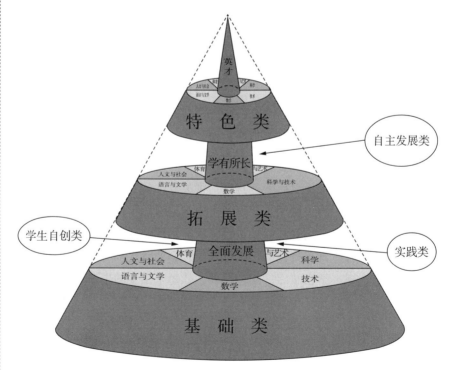

图 5-7　北师大实验中学立体化、开放式课程体系

为了满足学生在全面发展的基础上学有所长的成长需求，北师大实验中学将所有课程分为三个层次，即基础类、拓展类、特色类课程。

基础类课程主要是满足所有学生的普遍需求，着眼于学生的全面发展，其基本取向是：努力培养学生的科学素养和人文素养，增强学生的艺术修养和身心健康，使每个学生都能做到"会做人、会求知、会办事、会生活"。基础类课程涵盖语言与文学、数学、科学、技术、人文与社会、体育与艺术六大学科领域，包括国家课程中的语文、数学、英语、思想政治、历史、地理、物理、化学、生物、音乐、美术、体育与健康、信息技术、通用技术共 14 个科目的必修模块课程。

拓展类课程充分满足学生的多元化发展需求，以"尊重学生个性，激发学生兴趣，挖掘学生潜能，培养学生特长"为基本追求，旨在帮助学生开阔视野，其涉及人文与社会类、语言与文学类、科学与技术类等大类，包括国家课程中的选修Ⅰ和校本选修Ⅱ，共约 100 个课程模块。

特色类课程着眼于学生的"学有特长"，其价值取向为：使学生成为具有中华优秀传统文化底蕴和开阔的国际视野、学业成绩和综合素质超群、特长突出、胸怀远大、具有强烈社会责任感的优秀中学生。北师大实验中学开设了中华传统文化教育、国际理解、文化考察等综合课程和专修课程。学校还引进大学先修课程，为学生成长为不同领域的拔尖人才提供课程支撑。

北师大实验中学通过基础类课程，使学生形成基本素养，为学生终身发展奠定基础；通过提供丰富的拓展类课程供学生选择，以激趣、挖潜为目的，助推学生探索自我兴趣点；通过特色类课程，助力学生有选择性地深入学习。

在三个层次课程的基础上，学校进一步开发出不同类别的课程，以适应学生个性发展要求。

自主发展类课程包括生涯规划课程、领导力培养课程，旨在帮助学生提升自主发展的意识和能力，直接指向学生的个人发展。生涯规划课程以帮助学生建立生涯意识、提升核心技能、树立生涯信念为目标，助力学生完成中学阶段的生涯发展任务，引导其思考生命的意义与价值，提升学生的社会责任感与幸福感。领导力培养课程旨在培养未来国际化人才，以开发中学生的社会实践能力和组织领导能力为主要目标，为学生担当"管理人"角色进行教育准备。领导力培养课程以项目运作的形式开展，在社会实践活动中，让学生借助预设的社会角色，完成既定任务目标，在团队中逐步提升领导力。

实践类课程的目的是培养和锻炼学生的综合社会实践能力，其价值追求是增强学生的主体意识和社会责任感，锻炼学生的实践能力，培养学生的社会交往能力，丰富学生的学习生活，为有特长的学生深入发展提供综合性平台。

学生自创类课程是生涯规划课程、领导力培养课程的自然生发，由学生自主成立的工作室负责组织、实施，定位于为学生的多元发展提供平台，旨在为有行动力、领导力、创造力的学生创造设计活动、参与活动、举办活动的机会，搭建一个培养学生自主思考、自主领导能力的平台。

②课程体系构建的原则。

首先，坚持基础性与发展性相结合。北师大实验中学强调基础性与发展性相结合的课程价值取向。学校认为，人的学力包括两方面：基础性学力和发展性学力。其中，保障学生基础性学力的课程，既包括国家课程在内的基础类课程，也包括开阔学生视野、培养学生兴趣的拓展类课程。在基础性学力的保障方面，人文与科学课程要并重，着力于促进学生"成人"，促进学生的全面发展。对于保障学生发展性学力的课程，学校定位为特色类课程，帮助学生在科学或人文的某一专深领域进行深入探索，促进学生"学有特长"。基础性和发展性课程相结合，既帮助学生"成人"，亦帮助学生"成才"，从而促进学生的全面发展。

其次，坚持规定性与选择性相结合。学校课程既要体现国家对合格公民和社会主义建设者的基本要求，又要满足学生个性发展的要求。北师大实验中学为了促进每个学生的全面发展，认真落实国家对学生成长的基本要求。增强课程的选择性是普通高中课程改革的基本目标之一，北师大实验中学将此作为自主设置课程的一项基本价值追求。在课程设置中，学校从学生的兴趣、志向和能力出发，设置拓展类课程和特色类课程，供学生选择。

最后，坚持历史性与时代性相结合。学校课程不仅要帮助学生传承人类既有的优秀成果，而且要开阔学生视野，让学生关注到学科前沿动态；不仅要着眼于学生对知识的领会，而且要联系学生当前和未来生活的需要。北师大实验中学的教育目标是通过自主设置和实施课程，使学生成为既具有中华优秀传统文化素养，又具有国际视野、创新能力，能够学以致用的精英人才。

（2）学校课程设置

北师大实验中学课程体系包括基础类课程、拓展类课程、特色类课程、实践类课程、自主发展类课程和学生自创类课程，这里详述一下基础类、拓展类、特色类和实践类课程。

①基础类课程。

学校将基础类课程分为语言与文学、人文与社会、体育与艺术、数学、科学、技术六大领域，共包括语文、英语、数学、思想政治、历史、地理、物理、化学、生物、体育与健康、音乐、美术、信息技术、通用技术等14门科目（见表5-10）。

表5-10　北师大实验中学基础类课程设置

课程领域	科目
语言与文学	语文、英语
人文与社会	历史、地理、思想政治
体育与艺术	体育与健康、音乐、美术
数学	数学
科学	物理、化学、生物
技术	信息技术、通用技术

北师大实验中学基于课程资源、教师资源的合理整合，调整了部分学科的课时安排。调整后的课时安排见表5-11。

表 5-11 北师大实验中学部分基础类课程课时

科目	北京市课程安排意见	学校课程安排
美术	从高一起开设，每周 1 课时。 除必选美术鉴赏外，再在系列 2 绘画·雕塑、系列 3 设计·工艺、系列 4 书法·篆刻、系列 5 现代媒体艺术中至少选修 3 个模块。从高一年级开设，三年完成 4 个模块 4 学分	高一第一学期必选美术鉴赏，每周 1 课时；高一第二学期必选绘画，每周 1 课时；高二在美术其他 7 个模块（设计、工艺、雕塑、书法、篆刻、现代媒体艺术、摄影）中任选 1 个及以上的模块，每周 1 课时
地理	高一第一学期开设地理 1，第二学期开设地理 2；高二第一学期侧重理科学生学习地理 3	高一执行北京市意见，高二侧重对理科学生地理 3 的学习课时做适当调整
生物	高二第一学期学段 1 学习生物 1 分子与细胞，学段 2 学习生物 2 遗传与进化。 高二第二学期学段 1 文科学生学习必修模块生物 3 稳态与环境；理科学生两个学段打通使用，学习必修模块生物 3 稳态与环境和选修 1 生物技术实践，两模块并行教学	高二文科学生的生物课程由规定的 3 个学段每周 4 课时调整为 4 个学段每周 3 课时；理科生物课程高二第 4 学段同时开设选修一、选修三
历史	高一第一学期开设历史Ⅰ，第二学期开设历史Ⅱ；高二第一学期侧重理科学生学习历史Ⅲ。每周 2 课时	高一 4 个学段打通使用，开设历史Ⅰ、历史Ⅱ、历史Ⅲ，每周 3 课时

②拓展类课程。

拓展类课程在高一年级开设，时间是每周三下午第三节和第四节，共 90 分钟。

学校在语言与文学、人文与社会、体育与艺术、数学、科学与技术五大领域各设置了 20 多门模块课程，累计 100 多种课程供学生选择（见表 5-12）。在此基础上，学校每学年再根据对学生的学习调查、需求调查情况，对课程资源进行整合、开发。

表 5-12 北师大实验中学拓展类课程

学习领域	模块课程
语言与文学	日语、法语、德语、韩语、意大利语、解读《红楼梦》、历代诗词赏析、听英语读名著看电影等
人文与社会	神奇的心理学、中国哲学智慧、中国茶文化、世界遗产教育、模拟联合国、学生公司等
体育与艺术	排球、游泳、篮球、羽毛球、乒乓球、武术、体操、舞蹈、书法、绘画、器乐、京剧、高尔夫球、跆拳道、瑜伽、轮滑、吉他演奏等
数学	魔方的解法、桥牌、数学建模等
科学与技术	服务于问题解决的生物学实验、实验化学、自主物理实验探究、定向越野技能与训练、遥控航空模型制作、创意机器人、影视特效制作基础、走进中医等

在课程实施阶段，学校首先通过课程推介会、选课指导手册等多种形式，组织指导学生选课；然后根据学生课程选报情况，考虑选课人数、学校硬件资源等限制因素，每学期开设40门左右的课程；之后根据学生试听情况，对课程及分班情况进行微调，并最终确定课程开设情况。

③特色类课程。

北师大实验中学在高一、高二、高三年级均开设了特色类课程。特色类课程涉及语言与文学、人文与社会、体育与艺术、数学、科学、技术六大领域。根据人文社会科学人才、理科拔尖创新人才、国际型人才、体艺特殊人才四类特色人才的成长规律、发展需求和教育特点，学校设置了四类特色课程（见表5-13），在保障学生全面发展的基础上，促进学生特色发展。

表 5-13 北师大实验中学四类特色类课程

特色人才	特色类课程	备注
理科拔尖创新人才	科技创新、学科竞赛	为提高学生的人文素养，还专门设置了国学、艺术等课程

特色人才	特色类课程	备注
人文社会科学人才	人文讲座、主题研究、文化考察	从强化课程与社会联系的角度，实施科学、技术课程
国际型人才	中华传统文化教育、国际理解	还同时设置了海外研修课程、模拟联合国等活动课程，以此提升学生的跨文化交流与合作能力
体艺特殊人才	体育/艺术专修	借鉴专业队伍经验，突出团队建设

④实践类课程。

实践类课程属于为学生特长的发挥、个性的培养所提供的发展性课程，学校旨在通过学生的自主参与、体验感悟、交流协作、组织管理以及综合运用所学知识分析解决问题等方式，使学生形成较强的主体意识、主体能力、健全人格，助力学生的可持续发展。为此，北师大实验中学设置了研究性学习、社会实践、社团活动、主题教育、社区服务等五大项目课程，每个项目课程又包括若干实践活动（见表5-14）。

表5-14　北师大实验中学实践类课程

项目课程	实践活动
社会实践	军训、职业调查
社团活动	科技俱乐部、国学社、国剧社、国话社、桥牌社、围棋社、K歌社、辩论社、摄影社、爵士舞社、京剧团等
主题教育	成人冠礼仪式、中华传统文化节、"百灵之声"合唱节、科技与人文节、艺术节、专家讲堂、精英论坛、家长论坛等
社区服务	到敬老院、博物馆、商场、学区服务
研究性学习	方法培训、课题研究（社会调查、科学实验等）、项目设计

社会实践活动贯穿整个高中阶段，学生在高中三年必须参加的社会实践活动如表5-15所示。

表 5-15　北师大实验中学学生社会实践活动安排

年级	主题	时间	地点	活动内容	组织形式	管理办法	评价方式	备注
高一年级	军训	9月，10天	武警支队	1. 军事训练 2. 心理疏导 3. 团队建设 4. 社会调查	以班为单位	班级管理	总结	2 学分
高二年级	世界遗产全球行	寒暑假，一周	国内、国外	1. 世界遗产地的考察 2. 世界遗产的保护研究	自主组队	带队教师管理	考察报告	任选一项，赋 2 学分
	中国传统文化考察	寒暑假，一周	国内、国外	1. 北京的民居考察 2. 北京的王府考察 3. 北京民间艺术调查	小组	指导老师管理	考察报告	
	徐霞客综合实践活动	寒暑假，一周	国内	北京市 1. 西线——生态发展主题 2. 东线——经济发展主题 3. 中轴——旅游文化主题 外地 徐霞客故里考察江苏江阴	活动小组	活动指导教师（地理、历史、化学学科）管理	考察报告、论文、摄影集、实践日记	

续表

年级	主题	时间	地点	活动内容	组织形式	管理办法	评价方式	备注
高三年级	人生规划	寒暑假，一周	国内外	1. 国内外大学比较 2. 大学专业设置及毕业生就业方向之调查	小组	带队教师	调查报告、人生规划方案	任选一项，赋2学分
	职业调查	寒暑假，一周	国内外	1. 不同职业的调查 2. 新兴职业的调查 3. 不同职业素质的调查、比较	小组	指导教师管理	调查报告	

除了学生必须参加的社会实践活动，学校还根据培养目标以及学生发展的需求，设置了自主综合实践活动，以供有需求的学生选择，如德育课堂、各种学生社团、主题活动等等。学生完成活动计划后，经过自己申请、相关教师审定，可获1学分。

北师大实验中学为了使学生在假期里能关注社会，提倡和鼓励学生走进社区、敬老院、博物馆、商场、学区等公共场所，参加社会公益活动，传播学校文化，关注弱势群体，服务社区居民。学生自愿组成小组，选择熟悉、感兴趣的公共场所，进行社会服务工作。

研究性学习是高中课程计划内的内容。北京市要求：每名学生至少完成2个研究课题（或项目），三年不少于270课时；研究性学习应采用课内、课外相结合的方式开设，高一年级每周1课时，高二年级、高三年级需分别完成一个课题（或项目）。北师大实验中学在执行北京市意见的基础上，还采用了集中与分散相结合的形式，让学生在高中三年内完成研究性学习任务（见表5-16）。

表 5-16 北师大实验中学研究性学习课程安排

年级	时间	课时	课程内容	学分
高一	一学年	36（每周 1 课时）	过程与方法培训，完成一个课题	5 学分
高二	高一学年第二学期期末起至高二第一学期前四周	36（每周 2 课时）	完成一个课题	5 学分
高三	高二学年第一学期期中起至高三第一学期前四周	36（每周 2 课时）	完成一个课题/项目	5 学分

高一年级通过集中开设研究性学习方法课，对学生进行研究方法的集中培训和系统指导，为学生开展研究性学习活动奠定坚实基础。学生在后续的自主课题研究或项目设计中，表现出较高的研究和设计水平。

主题教育是北师大实验中学实践类课程的一个重要组成部分。为了提升主题教育的品质和质量，学校在三个方面进行了尝试。一是充实和完善已有的活动。学校更新了校会的形式与内容，改进了入学教育，等等。二是打造精品活动，如成人冠礼仪式、艺术节、"百灵之声"合唱节等活动。三是开发主题实践活动，涉及中华传统文化节、科技与人文节、专家讲堂、精英论坛、校友论坛、电影课堂等。

（三）对国家规定课程进行调适的课程结构设计

在学校的课程体系中，一方面，国家规定的课程具有刚性特征，是实现国家教育培养目标、提高中小学生核心素养的主干课程，学校必须保证其地位并有效实施；另一方面，学校的课程一旦多元化之后，内容难免会有交叉、重叠等问题。这既有不同学科内容交叉、重叠的原因，也可能因为同一学科内容不同水平层次设计上的问题。因此，基于学校自身的优势，从学校育人目标出发，对国家课程进行重组和改造，由此形成学校独具特色的课程体系，无疑是国家课程校本化实施的积极探索。需要着重说明的是，所谓学校对国家课程的重组和改造，绝不是降低要求、简单"缩水"，而是在保证其主体地位和质量前提下的高效实施。

1. 清华大学附属中学多层次、立体化的课程体系

在清华大学附属中学（以下简称"清华附中"），学生发展倾向非常多样化，学生之间的个性化差异也比较大。基于这样的学生背景，清华附中提出了"大志向教育"，即学校始终致力于培养学生对国家和人民的高度责任感和崇高使命感。在这样的认识下，学校坚持不搞突击、速成教育，坚定认为"出成绩≠出人才"，尊重学生身心发展规律，促进每个学生全面而有个性的发展。学校据此建构了多层次、立体化的课程体系。

（1）学校课程建设目标与特色课程结构体系

清华附中基于大志向教育，把学校课程建设的目标定位为：为未来领袖人才成长奠基。学校面向未来，充分考虑社会发展、教育发展和人才成长的规律，以此来思考学校育人体系的建构。一是关注学生个体差异和不同发展倾向，构建重基础、多样化、有层次、综合性的课程结构，为学生的自主选择和主动学习提供理想的课程环境，以适应社会需求的多样化和学生全面而有个性的发展；二是将课程内容与实际问题、社会进步、科技发展、学生经验有机联系起来，拓展学生的视野；三是促进学习方式多样化，发展学生自主获取知识的愿望和能力。

基于通过大志向教育为未来领袖人才成长奠基这一办学的核心价值追求，为了满足不同能力、不同发展倾向的学生的需要，学校将国家课程进行了适当的整合，构建了包含基础类课程、拓展类课程、创造类课程，面向不同（能力与兴趣水平）层级学生的立体课程结构体系。清华附中的这一课程结构体系，是以核心课程（基础类、拓展类和创造类课程）为中心，综合课程、领导力课程、学生自创课程紧密围绕的多层次（类别）、立体化的课程体系，如图5-8所示。

核心课程：这是课程体系的中心、主干，内容包括国家课程方案中八大学习领域的必修、选修及其相关拓展类、研究类内容。

综合课程：它是以有意地运用两种及以上学科的知识和方法论综合考察或探究一个中心主题或问题为取向的课程。

领导力课程：这类课程旨在培养学生的大局观、责任感、规划力、判断力、影响力和创造力，使其具备未来社会各行业领军人物的素养。

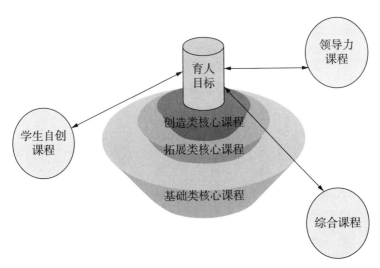

图 5-8　清华附中多层次立体化课程体系结构

　　学生自创课程：这类课程完全由学生自主开发申报，受到学校有关部门规范管理，是学校为学生搭建的动手实践、探究研究、成果交流的平台，有利于培养学生的独立意识、责任意识和自主能力。

　　从清华附中的课程体系中，我们可以看到其突破点在于：一是构建了以核心课程为主体，理顺了几类课程关系的独具特色的立体化课程体系；二是明确了各类课程的价值功能及改革重点。清华附中的课程体系是在整合、重组国家必修课程基础上构建的，更体现了学校在课程体系建构上的能力和水平。

　　（2）国家课程重组和改造后核心课程的价值功能

　　核心课程是清华附中课程体系的中心、主干，其内容包含国家课程方案中八大学习领域的必修、选修课程及其相关拓展类、研究类内容。核心课程既与其他课程相互联系、相互作用，形成有机整体，同时也为其他课程提供支撑。学校为了高质量、高效地实施国家课程，满足学生个性发展的需求，根据学生的认知水平，借助自主会考的契机，充分利用学校的传统优势、地域优势和周边的社会资源，将国家课程中同一学科的模块内容进行了重组整合、压缩拓展，创建了三个层级的核心课程：基础类核心课程、拓展类核心课程和创造类核心课程，如图 5-9

所示。

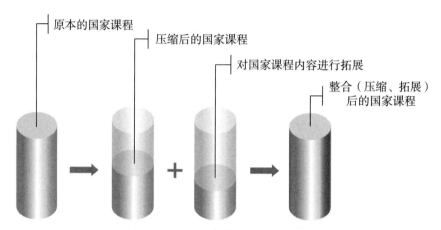

原本的国家课程

压缩后的国家课程

对国家课程内容进行拓展

整合（压缩、拓展）
后的国家课程

图 5-9　清华附中对国家课程的整合

　　清华附中教师根据学生的能力和需求，将既有的国家课程体系内的核心知识与思想方法进行了梳理、重组、整合，并增添了符合学生特点的其他相关教学内容，形成了帮助全体学生掌握基础知识和基本技能的基础类核心课程（第一层级）。基础类核心课程既满足了国家课程要求，同时又为学生提供了更加丰富的教学内容。为了更好地加强不同类别课程的系统性和内在关联性，在国家课程体系下，教师根据学科基础课程的模块化重组架构，进一步开发出与模块课程相对应的拓展课程，形成注重培养学生合作与探究能力的拓展类核心课程（第二层级）。拓展类核心课程兼顾了学科前沿和经典理论，注重理论深入与实践应用，为学生发展特长提供支持。对于那些在某些学科上有着更高能力和发展需求的学生，学校则创造条件、搭建平台，进行了有针对性的课程设计，形成了以培养学生问题发现能力与问题解决能力的创造类核心课程（第三层级）。创造类核心课程注重课程的生成性与创新性，尝试采用导师制培养与团队合作学习模式。

　　三个层级的核心课程的价值功能与实施方式，如图 5-10 与表 5-17所示。

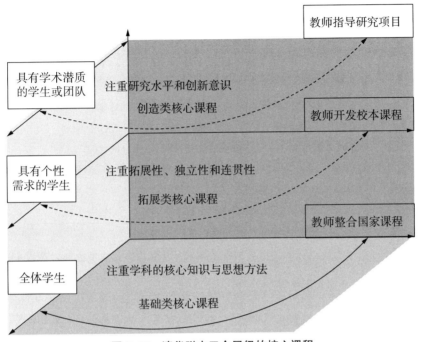

图 5-10 清华附中三个层级的核心课程

表 5-17 清华附中三个层级的核心课程实施方式

项目	基础类核心课程（国家课程）	拓展类核心课程（国家课程及国家课程校本化）	创造类核心课程（国家课程及国家课程校本化）
面对群体	全体学生	具有个性需求的学生	具有学术潜质的学生/团队
课程特点	注重学科的核心知识与思想方法	注重拓展性、独立性和连贯性	注重研究水平和创新意识
课程宗旨	满足国家课程要求，为学生的发展打下共同基础，促进学生全面发展	满足学生兴趣与个性发展需求，为学生特长发展与未来专业化发展奠基	为拔尖创新人才搭建成长平台，提升学生的科研能力和创新能力

续表

项目	基础类核心课程（国家课程）	拓展类核心课程（国家课程及国家课程校本化）	创造类核心课程（国家课程及国家课程校本化）
课程内容	国家课程中的必修和必选内容	基于国家课程的六类具体课程： （1）学科拓展课程 （2）科技探索课程 （3）生活技能课程 （4）人文实践课程 （5）艺术欣赏课程 （6）体育竞技课程	（1）与清华大学"清华学堂人才培养计划"对接、与北京大学"元培计划"对接类课程 （2）与国内、国际面向中学生的各类竞赛对接类课程
教师行为	整合国家课程	针对学生需求，开发内容丰富、形式多样、多层次、系列化的校本课程	以双导师（中学教师与大学教师）制为主，引导学生走近项目，为进入项目学习搭建知识基础、能力基础，并培养意志力
教学形式	以行政教学班为主，走班分层教学为辅	兴趣班	项目团队
评价形式	笔试为主	笔试与报告结合	项目成果为主

（3）整合不同学科不同领域的知识、培养综合能力的综合课程

清华附中的综合课程是以有意识地运用两种及以上学科的知识和方法论考察或探究一个中心主题或问题为取向的课程。此类课程意在整合学科或领域的知识内容，强化各学科或领域间的横向联系，让学生把不同学科或领域的知识贯穿起来，了解彼此之间的关联，建立起融合一致的关系，并综合运用以解决问题。具体目标是培养学生面向 21 世纪的核心技能。

综合课程的目标包括三个方面：一是开阔学生视野，启发学生思想，培养学生的学习和创新技能、信息媒体和技术技能、生活和职业技能等21 世纪核心技能；二是力图在最基本的知识领域为学生提供多学科交叉

综合的精品课程，让学生广泛涉猎不同的学科领域，拓宽知识基础；三是让学生了解不同领域的前沿知识动态以及主要研究方法，从而为能力和经验各异的高中生提供未来终身学习和持续发展所必需的方法和视野。

综合课程实施有四种基本模式，即基于主题的综合学习、基于问题的综合学习、基于设计的综合学习以及基于项目的综合学习。如清华附中已开发实施的学习主题有"国际安全下的科学技术""核世界""无轮电动小车"等。

综合课程以跨学科的视角面对同一主题或问题，打破了原有的专业和学科分界，注重启发学生思考，指导学生掌握方法，培养学生综合运用所学知识分析、解决问题的能力。综合课程的最大特点在于综合，其本质是和而不同。这一课程通过不同的教师为不同志趣的学生搭建不同背景的学科平台，探索不同角度的问题与答案，使部分学有余力的学生获得更好的发展，为拔尖人才培养成长提供条件。总之，综合课程充分体现了交叉性、选择性、动态性、前瞻性等特点。

（4）着重于学生领袖意识培养的领导力课程

领导力课程着重培养清华附中学生的领袖意识，包括面向全体学生的基础类必修课程、满足学生个性需求的拓展类选修课程和针对项目团队与个人的创造类选修课程三个类别。领导力课程的目标是培养学生的大局观、责任感、规划力、判断力、影响力和创造力，使其具备未来社会各行业领军人物的素养。

关于领导力，清华附中从自我领导力和团队领导力两个层面做了阐释。首先是自我领导力，包括自我设计、自我完善、自我评价、自我学习、自律自制等能力，也包括服从规则、捍卫权利、履行义务、学会选择、承担责任等品质。其次是团队领导力，包括对团队、社会的责任感，对正义等基本行为准则的认同和捍卫，等等。

领导力课程具有多样化的课程层次和内容。

首先是面向全体学生的、按照不同学段设置的、具有不同主题的阶梯式领导力课程，包括生涯规划课程、素质提升课程、系列班会课程等。

其次是面向有强烈自我提升意识的学生设置的、具有不同发展方向的领导力课程，包括领袖训练营课程、模拟联合国课程、财商训练课程等，着力培养学生的团队意识和领袖责任。

最后是项目研究类领导力课程，包括大型项目研究中的社团建设和发展、重大比赛策划和组织等。学校为学生提供实践平台，学生可跨年级组成项目团体进行项目研究。

不同类别的领导力课程如图 5-11 所示。

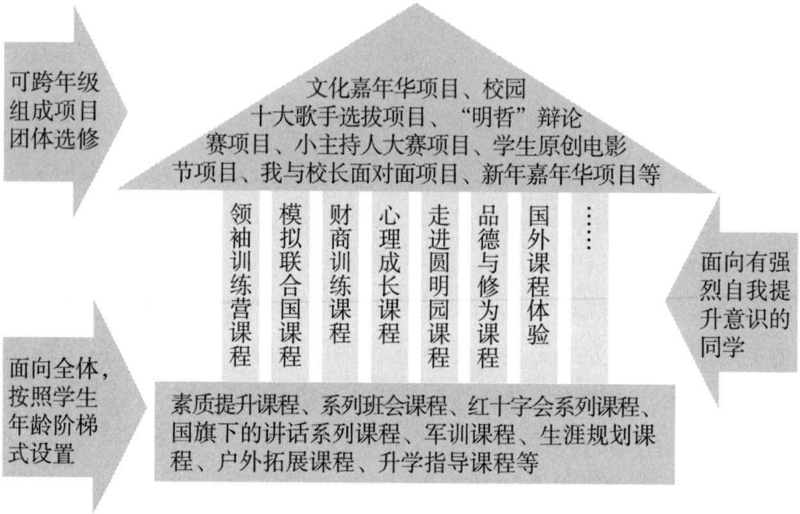

图 5-11　清华附中三类领导力课程规划

领导力课程对应的课程目标如图 5-12 所示。

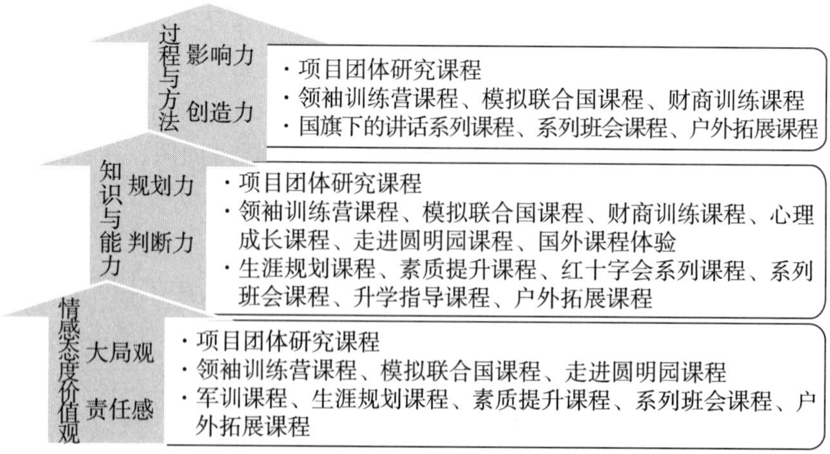

图 5-12　清华附中领导力课程目标

领导力课程致力于促进学生以下三个方面的发展。

第一，通过规划力和责任感的培养，让学生在认识自己才干的同时认识自己的缺点、弱点，树立学生的责任感；让他们清楚自己的目标追求和核心价值观，能够有目的地行动，把个人信念化为自觉的意识，提升主动面对竞争的意识，主动形成良好品质，最大可能地挖掘自己的内在潜力。

第二，通过同学间交流观点和看法、寻求共识、消除隔阂、谋求一致，实现影响力、大局观、责任感的培养。要让学生在与同学的交流中体悟到：重要的不是说多少，而是对方能够接受多少；重要的不是说什么，而是对方能否接受。学会沟通，才能相互理解，才能达成共识，找到解决问题的方法。领导力不是在真空中存在的，它总是在一定关系中发挥作用。学会沟通是创建良好人际关系的基础，是提升领导力的途径。

第三，能力的发展。这里分三个学习过程。第一个过程是形成认识，包括进行发现自己的优点和应对成长过程中挑战的训练，以及用自己和别人的眼光来审视自我的训练。第二个过程是做出承诺。提升领导力需要有发自内心的承诺所带来的动力。做出承诺是通向梦想的必经之路，学生要真正明白自己能做什么或者必须做什么，通过现实的行动创造未来。第三个过程是在有了内驱力之后，通过学习在技能和方法上提高自己。教师要通过上述过程培养学生的判断力、影响力和创新力。

清华附中领导力课程实施方式和特点，如图 5-13 所示。

（5）学生自创课程

清华附中学生自创课程面向部分拔尖学生，由学生自己选择讲学内容，自己当老师授课，从自己的视角对教学内容进行选择和思考，通过自己的讲演传播学科前沿知识，培养自身的独立意识和责任意识。

学生自创课程的目标在于：给拔尖学生搭建展示专长的平台，锻炼学生组织素材、语言表达和课堂表现的能力；通过课程平台，在同伴间传播学生最关注的科学领域内的相关知识；培养拔尖学生的独立意识、研究能力、表达能力和合作交流能力；促进学生学习方式的多样化，发展学生自主获取知识的愿望和能力。

学生自创课程采用动态管理的模式，每个学期学校会依据开课实际

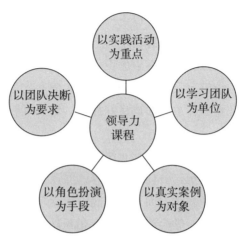

图 5-13　清华附中领导力课程实施方式特点

情况对开课的内容和结构进行梳理和调整。

学生自创课程的实施方式是，首先在新生入学教育中，学校就会向学生介绍学生自创课程，号召有不同特长的学生报名。学生会学习部负责课程的设计并统筹、收集和汇总学生报名信息；德育处审查、确认、分类后提交教务处；教务处负责后期课程的质量监督和学分认定。此外，研究性学习的优秀成果可由教务处推荐转化为学生自创课程资源。在学生毕业后，该课程转化采用以下两种方式进行：一是教师汇总学生授课内容后指导新一批学生授课；另一种是毕业生返校继续授课。

综上，清华附中把"关注学生的发展"始终作为构建课程体系的核心和支撑，关注学生的个性特长，整合国家课程和校本课程，针对不同性格禀赋、不同兴趣爱好学生的培养需求，设置创新素养、科学素养、专业素养、领袖素养四个方面的培养目标。在国家八大学习领域之外，增设领导力课程领域、学生自创课程领域，共组成十大学习领域。每个学习领域下设置若干学科，每一个学科安排相应模块；同时将十大学习领域按人才培养需求划分为四大板块：核心课程板块、综合课程板块、领导力课程板块、学生自创课程板块。

清华附中课程实施表现出三个突出的特点。一是关注学生通识素养的培养。学校在高二年级不做完全的文理分科，除了语文、数学、英语学科外，全年开设国家课程中物理、化学、生物、历史、地理、政治学科的选修内容，在此基础上，在校本课程中提供有利于学生综合素质提升的跨学科综合课程，培养文理兼通的通识人才。

二是合理整合国家课程内容。清华附中关注学生的发展方向和认知水准，把国家课程中同一学科的模块内容按学生发展方向进行重组，把同一模块内容根据学生的认知水准进行分层设计。例如，同一模块内容分为 A、B、C 三个层次，以满足不同发展方向及不同类型学生的需求，真正实现国家课程校本化，高标准落实国家课程。

三是高度关注学生的实践活动和动手操作。学校通过与清华大学实验室对接项目研究，使学生走进大学实验室，进行动手实践操作，感受项目研究的过程，为学生走向科研、走向社会奠定基础。

2. 北京市第三十五中学"跨学段、跨学科"课程整合探索

在过去的十年里，北京市第三十五中学（以下简称北京三十五中）将课程变革作为学校工作的"牛鼻子"，力图通过课程改革焕发学校办学活力，实现学校的个性化发展。学校围绕"志成教育：立志·成人"的办学理念和"五有人才"（具有中华民族的文化底蕴和中国情怀、具有国际视野、具有正义感与责任心、具有适应社会的能力、具有科学精神和探究意识）的育人目标，基于学生自主、全面而有个性的发展需求，整合校内外资源，丰富课程种类与层次，探索建立起一体（核心课程）两翼（个性发展课程和自主发展课程）三层（基础课程、拓展课程和研究课程）、立体多元的"志成教育"课程体系。

北京三十五中大力加强课程的整合性，尝试将学科内部的知识模块、不同学科课程以及不同学段的课程比较紧密地联系起来，将学生的校内学习同兴趣需要及社会问题比较紧密地联系起来，帮助学生建立学科知识间、学科与学科之间以及学科与生活、社会之间的联系，使学生整体地认识世界、综合地把握世界的联系。北京三十五中加强课程整合性的策略主要为：一是在学科的框架之内进行课程内容的整合，包括选修与必修课程的整合；二是将不同学科的某些相关主题安排在同一时间教学，或者由不同的学科教师同上一堂课；三是围绕一个共同的主题将多个相关学科内容整合在一个正式的单元或学程里，开展项目式学习和主题学习。

（1）依托"六年一贯制"项目班，探索初高中课程的整合融通

在直升的利好政策下，北京三十五中对初、高中六年的课程进行系统思考和设计，慎重实施"加法"和"减法"。在学科课程方面，每个学科组都要在研读六年课程标准和教材的基础上，依据学生认知规律，突出学科育人价值，对课程内容进行整合，通过调整教学顺序、增删教学内容等方式，向下扎根和向上衔接，让学科课程更加贴近学生，同时缩减课时，提高教学效率。

这里选取语文和数学两个学科的案例，让我们来看看该校的教师在课程整合上的探索思路。

①语文学科课程整合实践。

把制度课程整合成体验课程，是北京三十五中语文教师探索语文学科课程整合的一个重要思路。所谓"制度课程"，是特定社会在特定历史时期规定并实现的合法化的学校教育内容。制度课程多是由学校之外的人先把知识创造出来，然后由课程开发者稍做简化之后交给学校教师，由他们在课堂上传递给学生。这样，教学就是在知识创造过程终结之后才开始的，教师本身不参与知识创造。而体验课程却与之不同，其价值取向定位于激发兴趣，教师和学生不再只是既定课程计划的实施者，还是课程开发者和教学设计者。教学本身就是教师和学生在探究学科和生活的过程中产生自己的思想、建构自己知识的过程。

下面是北京三十五中教师对"走上演讲台"单元所做的课程整合设计。

这一单元包括9篇课文，具体是：语文教科书七年级下册第二单元"祖国"专题第8课李大钊的《艰难的国运与雄健的国民》，第五单元"探险"专题第24课里根的《真正的英雄》；九年级上册第二单元"演讲和书信"专题第5课梁启超的《敬业与乐业》、第6课雨果的《纪念伏尔泰逝世一百周年的演说》，第四单元"求知"专题第13课罗迦·费·因格的《事物的正确答案不止一个》、第14课丁肇中的《应有格物致知的精神》、第15课培根的《谈读书》和马南邨的《不求甚解》、第16课鲁迅的《中国人失掉自信力了吗》。

老师们把它们整合在一起，设计成"走上演讲台"体验课程。设计思路如下：第一，感性认识演讲。教师在课上播放奥巴马2008年胜

选演讲和2012年蔡英文败选演讲录像，同时播放教师做的国旗下演讲《诵读传统经典，培植文化自信》视频，让学生观摩、讨论，使他们心生向往。明确学习内容之后，教师提出演讲稿的要求，讲明学习本单元最后每人都要参加演讲比赛，相关视频将刻录成光盘在班内学习交流。第二，让学生通读本单元的9篇文章，选择自己喜欢的一篇，做整篇或者节选部分的脱稿演讲练习，然后小组内交流，互相评价。在学生充分练习后，让学生自告奋勇在全班练习，教师现场指导。第三，让学生任选一个主题，进行演讲稿写作练习。其间教师讲授规范的演讲稿写法。第四，举行班内演讲比赛，每个学生必须参加，并现场录像。视频刻录成光盘在班内学习交流，同时通知家长观摩。

在这一单元，学生在体验和实践中学习了议论文结构和演讲稿写法，很多学生第一次登台脱稿演讲，演讲内容涉及国际时政、生物化学、文学艺术、人生哲学等。这样的整合设计，挣脱了"制度课程"的束缚，换来了教师和学生的双重解放。

在课堂教学中，教师与学生的主体性充分发挥的过程就是共同创生课程的过程，在这个过程中课程内容被持续生成与转化，课程意义被不断建构和提升。从这个意义上说，课程是动态的过程，是不断变化的课堂教学事件。

六年课程整体的设计，关键在于初中课程体系指向高中课程体系的设计和六年教学出口的设计。首先是初中课程体系指向高中课程体系的设计。初中教材，尤其是初一、初二教材，是以学生为中心编排的，而高中教材是以学科为中心编排的。由此，教师通过整合初中的教材内容，变学生中心为学科中心，与高中课程体系相衔接，并做到有梯度。其次是六年教学出口的设计。这个出口，一是高考，二是语文素养。在这个方面，语文教师要勇敢地做出取舍，明确学生到底需要什么，努力培养学生的"言语"能力，即口头表达和书面表达能力。

②数学学科课程整合实践。

我国普通高中数学课程标准，在课程内容部分特别提出了要关注与义务教育课程的衔接。如果能在初中阶段的学习中就关注初、高中课程整合，可以更好地体现课程标准的思想。北京三十五中"六年一贯制"项目班选调高中教师任教初中数学，积极探索初、高中数学课程整合。

初高中的数学课程整合不是简单地将高中课程中与初中阶段课程有联系的内容直接"下放"到初中，而是从有利于学生数学能力、思维培养的角度出发，在教学内容、数学思想、数学理解、学法指导等多方面进行探究，促进初高中课程的整合。

以下是数学教师在三角知识整合方面的尝试。

根据课程标准关于三角知识的安排，在初中，学生仅学习锐角三角函数、解直角三角形，要求比较简单，且和其他知识联系不大。学生学习时不能体会三角知识的体系和应用的价值，往往只能做到为学而学。

高一上学期学生需要学习弧度制，学习实数范围内三角函数的定义，学习三角变换公式和三角函数图像及性质。对于高一学生来说，这里处处是难点，不仅知识抽象、思维量大，而且公式的记忆量也大。有相当一部分学生觉得这部分知识学得不好，公式和概念记不住。高一下学期学生需要学习正弦定理和余弦定理，之后学习解三角形。大部分学生这时已经遗忘了之前学习的知识，对学习内容产生了畏难心理。

为此，教师将教学内容进行了调整，初中知识讲完后直接让学生猜想出正弦定理和余弦定理。对于不同程度的学生，教师提出不同层次的要求，例如让数学基础一般的学生理解并记忆公式，让数学有特长的学生推导证明公式。之后就让学生应用知识解直角三角形和锐角三角形，并解决生产生活中的实际问题。学生接受起来很容易，同时能感到学有所用。这样既分散了难点，又整合了知识内容，使得学生的知识学习呈螺旋式上升，教学效果良好。

为有效整合数学课程内容，北京三十五中教师认真研读课程标准，通读六个年级教材，并借鉴其他版本的教材。之后，他们调整了每个模块的教学时间和教学顺序，按照教学需要调整教学的难易程度，并设计每个学年的教学目标。

（2）凸显学科融合，以项目式学习为主要教学方式的 STEAM 课程

自制降温神器和收音机等实用小电器，自主设计别墅，制作 3D 动漫短片，为不同年龄不同经济状况的人群定制理财方案，……2017 年 7 月，北京三十五中学生在 STEAM 课程周展示了他们的丰硕成果，让在场的家长、教师和同学很受震动。

不同于传统的学科教育，STEAM（科学、技术、工程、艺术、数

学）课程采用一种以解决实际问题为目标的跨学科项目式学习方式。STEAM 课程注重实践，让学生自己动手完成他们感兴趣且和自己生活相关的项目，在制作过程中建构起关于科学、技术、工程、艺术和数学的学科知识以及跨学科的思维方式。

在 STEAM 课程学习中，学生常以团队合作的形式共同解决实际情境中的问题。在这个过程中，学生必须积极参与，接受挑战并受到激励。最重要的是，学生将会动脑思考，以团队的形式去解决问题、完成项目或执行复杂的任务。所以，对学生而言，学习 STEAM 课程的关键是建立模型和理论、寻求解释和解决方案等（见图 5-14）。

图 5-14　STEAM 课程学习常用的方法

北京三十五中对 STEAM 课程的探索开始于 2014 年，经过几年的积累，学校在科技教育方面拥有了比较雄厚的硬件支持和人力资源。学校决定依托空间信息技术实验室、智能科学与技术实验室、信息化生命科学实验室、大数据与科学计算实验室、天文大数据实验室、纳米与化学可视化实验室、航空科学与技术实验室、航天科学与技术实验室、风洞实验室、人工智能机器人实验室等十大高端科学探究实验室，加快 STEAM 课程的开发与实施。

除将 STEAM 课程纳入面向全校学生的科技创新类校本选修课程外，学校自 2016 年起每年专门设置 STEAM 课程周，让学生以团队合作的形式共同解决实际情境中的问题。STEAM 课程包括荣誉课程和常规课程，前者由实验室研究员和学科指导教师共同设计和引导，分别在 10 个高端实验室完成；后者由通用技术教师和 STEAM 组教师共同设计和引导，在相关实验室完成。

2016 年 7 月，学校国际部举行了第一届 STEAM 课程周活动，共涉及 15 个课题（课程），包括 8 门荣誉课程和 7 门常规课程。学生以现实问题为出发点，设计制作了智能小车，使用 3D 打印机和激光雕刻机制作了文化创意产品，酿造了果酒，制作了音乐播放器和降温器，设计改进了安全带、安全气囊和宝宝椅，自主研发的"柳絮收集器"还申请了专利。第一届 STEAM 课程周活动的完美收官，让学生和教师认可了课程的价值。

2017 年 7 月，以"参与、动手、创造、合作、解决"为关键词的第二届 STEAM 课程周举办，共涉及 27 个课题（课程）。13 门荣誉课程紧扣社会重点关注的问题，如 PM2.5 检测仪设计与制作、倾旋转翼飞行器设计、大展弦比无人机设计、基于单片机的机翼震动测量控制系统、月球基地模型设计与制作、飞机大迎角气动特性研究、3D 打印天文艺术品、生命科学探索、智能购物车的设计与制作等。14 门常规课程丰富实用，如教你成为理财大师、高中生数学建模、我的课表·我做主的学习、Paws 3D 科技创意动漫制作、古书新知——指尖上的线装书、建筑设计、降温神器的设计与制作、收音机的制作、日化用品成分分析及制作、果酒的酿制、茶多酚对大肠杆菌的抑制作用研究、不同水质中大肠杆菌的数量探究和鉴定等等。

STEAM 课程充分调动起教师和学生的热情。学生非常喜欢这样的课程设计，表现出不一样的学习状态：参与度更高，兴趣更浓，学习更专注。学生拿出的成果令他们非常有成就感，教师和家长也满眼都是惊喜。由于 STEAM 课程特别强调学科之间的融合，强调项目式学习和主题学习，所以它在培养学生的迁移能力、综合运用所学知识分析问题的能力和创造性解决问题的能力等方面有着独特价值。

（3）探索跨学科开发"中华优秀传统文化"选修课程

中华优秀传统文化选修课程是北京三十五中鲁迅书院联合校内多个

学科骨干教师共同研发的，覆盖语文、思想政治、外语、化学、物理等多个学科。"中华优秀传统文化和不同学科都有着密切的关系"已经成为参与这门课程开发的教师的共识。中华优秀传统文化是活生生的中国人的生活文化，课程开发组教师打破常规的课堂时空，对教学形式进行变革创新，把学科内容与传统文化紧密结合，将传统文化以更生动更自然的方式（如情境体验的方式）融入学生的学习之中，真正实现文化"活"的传承。

在"天人合一中国节"选修课程模块中，语文教师带领学生随节而歌，物理教师和学生一起探讨荷花灯的原理，政治教师带着学生一起去做调查，外语教师引领学生进行东西方节日文化的比较。在"一生有礼"礼仪课程模块中，外教为学生们讲授国外礼仪，语文教师讲授人生仪礼，物理教师讲授社交礼仪，等等。"汉字的文化解析"也是一个有趣的课程模块，虽然书法教师讲授汉字演变并不罕见，但是化学教师讲授"汉字与衣食住行"就与众不同了。深谙发酵原理的化学教师将化学与生活及汉字紧密结合，简直把课堂变成了"舌尖上的中国"。

教师们甄选中华优秀传统文化主题，尝试用主题课的形式进行多学科联合教学，探索"大整合、大迁移、大贯通"，通过不同的艺术形式给学生以多维度的艺术感受。如在"敦煌"主题教学中，教师们分别从语文、音乐、舞蹈、美术、历史、地理学不同角度解读敦煌，竭力还原敦煌"本来面目"。

学生在这样的课堂中不仅感受到了传统文化之魅，更体会到不同学科融会贯通的神奇。

北京三十五中在课程开发建设中，始终贯穿"整合"的思想，表现为学科内注重知识模块重组、内容合并与增删，实现课程内容上的减负增效；注重学科间交叉、整合，增进各学科之间在知识技能和方法上的联系。与此同时，注重加强课程内容与现实生活和学生经验的联系，采取项目式学习和主题学习等方式推进课程实施。北京三十五中这种推动学科融合、探索多学科知识和方法交叉综合的课程开发建设策略，有助于学生更好地理解学科与世界的关系，引导学生运用多学科及学科关联的视角理解世界，发展学生跨学科思维和综合运用所学知识分析问题及创造性解决问题的能力，体现了课程改革的方向。学校通过课程开发建设，为学生提供了高质量、多样化、可选择的学习空间，走出了一条个性化发展之路。

四、高品质结构化的学校课程体系建构凸显校长课程领导特征

（一）鲜明的以学生发展为本的价值取向

现代教育的本质在于使儿童、青少年的发展潜能得以最大限度的实现。所谓"上学"或"受教育"，不能只是学生在学校时空环境中的一个经历，最根本的是让他们获得"发展"——"真实发展"或"最有效的发展"，这就是我们今天耳熟能详的"以学生发展为本"。要把现代教育的这种本质要求落实，就需要加强学校教育的整体设计，而高品质结构化的学校课程体系建构就是达到这一目标的工具，我们从前述部分学校高品质结构化的课程体系建构中可以看到这样的图景。

学校首先要保证所有儿童、青少年在身体、认知、情感、品德、艺术等方面获得一般发展，亦即发展的全面性或均衡性，这也是落实国家教育培养目标的要求。与此同时，儿童、青少年客观地存在着发展的差异性和多样性，这既表现为同一学科或课程领域发展水平、发展程度上的层次差异，也表现为对不同学科或课程兴趣取向的类别差异。如何从学生的这种客观差异入手，进行教育计划和课程设计，彰显学校高品质结构化课程体系建构的功力。前述这些学校课程体系的建构，无论从哪个视角着手，都强调以学生发展为本、尊重学生的个性和差异，进而为每一个学生提供适合的教育。这些学校从适应学生差别化、多元化的发展需要出发，设置多样化的发展目标，使学生基础目标和发展目标处于一种均衡的状态。学校尽量创造最丰富的教育资源，满足多层次的教育需求，不仅设置面向全体学生的基础类课程，而且有面向少数学生和个别学生的拓展类、研究类课程，让不同的学生获得不同的发展。同时，为了促进每个学生最充分、最有效的发展，学校在课程体系建设中不局限于传统的智能领域，而是从学生的多样性与差异性出发，创设有利于学生智能全面发展、个性化发展、可持续发展的环境。课程设置充分体现出个性化、多元化、选择化和综合化的特点。

总之，上文所呈现的这些学校的高品质结构化的课程体系，是在追问学生到底需要什么、学校到底应该给学生提供什么等基本问题中建设起来的。这些学校真正确立了让学生真实发展、最有效发展的教育价值观，从根本上反映了学校课程建构从工具理性到价值理性的转化。

（二）突出的学校课程体系建构意识

学校作为育人的组织机构，其教育目标是通过课程来实现的。虽然课程是学校最重要的育人元素，但是它并不一定直接产生于学校，往往是由学校的各级管理部门组织专门人员设计、研发好后，交由学校实施的。但是，国家教育培养目标一般是统一性要求、原则性要求，具体落实则需要学校创造性实践。这种创造性实践，最根本的就是学校对各级各类课程的体系化建设、结构性设计，把彼此孤立的课程领域或课程门类贯通起来，做到横向有领域、纵向有层次，体现综合性、选择性。上述几所学校在课程体系上的实践探索，正反映了这种创造性实践。每一所学校的课程体系，都是以学校的办学定位、价值追求和学生的发展需求为逻辑起点建构起来的，是富有逻辑的、组织化的课程整体，特色鲜明、结构完整、层次分明。

相比于各自孤立的课程形态，学校课程综合化、立体化体系建构，能够更好地发挥课程育人功能。我国在教育改革中提出"为每个学生提供适合的教育"，强调学生全面发展与个性发展相统一，这必然要求课程由平面的形态走向立体化、综合化的设计。这样整体设计的课程体系能够很好地观照学生发展的差别化问题，课程的分层设计既保证了所有学生完成基本学习目标，又使学有余力的学生获得进一步发展；而主题类课程的开发，使得具有不同兴趣取向的学生都能适得其所地发展。实践证明，这些学校高品质结构化的课程体系的建构最大限度地实现了"为每个学生提供适合的教育"，最大限度地保证了学生全面发展与个性发展相统一。

与此同时，这些学校高品质结构化的课程体系的建构，带动了学校的特色发展。学校课程是育人的系统工程，育人特色是学校特色发展的根本。这些学校善于把自身的优势转化成育人的载体——课程，构筑学校立体化、综合化的特色课程体系，进而实现学校特色发展。

（三）强烈的校长变革性行为特征

校长作为学校的关键人物，对学校的发展举足轻重。无疑，学校是重要的育人场域，承载国家、社会赋予的育人职责；同时，学校又总是与外部社会处于适应、冲突、互动的过程中，这种境遇增加了学校育人的复杂性，学校是被动适应还是主动作为？学校要为每个学生提供适合的教育，要让每个学生获得最有效的发展，学校的主动作为是必然选择。这既是学校适应信息社会、知识经济时代和创新驱动发展模式的必然要求，也是我国深化教育改革的必然要求。学校能否主动作为，首先考验的是校长。校长的战略思维、胆识、开拓力、领导力等直接影响着学校的发展方式。具有这些特质的校长为"变革型校长"，他们身上具有强烈的变革性行为特征。

正如本书在分析校长形态与校长课程领导的关系时所指出的，课程领导主要体现在"变革型校长"身上。因为这种类型的校长具有更高水平的主体性，亦即自主性、主动性、创造性，而这正是校长课程领导的根本特性。唯有具备自主性、主动性、创造性，校长才能以先进的教育理念和共同愿景，凝聚学校发展共同体，合理有效地调适国家课程，积极研发校本课程，鼓励倡导课程创生，有力整合必修课程和选修课程，建构高品质结构化的学校课程体系，让所有课程领域、每个课程模块都能最大限度地实现学生有效发展。如果我们回眸一下前文呈现的那些高品质结构化课程体系建构的范例，可以发现其中无不显现着校长变革性行为特征。赋予学校办学自主权、鼓励和促进学校特色发展是我国教育改革政策的重要主张，特别是基础教育课程改革充分扩大了学校在课程开发、建设和实施上的自主权。这些学校顺势而动，充分把握发展的主动性、创造性，积极发现和凸显发展优势，尽显主体意识和主体能力，实现了学校跨越式发展、个性化发展。

我国教育事业的繁荣来自千万所学校的活力，一所所学校办学活力的充分释放是我国教育事业兴旺发达的根本保证。

第六章

校长课程领导的实现机制

校长课程领导是 21 世纪以来我国基础教育课程改革不断深化过程中凸显的重要议题，它孕育于我国基础教育三级课程管理体制的政策逻辑，新生于课程与教学论领域的学术逻辑，并很快成为我国中小学场域的实践形态。校长课程领导，即校长充分发挥主体性，统筹各类资源、统领各级各类课程创造性实施和积极主动建设，进而构建学校独特的育人模式的实践活动。校长课程领导不是孤立地存在的，它受到学校外部因素的影响和制约，主要表现为制度和文化的双重制约：一方面校长有限的办学自主权制约着校长的课程领导空间，另一方面浓厚的应试教育文化氛围又给校长的课程领导平添了诸多压力。这反映在第二章所述的我国中小学校长课程领导观念与行为的调查结果中：有 53.6% 的校长认为"国家强制性课时太多，学校没有发挥空间"，62.2% 的校长认为教育行政部门下达的"行政事务太多，让学校忙不过来"，50.8% 的校长认为"社会对高考等评价十分看重，学校不敢出错"。如何在中国基础教育发展的现实条件下，尽可能地解除钳制校长课程领导的双重枷锁，解放校长课程领导的生命力，同时优化学校内部治理，实现校长行政身份与学术身份的合一，则成为实现校长课程领导的关键。

一、扩大学校自主权：实现校长课程领导的制度保证

（一）扩大学校自主权：我国教育管理体制改革之诉求

以 1985 年《中共中央关于教育体制改革的决定》的颁布为标志，我国教育管理体制改革自 20 世纪 80 年代以来逐步走向深入。深化教育管理体制改革，就是要消除在教育改革与发展过程中权力分配不合理、责任分担不明确等阻滞因素的消极影响，增强权力、责任配置的合理性。随着我国改革开放进程的推进和社会主义市场经济体制的建立与完善，推进政校分开、管办分离，使各级学校实现不同程度的自主管理，成为深化教育管理体制改革的核心问题，也是建设现代学校制度的基础和前提。

但是，多年来，我国教育管理体制的改革更多地注重各级政府之间和政府部门之间的管理职能调整、权力转让，从整体上来说，仍然没能走出"收—放—收"的怪圈，总体上依然缺乏有效推进政府与学校、政府与社会关系改革的途径。解决学校办学自主权问题仍然没有取得突破性进展。相反，政府在强化公共服务职能、承担起更多的公共服务财政责任的同时，行政权力也随之扩张，学校管理行政化倾向严重，并没有按照教育现代化的方向扩大学校自主权，实行校长办学、教育家办学，教育发展的微观活力缺乏体制基础。（《教育规划纲要》工作小组办公室，2010）[159] 这个问题虽然在高等教育领域更为突出，但在基础教育领域也同样存在。为此，2015 年 5 月，教育部专门出台《关于深入推进教育管办评分离促进政府职能转变的若干意见》，明确要求"加大政府简政放权力度"，"依法明确和保障各级各类学校办学自主权"，同时要求"进一步落实和扩大中小学在育人方式、资源配置、人事管理等方面的自主权"。

早在 20 世纪 90 年代，联合国教科文组织发表的重要报告《教

育——财富蕴藏其中》中就明确提出了"促进学校拥有真正的自主权"这种教育系统管理改革的思想主张。报告指出："学校自主是开展地方一级行动的一个必不可少的因素，因为通过共同决策，可以打破通常一些老师与另外一些老师隔绝的现象。在一些国家里，'学校计划'这一概念清楚地表明共同实现有助于改善学校生活和提高教学质量的目标的愿望。"（国际 21 世纪教育委员会，1996）[153] 它强调："学校自主能大大促进革新。在过分集中化的系统里，革新仅限于一些作为基础的试点项目；一俟获得成功，这些项目就会导致产生具有广泛意义的措施。但是这些措施并不一定在所有情况下都能被恰当地应用：事实上，人们似乎都同意这种观点，即革新成功与否主要取决于当地的条件。因此，看来重要的是普及革新能力而不是革新本身。"（国际 21 世纪教育委员会，1996）[153-154]

学校自主性是相对的，不是绝对的，任何组织、系统，包括人类社会的组织在内，都是"自主的——依靠环境的——组织"，"自主的概念不是一个实体性的概念，而是一个相对的和有条件的概念"。（莫兰，2001）[227] 学校的自主性是学校本身所具有的内在的固有的属性，是学校在同客体相互作用中所表现出来的相对独立性、自身的活力与个性（蒲蕊，2005）[75]。

既然学校自主性是相对的，那么在约束与自主之间保持一种合理的张力，就是实现学校自主的前提。但目前我国学校制度的主要弊端，还是政府特别是教育主管部门控制过强，学校的适应、服从、从属甚至附庸特征明显，而自主性比较严重地欠缺。学校自身的主动性、能动性受到压抑，钳制了学校发展的动机与欲望。缺乏自主发展的使命感和责任感，学校不能更合理、有效、灵活地运用资源与开发资源，效能低下，最终可能会导致学校教育背离促进人的发展的使命。对这种由学校自主性缺失而导致的学校主体性矮化问题，我们的校长有着切身的感受。

在不少地方，学校相比教育局处于从属地位，校长与教育局长相比是一个明显矮化了的被领导的角色。教育局长决定着学校的一切，掌控学校的办学大权，人、财、物等许多方面的资源统归局长支配，而且决定着学校的发展方向、发展规划、发展措施，甚至决定着学校订什么教材、教学参考书、教辅读物、练习册，教育局长成了大校长，而校长只能围着教育局长转。与此同时，教育局及其业务部门通过不断地开会以及对学校和校长的检查、督导、考评、评比、评审、评选，给学校和校长下达没完没了的任务，校长成了完成局长布置的任务的工具，学校成了一种工具性存在，所谓学校自主办学成了一句空话。外在力量的格外强势，导致学校主体力量的弱化。学校是文化主体，如果作为文化主体的学校，其主体性矮化、成员的主体意识弱化，那么学校发展当然就缺失了能动性和创造力。

与学校、校长这样的从属角色相伴而生的是，校长拥有一大堆"第一责任人"的要求。有校长指出：

> 今天的校长不好做，承担的责任比较多，学校内的一切工作责任都要由校长来承担。他是学校安全的第一责任人，是学校食品卫生的第一责任人，是学校教育教学质量的第一责任人，是教师专业发展的第一责任人，是学生体育健康的第一责任人，是后勤保障特别是教师奖金保障的第一责任人，是教科研的第一责任人，还是社区文化教育的第一责任人、军民共建的第一责任人，……不胜枚举。这些责任人的背后是一大堆事情和一大堆会议，校长要接受上级领导指挥，接受上级部门检查，接受考评考核。校长作为学校最高负责人，肯定要承担责任，但我们很少或几乎不提校长是某方面的第一权力人。责任和权力是相伴而行的，不赋予校长权力，却要校长承担责任，这就是当下学校的现状。

对学校缺乏自主权问题，有专家也曾深刻地指出："教育发展应该强化学校的自主权。长期以来，中国教育发展受行政钳制太多，受升学的指挥棒影响太多，学校失去了办学的独立性，失去了教育的自主权。'成者为王，败者为寇'，不允许教师进行小规模的尝试，不允许失败。在这样的基点上，一是形成了教育界对改革讲的人多、干的人少，谁也不愿'敢为天下先'，谁也不愿偏离一般学校所走的教育轨道；二是造成了局部改革多、整体改革少、浅层改革多、深层改革少的现象。1949年以来，我们虽然出现了斯霞、霍懋征、李吉林、魏书生等一批有影响的特级教师或教改专家，但却没有出现像陶行知、苏霍姆林斯基式的大

教育家，这与我们的办学体制僵化、学校的自主权太少不无关系。"（朱永新，2009）

我国社会转型时期对高素质人才的呼唤，以及我国教育改革发展"育人为本"价值取向的确立，对学校的自主性提出了更高的要求，从根本上要求进一步改善政府与学校之间的关系，政府要进一步下放权力，为学校更加独立、具有创造性的发展提供政策空间和制度保障。

关于政府在下放管理权力、推动学校自主发展上应该发挥的职能，国外一些学者通过总结和分析一些学校改进的经验后认为，权力下放"需要使一些原则、规定相应发生变化，使他们成为学校的辩护人（庇护人），而不是高高在上的控制者"。他们提出需要加强学校的外部力量，即建立"推动学校改进所需要的校外基础"。这种"校外基础"主要表现在四个方面："政策的制定应有利于支持权力的下放；集中关注加强能力建设；履行严格的督导与评价；鼓励改革和创新。"（富兰，2000）[256-257] 其实，所谓的扩大学校自主权，就是政府与学校之间一种新型关系的建立过程。"扩大学校自主权，改变现有政府与学校的关系，不仅仅是政府将教育权力下放的问题，也不是政府不再发挥作用，更不是放任学校自由发展。新型关系的建立是一个在政府与学校之间寻找新的动态平衡的过程，是一个持续的对话和学习的过程。它不仅需要政府简政放权，改变以往的家长式的角色，更需要政府发挥新的作用，承担新的角色。"（蒲蕊，2005）[184] 这种新型关系的建立具体表现在以下三个方面。

第一，要求政府下放教育管理权。在原有的学校制度中，政府科层式的教育行政管理导致对学校事务干预过度、行政审批事项繁琐等弊端，限制了学校的办学自主权。建设新型的政校关系，要求政府改进教育管理机制，下放权限给学校，赋予学校充分的自主权，政府以指导者和服务者的身份发挥对学校教育理念指导和教育质量监督的职能。政府这种管理理念的转变一定程度上能够使校长课程领导的管理制度束缚得到消除，为校长更大空间的课程自主管理提供了条件。

第二，进一步明确规定学校自主权。现代学校制度建设的目的是促进学校的自主发展，学校自主发展的前提是拥有一定的自主权。要通过相关制度对自主权进行规定，明确政府、学校各自具有的权力与义务，避免一方权力的扩大致使另一方权力的弱化。长期以来，政府权力的过分放大严重影响了学校应该享有的自主权，学校以被动的姿态机械地履行育人的任务。要扩大学校自主权，用法规来保障学校自主权的实现，进而明确校长课程领导的权力，实现校长课程领导身份的转变。

第三，鼓励多种形式的创造。原来的学校内部管理完全复制了国家教育管理的科层式体制，对教师和学生实行严格的管理和控制，严重制约着教师和学生创新能力的发挥。扩大学校自主权，就要促进学校内部制度的创新建设。例如，在学校管理中，给予教师与学生更多的自主权、更大的自主空间，鼓励他们创造性地发挥作用，展现其生命活力。学校内部制度的创新建设为校长课程领导、构建特色校本课程创造了机会，也扩大了校长课程领导的人力和物质资源。

（二）国际上两类教育改革案例的启示

20世纪80年代，美国进行过一次比较大的教育改革运动。这次改革以1983年《国家处在危机中：教育改革势在必行》教育法案公布实施为标志。这次教育改革主要是针对当时对学校的大量批评所做出的反应，改革的主要方向是加强州政府对学校的调控力度，通过规定使用的教材、课堂教学时间、教学方法、考试体系等，政府机构能够深入教室来控制学校。但是，这种加强政府对学校控制的教育改革没有达到预期的目标，并受到广泛的质疑和批评。正如美国研究者所认为的，这种调控手段在两个主要方面产生了相反的效果：一是使学校墨守成规，往往不考虑学生个人的特殊教育需要及他们所处的具体环境；二是教师常常因为学校环境日益科层化，无法在学校环境中做出正确判断而灰心丧气。（欧文斯，2001）[171]

与1983年开始的这次以加强州政府对学校的控制的教育改革相反，始于1988年美国芝加哥地区的学校改革却被美国研究者认为是成功的改革。这是一项涉及芝加哥地区550所学校的改革实验，旨在彻底地改变地方教育管理权限。这项改革把地方教育管理权力大幅度下放到学校：由相关方面人员组成社区学校评议会，负责聘任校长；校长再聘任教师，在学校评议会的监督下管理学校，教师则在校长的领导下努力改善学校教育。

美国教育研究者在总结芝加哥地区的改革经验时，认为这项改革体现了三个重要的理念：①日益重视参与和民主的政治力量；②重视通过学校改进规划来推动管理制度上的改变；③重视教学的改革和创新。在这个过程中，校长的作用仍然十分突出。取得改革成功的学校校长"把教学问题作为长期关注的焦点"，"以学校改进计划"带动全体教师参与学校改革，并能"解决不一致"的问题。他们为建立相互的"关联性"而竭尽全力，因为他们知道细碎、负担累累和缺乏关联性是改革过程中的特有问题。（富兰，2000）[238]

无独有偶，近年来芬兰的教育成就引起国际教育界的普遍关注。从 2000 年以来，芬兰学生的阅读、数学和科学成绩，屡屡在国际教育测评中名列榜首，将英国、美国等国家抛在身后。最为人称道的是，芬兰学生的成绩两极分化是最小的。芬兰教育的成功引起许多教育专家的研究兴趣。欧洲培训基金会的著名教育专家巴斯·萨尔博格博士为芬兰教育总结了五大特征，其中之一是"灵活的责任制"。（李茂，2010）

巴斯·萨尔博格博士认为，芬兰教育中"灵活的责任制"主要表现为教育管理的分权化和学校有较大的自主性。而这带来的一个结果是教育行政部门和政治领袖为他们所做的政策决定负责。这在教育管理中形成了一种交互责任制，即学校对学生的学习负责，而教育行政部门对学校负责。灵活的责任制对教师的教学和学生的学习产生了重大而积极的影响。所有的学生学习评估都是基于教师设计的考试，而不是外部机构实施的标准化考试。在课程计划中教师享有很多的自由，他们不需要在意学年考试或测验。20 世纪 90 年代以来，教师和学校自主权的增强，使得学校不仅能够根据他们自身的条件对教学进行最优化调整，而且在教学时间上也可以在国家教学计划框架下因校制宜地安排。

巴斯·萨尔博格博士把芬兰的教育改革称为"另类的教育改革运动"，而把以英国、美国为代表的依靠标准化考试建立教学责任制的改革叫作"全球教育改革运动"，并对两者做了辨析（见表 6-1）。

表6-1　两类教育改革运动辨析

全球教育改革运动	另类的教育改革运动
严格的标准 为提高教育质量、推动教育公平，统一为所有学校、教师和学生制定出明确的、更高的成绩标准	**松散的标准** 为学校的课程计划制定明确但有弹性的国家大纲，为所有学生创设最佳学习机会，鼓励教师根据实际情况来创造性地实现国家目标
以基本读写与算数技能为重点 教育改革的主要目标指向阅读、写作和科学中的基本知识与技能	**以拓展学习宽度和深度为重点** 教学聚焦于学习的宽度和深度，对个体成长的所有方面都同等重视，包括人格、道德、个性、创造力、知识与技能等
为既定结果而教学 以达到更高的学业标准为成功标志；把教育风险降到最低；教学限于考试内容，采取有利于获得既定成绩的教学方法	**鼓励冒险和创造力** 基于学校的、教师拥有自主权的课程有利于教与学的创新；在管理、教与学中鼓励冒险和不确定性
为教育变革移植外来的创新措施 教育变革的源泉来自通过立法和项目带入学校的外来创新，而源自学校内部的既有改进策略则被取代	**从过去学习，尊重教学保守主义** 在教学上尊重传统的教育价值观，比如教师的职责及师生关系。学校改进的主要源泉来自过去被证明的好的做法
基于考试的责任制 学生成绩的好坏与提高幅度直接与学校和教师评估、奖惩挂钩，胜者通常会获得经济奖励，而处在挣扎中的学校和教师将面临惩罚	**责任与信任** 在教育体制内逐步建立负责与互信的文化氛围，在判断什么对学生最有利以及如何汇报学生进步状况时充分尊重教师和校长的专业性。在资源和支持的分配上，向面临失败风险和落后的学生、学校倾斜

无论是芬兰的"另类的教育改革运动"，还是美国芝加哥地区的学校改革实验，其最重要的特征都是最大限度地扩大学校的办学自主权，给学校在课程安排和教师计划方面更多的自主决定空间和时间，正确对待学校教育情境的差异性，改革对学校一刀切的评价体系，尊重校长和

教师在教育工作中发挥的创造性。在扩大学校自主权的过程中，形成了"交互责任制"，使相关各方的自觉意识和能力得到增强。

（三）扩大学校自主权：校长课程领导之意蕴

1. 优化校长课程领导价值行为选择

校长作为课程领导的主体，其行为是在政府所营造的学校课程制度环境约束之下做出的选择。比如，在我国高度计划性的课程体制下，教育行政部门对学校课程开发的评价以考试成绩为中心，因此，许多校长的课程领导以追求最优成绩为导向。校长的课程领导权是在政府课程管理体制下所赋予的权力，权力的大小直接受政府的控制，所以，要校长充分发挥课程领导的自主权，政府就必须为学校课程开发创设良性的制度空间。由此我们可以说，优化校长课程领导行为应从学校所处的制度环境入手，通过制度环境的变革来促进校长课程领导行为的优化。

校长课程领导的价值追求行为来自政府给学校提供的制度环境，政府要营造有利于学校课程开发的制度空间。许多研究者认为，政府应该放松对学校课程的控制，扩大学校的课程自主权，以此来优化政府课程管理的行为，从而优化校长课程领导行为。政府扩大学校的自主权，一定程度上给学校课程开发营造了竞争的环境。在面临生存的危机与发展的机会时，学校的未来之路在于创新。同理，在具备相同的课程领导自主权后，学校与学校之间竞争的优势就是学校课程的创新，这将激发学校课程开发的创新动力。校长课程领导的价值追求将以学校的生存与发展为基础，以实现学校的持续发展和增强竞争力为目标，以选择创新作为自己的行为导向。

2. 塑造新型的校长课程领导组织形象

从目前来看，大多数校长的课程领导主要是一种科层式的管理和严格的监督，以一种强有力的手段实现控制的目的，从而确保国家的课程意愿在学校中被有效地达成。在这种课程管理体制中，教育行政部门处于领导与控制的地位，校长则是被领导和执行的角色。扩大学校自主权，在某种程度上意味着减少教育行政部门在课程管理方面的控制权，这就要求教育行政部门建立和完善课程管理机制，不能过多地干涉学校的课程建设；相反，应该更多地从宏观的视角对学校课程进行规范的指引，提供课程实施过程中的服务，这为校长在课程领导过程中重新塑造自己的组织形象提供了契机。校长应以主动的姿态，充分发挥课程领导的自主权，积极组织学校课程建设。

学校作为行政单位，其内部的管理机构按照科层制的原则来构建，校长是最高领导者。因此，这种内部组织制度决定了校长是合法的课程领导人，学校员工则是被领导者。在学校的课程建设中，校长的组织形象是指挥者、监督者、控制者，校长和教师的这种等级关系，也会在一定程度上压抑学校其他人员参与课程建设的积极性。扩大学校自主权是现代学校制度建设的核心内容之一，现代学校制度体现的是一种对话与交流、合作与协商、支持与服务的组织成员关系。在此基础上，校长和教师应该形成学校课程领导共同体，校长的组织形象应从监管者变成支持、促进与服务者，从发布指令者变成交流与对话者，从独断者变成协商、建议者。校长在组织课程实施过程中给予成员更大的自主权，能够提升教师参与课程开发的积极性，实现校长课程领导的组织职能。

3. 整合教育资源，打造学校课程特色

一个国家的课程制度受制于该国的教育行政制度。长期以来，我国高度计划性的课程管理体制造就了千篇一律的学校课程体系，学校特色课程无从谈起。我国中小学的课程体系，包括教学计划、教学大纲、教科书等，主要由国家教育行政部门统一编制或审定，地方和学校必须遵照执行。在这样的课程管理体制下，国家教育行政部门对学校课程的决定权达到最大程度。处在这样的教育环境中，无论置身于什么样的学校，其教学标准、学科课时的分配、教科书的内容，都会表现出惊人的相似，正所谓"千校一面，万课一模"。随着基础教育课程改革的深入，政府赋予学校一定的课程自主权，为学校特色课程的建构提供了条件。然而，在来自传统课程体制的制约和有限的课程自主权的双重压力下，校长课程领导中的特色课程建构职能也难以实现。正如一位高中校长认为：

> 课程特色应该是学校特色最核心的一个方面。但对校长来说，构建自己学校的特色课程，目前很难。在高度统一的计划经济体制下，课程是高度统一的，全国同种类型学校的课程都一样，谈不上

什么课程特色，校长也不用在这上面花费心思。现在我们实行三级课程管理体制，从政策上赋予了学校一定的课程空间和校长课程领导的自主权。但这个空间和自主权是非常小的。尤其是当前一些体制性的障碍还是非常大的。例如，在现行的全国统一的高考选拔制度面前，学校要真正按照自己的人才培养模式来建构课程体系是做不到的，学校不能按照社会对人才的需求和学生个体的需要设置课程。又如，现有课时的限制使学校很难操作自己的课程体系。学生在校的时间被文化课都排满了，国家规定的课程已经占满了课表，实施新课程后这一点也没有多大的改观。

扩大学校自主权，赋予学校更广阔的课程空间和校长充分的课程领导自主权，能够为打造学校课程特色、实现学生共性发展与个性发展提供更加自由的环境。学校自主权能够促进校长在领导学校全体成员全面落实课程改革目标与要求的过程中，根据本校的实际情况，自主开发利用社区和学校的课程资源，研发独具特色的学校课程，进而增强课程对学生、学校、社区的适应性，最大限度地实现每个学生的有效发展。

总之，学校是育人的场所，课程是育人的载体。各学校的背景往往不同，因而教育的情境性特征十分突出。所以，学校教育活动有效率的开展，常常需要更多更优秀的创造性认识与策略，这不是外在的机械化、模式化的控制所能奏效的。我们之所以强调赋予学校自主权，就在于外部的管理部门能够为学校创造性地开展教育活动开辟空间、搭建舞台，从而成为支持、维护学校开展创造性教育活动、实现校长课程领导的重要力量。

二、确立"育人为本"的主导文化：解放校长课程领导创造力

（一）高考文化：校长课程领导的直接挑战

对于整个社会来说，高考文化、升学文化的氛围还相当浓厚，这对校长课程领导形成极大的挑战。高考是校长们跨不过的坎，无论怎么改革，校长都不敢不重视高考升学率。笔者在做实证研究过程中，充分体

验到了校长的这种纠结。

上海某知名中学 C 校长是这样看待这个问题的。

当下中国社会的教育，还是处于由考试升学主导的形态，所谓"应试教育"是对这种教育形态的概括。所有中小学校长都面对着考试升学的挑战，高中校长面临的挑战更大、更直接。校长们摆脱不了，也跨越不过去。拿高中来说，是三年都在应对高考，还是用半年应对高考，是一个现实的选择。我的学校也重视高考，但不唯高考。我们认为学生综合素质提高、综合能力增强与高考成绩提高是正向关系。所以，我们在高中三年里，有两年半的时间都是在高中课程计划的指导下着力促进学生综合素质提高，用高三最后一个学期来应对高考。高考毕竟是一种考试，并且这种考试攸关学生升学，攸关家长望子成龙和望女成凤的期望，学校自然会重视高考。但我们觉得，用半年时间训练考试应该足够了，学生有较好的基础，加之教师都有一定的训练考试的经验，学生高考成绩应该是没问题的。事实上，我的学校的高考升学率始终保持在社会认可、家长满意的水平上。

在课程改革力度比较大的深圳某知名中学 W 校长看来，学校的课程改革是寻求"现实与理想的平衡"，现实就是现在的高考制度，理想就是学校学生的自主发展。

我们整个学校的教育模式是三个年级三个模式。高一时学生按行政班上课，学习以必修课为主，课业比较均衡，意在帮助学生打好基础，更好地实现从初中向高中的跨越。在高二，则是完全放开选择的模式，因为学生在高一已经打下了比较好的基础，可以比较自由地选择了，所以我们采取流动的走班制。到了高三，变成按照高二选定的方向分班教学的模式。事情非常明确简单，就是为了高考，高考考什么就复习什么，高一、高二学的很多东西是不针对高考的。实际上，这三个年级的模式是理想与现实的结合。在寻求现实与理想的平衡方面，我认为我们处理得不错。

　　这所学校的课程改革，就是针对传统学校教育中对学生束缚太多、限制太死的问题，而力图给学生一些自由，让他们能作为真实、有权利、有思想、有个性的人来发展。这种教育模式在这所学校内，从一开始就存在争议，反对的教师和赞成的教师都据理力争。这种纷争充分反映了不同教育文化理念之争。

　　F老师是一位教育生涯达30多年的老师，他对学校的这场课程改革是持反对态度的。他毫不隐瞒自己的观点。

　　　学校目前正在进行的这场改革，总体来说，是两头热中间冷，就是学校领导班子尤其是校长和学生这两头热，而教师反应比较冷淡，有许多老师是反对的。老师反对表面看可能是对教材编排有意见、对课程安排不满意。其实，反映在深层次上，是认为课程改革太急躁。(课程改革)虽然有合理成分，但不多，把中国教育的优良传统丢得太多，让老师丧失了积极性。从情感的角度来讲，支持的人不多。

　　　我们学校的高一、高二年级，基本上就是处于无序状态。走班可以走，但是不要太多了，要有一个固定的班集体。有些课走一走是可以的，原来我们也这么做。现在非得要搞一个完全不一样的东西，这样就会偏离轨道。改革应该一点点地改，不要一下子就端个新盘子出来，超过一定比例就不是改革而是革命了。走班制最大的坏处就是砍掉了中国教育文化。教师和学生之间发生着教育关系，"教"和"育"是不能切开的，"育"是非常重要的，但走班使老师和学生都成了加工器，学生和老师就是买卖知识的关系，老师可能上学期教你课，也可能下学期教你课，老师和学生没有"育"的关系。

　　　现在学生不是没有自由，而是过于纵容了。学校里本来有团委、学生会等学生组织，还要搞一个学长团。有家长就说，学长团纯粹是黑帮拜大哥。学生毕竟是缺乏辨别能力的。现在有些学生根本就不把老师放在眼里，这种情况下还要让学生给老师打分、评价老师，哪个老师还敢用规范约束学生？对学生的不良行为只能装作看不见，省得被打低分。学校取消了班主任制，弄出个导师制，但班主任和导师根本就是两回事。现在的情况是，不但导师不管学生的事，就是学科老师也不管。当把教师的职业道德降低到岗位道德后，这种现象就更严重了。教师会觉得任何岗位外的一点任务都是多余的。我从当老师开始就愿意当班主任，觉得这个工作是充满乐趣的，当把班主任工作条例化、变成报酬计数之后，我就不愿干了，觉得操作化的条例让我的工作没有意义。以前许多应该由班主任负责的教育任务，都交给学生辅导中心了，但辅导中心教什么，教女学生怎样保护自己?!

学校今年的高考升学率虽然不比前几年差，但要不搞这样的课改，肯定还会比现在好一大截，而不是好一点。有的家长反应很强烈，说我们学校中招时把深圳市中考前 1500 名的学生都招进来了，但三年后高考，很多学生都后退到 1 万名之外了，中考时考 670 多分的学生，高考都考不到 500 分。这不正说明至少有一部分学生是不适应这种改革的吗?

我很坦率地讲，我们校长的思想太简单了，他一直被他的教改思想所惑，认为这个思想可以通行天下。这种思想是从几本书中来的，也许书的作者都没搞清楚的所谓思想，我们就拿来做了，这是不行的。

Z 老师是伴随改革开放脚步出生、成长起来的一位年轻教师，是应试教育的亲身经历者、体验者，也是深圳这所著名中学新课改的参与者、支持者。Z 老师与 F 老师的认识不同。

我们学校的新课改是对中国传统教育模式的一种超越。试想，大家在一个非常熟悉的领域工作几十年之后，现在要颠覆这几十年的经验，老师们的反应肯定是很激烈的。很多老师问：以前那样不行吗？原来那种模式不好吗？不好怎么能培养那么多人才？大家不都是那种模式下培养出来的吗？我们学校很多老师过去是校长、教学主任、各种各样的学科带头人，到这里来每个人都带着成功的经验和荣誉。一些老师是先听，然后议论，接着怀疑，最后反对。

在我们的教育环境中，课改是喊得很响的，但真正做课改的人不是很多，能大跨步做课改的人更少，达到我们学校今天水平的少之又少。所以课改在我们学校是有一定阻力的。我们校长是个做事的人，一直在坚持，不是大家说不行就算了。学校里各种声音都有，各种想法都有，一直持续到今天，但是各种想法的比例在发生变化。我相信越来越多的老师和学生会从心底里接受这件事情，而且有相当多的学生是课改的受益者。

我绝对不是在为谁唱赞歌，也没有必要，我只是就自己的感受来谈。以前的高中是什么样子的？我们都是亲身经历者：整天封闭在校园、教室，不断地机械训练，两耳不闻窗外事，一心只读高考书。想搞什么活动基本没什么可能性。要办什么社团，可能吗？现在这所学校给学生提供了很好的舞台。学生的很多思维和智慧在课堂上是无法练就的。给我深刻印象的是学生搞的十大歌手晚会。平时比较调皮的学生，或者说学习成绩不太理想的学生，往台上一站，那么大方，就像有多年演出经验的人，舞台感觉那么好！4个主持人之间幽默地对话，和台下同学和谐地呼应，非常得体。这样的场景常见吗？我禁不住也拿着荧光棒挥舞，跟着唱，这时没有老师和学生的差别，你不会因为你是老师而矜持。看着他们的高中生活，就觉得自己的高中生活太单调了。晚会结束后，我非常激动，一把拉住校长的手说，学生在这所学校生活得很幸福，这是我发自内心的话。

学校课改是一个体系，它不是用分数能衡量的。培养几个会答题的学生是很容易的，要分数要"状元"也并不难。而我们学校不是这种理念，不是这种思想。学校有个优良传统——绝对不给学生补课，这点非常牛。但社会上的人不理解你，他们要求学校的是什么？一定是高的升学率，是"状元"。没有"状元"，怎么能说你学校考得好呢？社会上的人就是用这样一个标准来评价学校、评价校长的。校长能顶住这么大压力，来实践国家课改的理念，这是值得称道的。

在"管"和"约束"的环境中出来的学生，一旦给他们自由，让他们自主，他们觉得很不适应。很多学生初来学校时非常不习慣：怎么没人管我呀？没人要求我呀？有些学生不适应是很正常的，这不是孩子的问题，是因为我们对孩子从小约束过多，限制太死。学校一给学生自主、自由，就有人说：这不是放羊吗？我觉得，放羊有什么不好？羊觉得哪片草地好就在哪儿吃有什么不好？孩子有自己的选择有什么不好？我们为什么非得要把孩子圈起来？这样的孩子怎么能自信？能有创造力吗？

学生自主，学生张扬个性，怎么就能说学生目中无老师呢？学生评价老师，老师就不敢管学生了吗？有一次，我刚从办公室出来，看见校长，就站在那儿和他聊了几句。这时我的身后有人叫道："嘿，××还不回家，这么晚了。"我回头一看，是我班上的学生。你们认为我在这个时候的反应应该是什么样子的？按照你们的期待，我会严厉地说："叫谁呢？没大没小的。"或者，我立刻给他脸色看，理都不理。但我不是，我很正常地回应学生："你怎么也刚走？"我认为尊重不是一种表面化的东西，我的学生和我亲近、开玩笑，说明他们认为我是个好老师，不能说我没有师道尊严。我觉得老师和学生是一种职业关系，没有学生哪有老师，想让学生尊重自己就要先尊重他们，把他们当朋友。有老师问我："学生的事你怎么都知道？"（这么问），因为我不是大家认为的传统意义上的老师。老师首先应该调整自己的心态，为什么一定要让学生低三下四地对待自己呢？真诚是一种力量和能力，教师只有付出同样的真诚，才能得到相应的回报。

我赞成学校的课改，这并不是说目前我们做得毫无缺漏，肯定有需要调整完善的地方。我们校长顶着这么大压力做并不是为自己，是因为他有一种教育理想，他是一个真正做事的人。我不希望我们学校的改革夭折！

面对教师认识上的分歧，W校长显得很平静。他认为，超越传统的教育模式，探索构建一种新的教育模式，要有一个转变的过程。老师们需要改变习惯了的一些教育观念和行为，一开始肯定不太适应，校长要允许老师有不同的意见。

对于学校的课改，认识的分歧还不只存在于教师之间，一些家长也有比较强烈的不同意见。W 校长感到困惑的是，现在有的家长常常把家庭和学校的功能、家长和校长教师的角色混淆起来。

　　家庭主要承担的是血缘关系上的养护功能，当然也要履行教育的义务；而学校的功能在于按照国家的培养目标要求，遵循人的成长发展规律，用先进的教育理念培养学生。家长、教师、校长都是爱学生的，这是毫无疑义的，但爱的出发点应该是有差异的。有的家长就说，学校应该更多地从家庭、从家长的角度考虑学生的教育问题。这也是当今中国校长共同面对的教育理想与社会现实之间的矛盾。我们学校的课改也是在这两者之间寻找平衡点。家长们普遍期望，把孩子送进这所学校后，学校就一定要把孩子送进重点大学，但学校就该屈从于家长的这种要求吗？当然不可以，学校必须履行它所应该承担的责任。现在校长们普遍存在一种认识：谁要是触动了高考这根弦，谁就是找死。我们学校的课改基本上也没有触动这根弦，始终保持着高的升学率。只不过，我们把有些学校的三年高考训练变成了一年，在前两年让学生得到充分的自主发展。

（二）确立"育人为本"的主导文化：校长课程领导之生态环境

　　当下中国的广大中小学校长在"戴着镣铐跳舞"，他们在欲为与难为中纠结，在现实与理想之间做着艰难的选择。他们不得不面对现实，同时为着教育信念努力地去超越现实。前述的深圳和上海的学校，虽然不能完全超越现行的高考招生制度，但是它们在力所能及地弥补这种高考制度的不足。深圳那所学校引导学生把眼界放宽，不要只瞄准国内的高校，同时也要放眼我国香港地区和西方一些发达国家的大学。学校专门配备了一位美籍校长助理，为学生升学开辟国外通道。通过这些有效工作，每年都有一部分学生到我国香港地区和其他国家上大学。上海那所学校则从瞄准现行高考、瞄准目前高考的改革、瞄准未来高考三个方面，把握课程改革与高考的关系。C 校长利用自己是上海市高考语文命题组成员的身份不断呼吁高考改革，影响高考改革。同时，学校抓住一些高校自主招生的机会，让高校了解这所学校的课程改革，理解学校的课程改革，尤其是让高校看到学生优秀的综合素质，从而与高校建立一种良好的合作关系，让更多的学生以自己的实力直接进入自主招生学校。

和学校变革一样，校长课程领导也是一个破旧立新的过程。在这个过程中，利益攸关者如教师、家长可能因一种惧怕自身利益受损的心理而反对甚至抵制变革。"缺乏安全感的教师、管理者和家长的反应，多半是尽量牢牢地坚持他们熟悉的东西，或者甚至是对某些具有过去学校特征的、曾被实验证明是正确的基本原理的回归。"（汉森，1993）[323] 这是校长课程领导中普遍遇到的问题，要解决这个问题，校长需要有坚定的信念和执著的坚持力，但更需要一种以"育人为本"为主导文化的生态环境。

目前我国盛行的是以"升学为本"的应试教育文化，这种文化具有很强的功利性，它不是以促进学生身心健康发展为目的的，而是用升学率、用学校的社会声誉等组织外的目标来苛求儿童青少年，压迫儿童青少年。它以应付升学考试为目的，狭隘地强调"不要输在起跑线上"，从学前教育阶段开始，只重视知识的学习，而忽视儿童青少年各方面素质的全面发展，甚至牺牲他们的休息、娱乐和体育锻炼时间，遏制他们天然的好奇心和求知欲，用繁重的课业负担来充填他们本该丰富多彩的生命世界，使得他们完整的生命片面发展甚至畸形发展。学校的一切工作都围绕着备考这个中心展开，它要求学生积累与考试有关的知识与应试技能以考取高分，要求教师将分数作为教学的唯一追求，并以分数作为衡量学生和教师水平的唯一尺度，脱离了社会发展和人的发展的实际需要。这种应试教育为了维护所谓的"考试公正性"，必然要求考试内容的客观性与统一性，进而导致课程体系的统一性。当前，整个社会对应试教育文化形成了一种集体无意识的认可。因应试教育造成的学业负担过重以至影响学生身心健康的问题，远没有因某地区某校高考升学率下降而受到社会的鞭挞厉害。在这种情况下，校长的课程领导就失去了现实根基。

校长课程领导本身不是目标，其目标是促进每个学生最有效的发展，即在学生普遍发展的前提下，让每一个学生获得适应其身心发展特点和潜能的适得其所的发展。这就要求校长通过领导学校进行国家课程的创造性实施、校本课程开发与建设、教师课程创生，创造适合每个学生的教育。而在应试教育的背景下，学校一切工作以分数为唯一目标，外界也以升学率来评定学校的教育质量、教师的工作成绩以及学生学业水平，这就难免让学校全身心地投入"主科"（考试科目）的教学中，实际上完全忽略了校长课程领导的空间，校长的课程领导无从谈起。

因此，校长课程领导需要"育人为本"主导文化的形成和发展。所谓"育人为本"，就是《国家中长期教育改革和发展规划纲要（2010—2020 年）》中指出的，"要以学生为主体，以教师为主导，充分发挥学生的主动性，把促进学生健康成长作为学校一切工作的出发点和落脚点。关心每个学生，促进每个学生主动地、生动活泼地发展，尊重教育规律和学生身心发展规律，为每个学生提供适合的教育"。"育人为本"的核心是坚持"以学生发展为本"。强调人本身的存在与发展这一核心价值，就是要改变当前学校课程领域存在的突出的教育工具化倾向，促使课程重新回到促进人的发展这个原点上来。作为教育工作主体的校长和教师，不应满足于课程的自在状态，而应以自觉的态度来对待学校的课程、教学和管理；给予学生选择和参与的时空，以学生为主体，在学习时间、学习方式、学习内容等方面给予学生选择的空间。这就要求学校的课程体系做出合理调整以满足学生发展的需求，由此必然要求学校拥有一定的权限对国家课程或地方课程进行创生性实施，开发、设置校本课程。校长和教师要以人的自由、全面发展作为人活动的目的和评判学校课程发展质量的尺度，赋予人的活动以自觉的价值内涵。

"育人为本"主导文化的确立，既需要全社会教育观念的转变，也需要教育自身不断深化改革，特别是需要大力深化考试招生制度改革，更需要校长坚持正确的教育价值观，尊重教育规律和学生身心发展规律，探索出有利于学生最有效发展的教育模式。校长课程领导体现的是学校变革的过程，学校变革过程是复杂的，就像国外学者所说的："它们的发展是错综复杂的，与每一所学校的独特背景密切相关；改革不仅是学校的当务之急，也是学校长远的社会历史重任。"（富兰，2000）[238]

三、行政权与专业权相统一：校长课程领导的内部机制

（一）第一个吃螃蟹与每月 1000 元模块课程开发课题费

校长课程领导是需要策略推进的，不同的校长采取的策略可能会不同。在上海那所著名中学，C 校长领导学校进行模块课程开发的策略颇有一番味道，笔者将其形象地概括为"第一个吃螃蟹与每月 1000 元模块课程开发课题费"。所谓第一个吃螃蟹，是指模块课程开发是从语文组先搞起来的。道理很简单，C 校长就在语文组，并且他还是全国著名的语文特级教师。这样的身份，使他对校长自身的专业影响力有着深刻的认识。

我主张校长要率先垂范。我现在还在上课，就是这个道理。为什么上课？（因为）校长要保持职业的敏感力。校长对老师的教学要了解，对学生要了解，对课堂教学要了解。如果你不上课，就很难保持职业的敏感力，以至可能会说外行话。其实老师看校长有时很简单："你校长说一千道一万，有本事就教教看，把高考质量带上来让我看看。"我任教的班级，每年高考成绩都是第一名。老师们一看，咱们校长是有本事的。老师说："没看你让学生做多少题目啊。"其实，一直到高三，我都在做三件事：一是带领学生练钢笔字，从高一一进校，一直练到高三最后一节课；二是每课一诗，每堂课学一首诗歌，也是从高一第二节课开始到高三最后一堂课结束；三是每月一书，就是每月读一本文化名著。我在潜移默化地影响其他语文教师。老师想通了就开始跟我学：像每课一诗，至少 90% 的老师做到了。我不强求大家一定照着我的办法去做。像每月读一本文化名著，有的老师采取两个月读一本，也是可以的；课堂上研究文化名著，也是可以的。所以，学校搞课程改革，搞模块课程开发，从语文组先开始也就顺理成章了。接着，数学组、外语组……，各个学科组都行动起来了。

当然，学校课程改革如果单靠校长的专业影响力和引导力，成效会是相当有限的，相应的政策措施是不可缺少的。在上海这所学校的模块课程开发中，学校没有要求教师一定做什么和不做什么，而是以备课组为单位自愿申报。相关计划学校请专家论证一下，专家认为可行，学校就让老师来做。学校有政策引导：凡参与课程改革的教师，月薪上调300元；每个课题每月给1000元课题费，由课题组支配。教师很少有机会支配这种"公款"，所以很重视经费的使用。至于课题组怎样用好这笔费用，学校不做统一要求，关键是要花出效用来，花出一种集体备课的氛围出来。学校让教师发自内心地做，做起来有味道，他们称之为"快乐模块"。所谓备课组的活动就是课题组的活动，这样学术味道、校本教研的味道就浓起来了，教学、研究、教师专业成长也就融为了一体。教师不是为了评职称或要获什么奖，东拼西凑一些资料堆成一篇所谓的论文，而是实实在在地解决课改中、教学中的问题，教师在解决问题中走向自主专业发展。

（二）校长要做"有权"的内行领导

正如上文上海那所中学案例所反映出来的，校长要成功实施课程领导，做"有权"的内行领导是一个必要条件。这里的"权"是行政权，这里的"内行"就是指具有专业权力。校长的行政权力来自上级授权和法律赋权。在我们国家，对校长的权力来说，真正法律赋权的成分很小，主要是上级党委政府相关部门（不只是教育行政部门，也有党委组织部门）授权，表现为校长作为学校的法人、最高负责人，为了实现学校的办学目标（目标是基于学校行政本位的），依据国家的法律、政策和学校的规章制度对学校行使全面的领导和管理。行政权能够保证校长具有决策力、号召力、执行力，而专业权能够让校长具有感召力、凝聚力和引领力。缺少了行政权，校长对课程的领导无从保障，"虽令而不从"；但只有行政权而没有专业权，校长也无法保证课程实施和改革的正确方向。二者缺一不可。行政权与专业权相统一，是实现校长课程领导的内部机制。

1. 以行政权保障课程领导

长期以来，我国的课程管理体制属于中央集中管理的模式，这使得课程领导在很大程度上属于一种政府行为，从教育部的政策制定到学校具体的课堂教学安排，都处于政府管理部门的宏观决策和监控之下，这对于校长实施课程领导既是一种保障也是一种控制。校长更多地是作为一种"行政权威"而出现的，课程领导的权力也基本上来自其职位本身，真正赋予校长的课程权力微乎其微，再加上应试教育、学校间不良竞争等的束缚，校长难有作为的空间。因此，对于校长课程领导来说，行政权意味着"监控"。校长往往不是站在课程教学专业的角度实施课程方案、领导课程改革，而是以一种行政领导的角色出现，以职位权力来保障课程领导的权威，从一个宏观的角度和立场监控学校以及教师的行为，以此来实现课程教学目标。

随着基础教育课程改革的不断深化，我国已经逐步建立起国家、地方、学校三级课程管理体系，国家赋予了地方和学校一定的课程管理权力，校长在课程领导上也有了一定的自主权。这样，校长的行政权就由原来主要是课程计划执行的"监控"转变为如今课程领导的"保障"。

行政权具有实现某种目标或利益的强大力量，并且这种力量具有摆脱外在控制的"冲动"；行政权代表的还是公共利益，是消除无政府状态下对个人权利毫无保障的制度设计。校长课程领导须建立在职位赋予的行政权力基础之上，利用奖赏权、法律职权、强制权等带来的影响力实现对教师的管理和领导，在合作的基础上形成合力，提高课程领导的效率，并以此来保证课程的顺利实施，实现从课程计划到课程采用再到课程实施最后进行课程评价的完整的课程改革，实现专家的理想课程到学生的经验课程的顺利转化。有学者指出，在校本管理包括课程领导中，校长应当拥有四个条件："自律性、权限、责任、学区和上级的支持。"（钟启泉，2006a）行政权离不开国家和地方教育行政部门的支持，但同时也要求校长对课程领导持一种负责任的态度，把行政权力建立在教育道德的基础上，因为教育从根本上来说是一种育人的事业，课程领导要致力于每一位学生的发展，致力于教师的专业发展和学校的特色发展。

2. 以专业权引领课程开发与实施

三级课程管理体制的建立，使地方和学校具有了一定的课程管理权力，与此同时，校长在课程领导上也有了一定的自主权。校长课程领导不再只是一种单纯的行政行为，同时还是一种专业行为、一种与教师的合作行为，这就要求校长课程领导必须实现行政权威与专业权威的内在统一。校长课程领导的专业权取决于校长的知识、能力及在课程教学方面的专业化程度。

与行政权不同，专业权更多的是一种个人魅力，这种权力的基础在于校长关于课程与教学的专业知识与能力，而对这种权力的服从则是建立在认同的基础上。专业权对于校长课程领导来说意味着"自主"，是校长课程领导的核心与灵魂。只有依赖于这种专业的自主领导，校长才不至于沦落为一个对课堂教学知之不多的行政领导；只有依赖于这种专业的自主领导，校长才能为学校成员提供必要的资源与支持，促进教师间的交流与合作，从而实现教师的专业发展，实现每一个学生的发展；只有依赖于这种专业的自主领导，学校才能形成优质的教育发展方案，更好地发挥办学独立性和教育自主权，整体规划学校的课程改革，提高教育质量，从而走上特色发展之路。

课程领导不是对课程方案的简单执行，在基础教育三级课程管理体制下，校长应有开放的课程意识，转变观念、主动创新，以专业的课程教学知识和能力来组织和领导学校的课程开发，明确学校的办学理念和人才培养模式，厘清课程开发的基本维度，选择课程内容，形成课程结构，进而开发富有特色的校本课程，实现学生的个性发展。这就要求校长不断地对实践进行总结和反思，以对话和协商的态度来促进不同年级、不同学科教师之间的交流和合作，使课程领导从"行政指令"向"课程协商"过渡。同时校长需要明白，课程领导不是一个人单打独斗，而是需要一个紧密协作的团队，教师不是被动的执行者，而是主动的课程开发者，教师之间不再是漠不关心、相互设防的关系。校长应该让渡一定的权力，让专业的人有更多的话语权。正如迈克尔·富兰认为的："如果要完成一场深刻的、更加持久的变革，最为重要的就是'重塑'学校文化。否则，变革就会肤浅和不持久。"（富兰，2005）[155-156] 重塑学校文化的核心人物是校长。为此，迈克尔·富兰进一步阐释道："高效运转的组织的领导者拥有一系列个性素质，我称之为希望（无根据的乐观主义）、热情与活力。""工作高效的领导者兼有强烈的道德目标意识，对变革进程的深刻理解和在人际关系建立方面有极强的情感智力，也具有对新知识发展与共享的专注以及保持政策一致性的能力（在混沌的边缘保持足够的一致性仍然可以富有创造性）。"（富兰，2004）[125] 迈克尔·富兰用图 6-1 形象地表征了"变革文化中的领导"。

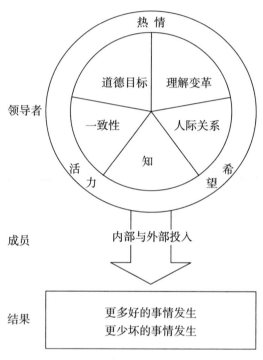

图 6-1　变革文化中的领导

3. 坚持行政权与专业权的统一

校长作为学校的课程领导者，兼具行政权与专业权，二者缺一不可。对学校外部来说，校长要在接受上级教育主管部门监控的同时，扩大课程实施和课程开发的自主权；而在学校内部，校长也要在监控课程实施的同时给予拥有专业知识和能力的教师更大的自主权，促进教师的成长和专业化发展。

行政权是实现校长课程领导的职权保障，专业权是实现校长课程领导的职业核心，行政权与专业权内在的协调统一正是实现校长课程领导的内部机制。因此，校长要做有权的内行领导。首先，校长要有课程改革和开发意识，更新观念、不断创新，深入反思课程实践过程，不断更新自己在课程与教学方面的专业知识和能力，把握课程实施与改革的基本方向，不再满足于只做一个国家课程的执行者。其次，行政权要真正做到为专业权服务，为专业权提供有力的支撑和保障。校长课程领导的行政权威要建立在专业权威的基础之上，校长要组建课程领导团队，向真正拥有专业权威的人让渡一定的行政权力。

现在普遍的情况是，校长关注课程教学的时间在其工作时间中只占很小的比重，行政方面的事务占据了校长太多的精力，校长对课程领导往往是心有余而力不足。而在课程领导的过程中，校长要进行课程改革和开发也受到诸多钳制，其中既有来自上级主管部门的，也有来自社会和家长的，这些阻力在一定程度上会挫伤校长课程领导的热情和积极性。但是，校长的态度和举措对于学校课程开发和课程实施确实至关重要，这不仅要求校长从行政上给予保障和帮助，激发教师的课程改革和开发意识，而且要求校长能够从专业的角度给予教师一定的帮助和指导。如何在行政权和专业权之间寻求统一，如何在监控与自主中取得平衡，则成为实现校长课程领导必须重视的问题。

总之，影响和制约校长课程领导的内外部因素是矛盾的统一体，只有外部因素和内部因素相向改进，才能为校长课程领导赢得更好的制度、文化空间及实现的条件。美国著名教育学者在主持一项大规模的学校教育研究项目时曾指出："如果将改革从外部施加于学校，那么学校的改进最多只能是缓慢的。依我的判断，最有希望的改革方法就是寻求开发学校自身的能力来解决自己的问题，以成为基本上可以自我更新的学校。但是，在实现自我更新的过程中，如果没有所在州和地方学区，尤其是学校周围全体选民的支持，学校将面临巨大的困难。"（古德莱得，2014）[28] 学校的改革和发展，关键在于学校自身主体能力的发挥，但这需要政策空间和外部环境的支持。近年来，我国为深入落实《国家中长期教育改革和发展规划纲要（2010—2020 年）》，出台了深化高考招生制度改革、推进教管办评分离等一系列政策措施，其根本在于保障和落实好学校办学主体地位，最大限度地激发学校作为教育"细胞"的活力。如《关于深入推进教管办评分离促进政府职能转变的若干意见》明确规定："建立与学校办学定位、目标、责任相适应的评价体系，充分反映学校办学的努力程度和进步情况，促进学校特色发展、个性发展。"当然，良好的制度空间只是实现校长课程领导的一个方面，与此同时，我们更需要激发学校内部的主体因素。校长课程领导作为一种变革性实践，呼唤着变革型校长。变革型校长具有比较强的主体性，能够顺应时代发展的潮流，不失时机地抓住发展机遇，通过变革不断凸显学校发展的生命力，形成应对变革的自我更新机制。变革型校长充分展现了民主课程领导观、创造课程领导观，深刻反映了领导过程的民主性、合作性、建构性和批判反思性。变革型校长认为，教师不是课程的机械传递者和执行者，而是课程的有机组成部分，要对教师赋权增能，使其参与课程决策，更应使其在课程开发、建设及实施中成为主体。毋庸讳言，建立校长课程领导的良性机制，有赖于释放学校外部的制度空间与学校内部积极活跃的主体力量，二者相辅相成。

结　语

校长课程领导，顾名思义，就是校长对课程施加影响的活动。当然，这不是简单的线性活动，而是涉及诸多因素的复杂活动。回眸本书，校长课程领导顺应了我国基础教育三级课程管理的政策逻辑，成长于课程与教学论的学术生态中，并很快成为我国中小学的实践形态。校长课程领导，是学校创新育人模式、全面提高教育质量的教育改革时代命题。

中国教育正处在一个新的历史起点上，实现教育现代化成为教育改革和发展的重要目标。在新的历史发展阶段，学校的责任和使命越来越大。因为只有一所所学校的教育现代化，才能汇聚成中国教育现代化波涛汹涌的大河；只有一所所学校的教育高质量，才能擎起中国教育质量的摩天大厦。在这样一个伟大的教育变革过程中，校长课程领导已经不是一个"是否存在"的命题，而是一个"应该如何"的重大课题。

学校的责任和使命，核心是校长的责任和使命。我国著名教育家陶行知先生曾说过："做一个学校校长，谈何容易！说得小些，他关系千百人的学业前途；说得大些，他关系国家与学术之兴衰。"（《陶行知全集》编辑委员会，1991）[60] 陶行知先生对校长地位和职能的判断，实际上反映了校长对于学校、对于国家的责任。所以，本书在对校长课程领导这一命题展开研究时，首先澄清了"校长课程领导"与"校长课程管理"这两个概念。我们习惯了"课程管理"的说法，现在出来一个"课程领导"，这是换一个说法，还是另有其意？书中，笔者对"校长课程领导"与"校长课程管理"进行了辨析，认为这是两种不同的范式。之后，对"校长课程领导"这一概念进行了诠释。校长课程领导，是校长统领课程创造性实施和积极主动建设的行为，其宗旨是促进每个学生最有效的发展。它反映了以"让每个学生获得最有效发展"为核心的现代课程观，是一种战略性的创新课程实践，有利于不断增强能够凸显育人特色、激活学校生命活力的先进学校文化。校长要通过领导学校进行国家课程创造性实施、校本课程开发与建设、教师课程创生，进而建构立体、综合的高品质课程体系，创造适合每个学生的教育，让每个学生获得最有效的发展。校长课程领导表现为战略谋划、创新实践。在课程领导中，校长体现了高水平的主体性，具体表现在自主性、主动性和创新性三个维度。

在中国社会转型和教育体制改革不断深化的背景下，学校作为办学主体，面临着前所未有的生存和发展压力，这实际上就是校长生存和发展的压力。在这种环境中，中小学校长形成了依附型、维稳型和变革型三种不同的类型。校长课程领导作为一种变革性实践，呼唤着变革型校长。变革型校长能够顺应时代发展的潮流，不失时机地抓住发展机遇，凭借自己的胆识和战略思想，挖掘学校的优势和潜力，形成应对变革的自我更新能力，并通过变革不断激发学校发展的生命力。

校长课程领导作为学校变革性实践，其深度从根本上取决于校长的主体性水平，亦即自主性、主动性和创新性水平。当然，我们不能对主体性做形而上学的理解，因为主体性是受外在条件影响和制约的。我们将获得的这种理论认识，置于学校课程实践的历史进程中，发现中国中小学校长课程领导经历了从潜意识阶段、意识阶段到显意识阶段这样一条发展脉络。每个阶段的校长课程领导存在类型与水平上的差异。这一发展脉络，反映出中小学校长课程领导的主体形态总体上呈现出从"自在"到"自为"的发展走向。校长课程领导达到显意识阶段，意味着校长对课程改革、课程领导的认识与实践有了更鲜明的理论自觉和能动创造。这既源自校长的一种自主、能动的创造力量，也源自外在支持性因素的增长。

校长课程领导不是孤立的存在，而是受到学校外部因素的影响和制约，主要表现为制度和文化的双重制约。在笔者主持的我国中小学校长课程领导观念与行为调查中，校长"欲为"与"难为"的矛盾心态充分地体现出来：一方面，校长有限的办学自主权制约着校长的课程领导空间；另一方面，浓厚的应试教育文化氛围又给校长的课程领导平添了诸多压力。主体性水平是受外在条件影响和制约的，所以实现校长课程领导，一方面需要校长的主体性不断增强，另一方面需要外部环境不断改善，扩大学校办学自主权和积极营造"育人为本"的主导文化。也就是说，校长课程领导需要改善环境和修炼内功并进。从学校内部来说，校长应在行使好行政权力的同时，不断提升自己的专业权力，做"有权"的内行领导。正如迈克尔·富兰所说的："我知道所有改进的学校无不具有擅长领导改进的校长"，"这些成功的校长（1）具有'包容性的、帮助性的取向'；（2）把'学生学习作为学校机构的重心'；（3）具有'高效的管理'；（4）'把压力和支持结合起来'。"（富兰，2005）[150-151] 由此，我们期待，随着中国教育改革发展进入新的历史阶段，学校教育环境不断改善，同时，校长自身的修为和专业能力不断得到提升。

结

语

参 考 文 献

中文文献

曹科岩，龙君伟，2007. 论校长课程领导的内涵、角色和任务 ［J］. 当代教育论坛（校长教育研究）（5）：33-35.

陈明宏，2007. 校长课程领导的研究 ［D］. 上海：华东师范大学.

陈如平，2005. 校长发展在美国 ［M］//中国教育报校长周刊部. 校长角色与校长发展. 北京：开明出版社：41-47.

陈如平，2006. 校长教学领导：提高学校效能和促进学校变革的策略 ［M］//朱小蔓. 对策与建议：2005—2006 年度教育热点、难点问题分析. 北京：教育科学出版社：76-84.

陈小娅，2007. 努力成长为新时代的人民教育家：在第二届中国中学校长大会上的讲话 ［J］. 中国教育学刊（12）：1-4.

丛立新，2000. 课程论问题 ［M］. 北京：教育科学出版社.

杜威，1965. 人的问题 ［M］. 傅统先，邱椿，译. 上海：上海人民出版社.

多尔，2000. 后现代课程观 ［M］. 王红宇，译. 北京：教育科学出版社.

厄本恩，休斯，诺里斯，2004. 校长论：有效学校的创新型领导（第 4 版）［M］. 黄崴，龙君伟，主译. 重庆：重庆大学出版社.

傅建明，2003. 校本课程开发中的教师与校长 ［M］. 广州：广东教育出版社.

富兰，2000. 变革的力量：透视教育改革［M］. 中央教育科学研究所，加拿大多伦多国际学院，组织翻译. 北京：教育科学出版社.

富兰，2004. 变革的力量：深度变革［M］. 中央教育科学研究所，加拿大多伦多国际学院，组织翻译. 北京：教育科学出版社.

富兰，2005. 教育变革新意义（第3版）［M］. 赵中建，陈霞，李敏，译. 北京：教育科学出版社.

高峡，康健，丛立新，等，1997. 活动课程的理论与实践［M］. 上海：上海科技教育出版社.

高新建，2002. 学校课程领导者的任务与角色分析［J］. 台北市立师范学院学报（33）：113-128.

GLATTHORN A A，2003. 校长的课程领导［M］. 单文经，等译. 上海：华东师范大学出版社.

古德莱得，2014. 一个称作学校的地方：修订版［M］. 2版. 苏智欣，胡玲，陈建华，译. 上海：华东师范大学出版社.

顾明远，2007. 着力提高教育质量 促进人的潜能充分发展：在中国教育学会第20次学术年会开幕式讲话［J］. 中国教育学刊（11）：9-10.

郭思乐，2001. 教育走向生本［M］. 北京：人民教育出版社.

国际21世纪教育委员会，1996. 教育：财富蕴藏其中［M］. 北京：教育科学出版社.

汉森，1993. 教育管理与组织行为［M］. 冯大鸣，唐宗清，王立新，译. 上海：上海教育出版社.

亨德森，霍索恩，2005. 革新的课程领导：第二版［M］. 志平，李静，译. 杭州：浙江教育出版社.

胡森，波斯尔斯韦特，2006. 教育大百科全书：第7卷［M］. 重庆：西南师范大学出版社.

黄腾蛟，2008. 小学校长的课程领导角色与权力研究［D］. 重庆：西南大学.

黄显华，朱嘉颖，2002. 一个都不能少：个别差异的处理［M］. 台北：师大书苑有限公司.

黄显华，朱嘉颖，等，2005. 课程领导与校本课程发展［M］. 北京：教育科学出版社.

黄旭钧，2002. 小学校长课程领导模式建构之研究［D］. 台北：台湾师范大学.

黄旭钧，2003. 课程领导：理论与实务［M］. 台北：心理出版社.

江山野，2006. 一个将全身心献给教育改革事业的校长：胡百良：代序

[M]∥胡百良.校长的特殊使命：校长教育思想与实践的研究.北京：教育科学出版社：代序1-代序20.

教育部基础教育司，教育部师范教育司，2004.新课程的领导、组织与推进[M].北京：高等教育出版社.

教育大辞典编纂委员会，1990.教育大辞典：第1卷[M].上海：上海教育出版社.

《教育规划纲要》工作小组办公室，2010.教育规划纲要辅导读本[M].北京：教育科学出版社.

靳玉乐，2011.学校课程领导论：理论研究与实践探索[M].北京：人民教育出版社.

靳玉乐，陈妙娥，2003.新课程改革的文化哲学探讨[J].教育研究（3）：67-71.

靳玉乐，董小平，2007.论学校课程领导的范式转型[J].教育理论与实践（7）：44-48.

靳玉乐，赵永勤，2004.校本课程发展背景下的课程领导：理念与策略[J].课程·教材·教法（2）：8-12.

柯森，2004.基础教育课程标准及其实施研究：一种基于问题的比较分析[D].上海：华东师范大学.

科特，1997.变革的力量：领导与管理的差异[M].方云军，张小强，译.北京：华夏出版社.

拉塞克，维迪努，1992.从现在到2000年教育内容发展的全球展望[M].马胜利，高毅，丛莉，等译.北京：教育科学出版社.

赖德胜，李长安，2010.转变经济发展方式：教育改革发展新课题[N].中国教育报，2010-07-06（1）.

李朝辉，2006.从管理走向领导：小学校长课程领导的个案研究[D].长春：东北师范大学.

李定仁，段兆兵，2004.试论课程领导与课程发展[J].课程·教材·教法（2）：3-7.

李继星，徐美贞，李荣芝，2006.全国中小学校长队伍状况问卷调查报告[J].教育理论与实践（5）：59-64.

李茂，2010.无心插柳柳成阴：芬兰教育成功的"另类"道路[N].中国教师报，2010-02-10（A4）.

李小红，2005.教师课程创生的缘起、涵义与价值[J].教师教育研究（4）：24-28.

联合国教科文组织国际教育发展委员会，1996. 学会生存：教育世界的今天和明天［M］. 北京：教育科学出版社.

廖哲勋，田慧生，2003. 课程新论［M］. 北京：教育科学出版社.

林一钢，黄显华，2005. 课程领导内涵解析［J］. 全球教育展望（6）：23-26.

骆玲芳，崔允漷，2006. 学校课程规划与实施［M］. 上海：华东师范大学出版社.

马克思，恩格斯，1982. 马克思恩格斯全集：第40卷［M］. 中共中央马克思恩格斯列宁斯大林著作编译局，译. 北京：人民出版社.

莫兰，2001. 复杂思想：自觉的科学［M］. 陈一壮，译. 北京：北京大学出版社.

诺思豪斯，2002. 领导学：理论与实践（第二版）［M］. 吴荣先，等译. 南京：江苏教育出版社.

欧文斯，2001. 教育组织行为学（第7版）［M］. 窦卫霖，温建平，王越，译. 上海：华东师范大学出版社.

裴娣娜，2005. 论我国基础教育课程研究的新视域［J］. 课程·教材·教法（1）：3-8.

裴娣娜，2010. 基于学校教育变革性实践的反思与建构：中国基础教育改革创新之路［M］//尹超，等. 绽放和谐快乐之光：北京大学附属小学教育创新研究. 北京：教育科学出版社：总序1-总序10.

裴娣娜，2015. 变革性实践与中国基础教育的未来发展［M］. 北京：教育科学出版社.

彭虹斌，2005. 新课程背景下的校长课程管理［J］. 课程·教材·教法（11）：10-14.

蒲蕊，2005. 当代学校自主发展：理论与策略［M］. 广州：广东高等教育出版社.

萨乔万尼，2002. 道德领导：抵及学校改善的核心［M］. 冯大鸣，译. 上海：上海教育出版社.

萨乔万尼，2004. 校长学：一种反思性实践观［M］. 张虹，译. 上海：上海教育出版社.

台湾海洋大学师资培育中心，2006. 课程领导与有效教学［M］. 北京：九州出版社.

泰勒，1994. 课程与教学的基本原理［M］. 施良方，译. 北京：人民教育出版社.

谈松华，1998. "三个面向"：新世纪教育的战略指针［J］. 中国教育学刊

（6）：3-5.

唐德海，2013. 校长课程领导力考量的六个维度 ［J］. 现代中小学教育（1）：72-75.

陶西平，2007. 现代化进程中中学校长的使命：第二届中国中学校长大会主题报告 ［J］. 中国教育学刊（12）：6-9.

陶行知，1981. 陶行知文集 ［M］. 南京：江苏人民出版社.

《陶行知全集》编辑委员会，1991. 陶行知全集：第一卷 ［M］. 成都：四川教育出版社.

田慧生，于泽元，2009. 论新课程改革中的课堂教学创新 ［C］//西南大学教育学院，香港中文大学教育学院，台北教育大学：第十一届两岸三地课程理论研讨会论文集. 重庆：西南大学：293-300.

田慧生，曾天山，1997. 中小学课程教材改革与实验 ［M］. 成都：四川教育出版社.

汪霞，2003. 课程研究：现代与后现代 ［M］. 上海：上海科技教育出版社.

王焕勋，1995. 实用教育大词典 ［M］. 北京：北京师范大学出版社.

王利，2007. 学校课程领导研究 ［D］. 兰州：西北师范大学.

王胜炳，2010. 基于高职教育问题的中小学教育改革思考 ［J］. 中国教育学刊（9）：23-25.

王艳玲，2006. 美国中学课程领导机制探微：以加州托马斯·杰斐逊高中课程咨询委员会为例 ［J］. 全球教育展望（3）：19-24.

吴刚平，2005a. 校本课程要走出"校本教材"的误区 ［J］. 上海教育科研（8）：1.

吴刚平，2005b. 学校课程管理实务 ［M］. 北京：高等教育出版社.

吴恒山，2004. 学校领导者成功之道 ［M］. 天津：天津教育出版社.

徐君，2005. 从课程管理到课程领导：课程发展的必由之路 ［J］. 课程·教材·教法（6）：10-12.

徐玉珍，2008. 论国家课程的校本化实施 ［J］. 教育研究（2）：53-60.

薛克诚，洪松涛，吴定求，1992. 人的哲学：马克思主义人学理论新探 ［M］. 北京：中国人民大学出版社.

雅斯贝尔斯，1991. 什么是教育 ［M］. 邹进，译. 北京：生活·读书·新知三联书店.

杨明全，2002. 试论中小学校长的课程领导 ［J］. 河南教育（11）：14-15.

杨子秋，2007. 以校本课程领导促进学校改进之研究 ［D］. 上海：华东师范大学.

于泽元，2006. 课程变革与学校课程领导［M］. 重庆：重庆大学出版社.

余进利，2005. 五向度课程领导框架的构建［D］. 上海：华东师范大学.

袁贵仁，1996. 马克思的人学思想［M］. 北京：北京师范大学出版社.

袁贵仁，2001. 素质教育：21 世纪教育教学改革的旗帜［J］. 中国教育学刊
（5）：1-3.

约翰·奈斯比特，娜娜·奈斯比特，菲利普，2000. 高科技·高思维：科技与
人性意义的追寻［M］. 尹萍，译. 北京：新华出版社.

张民生，2007. 课程领导：校长的一项修炼［N］. 中国教育报，2007-01-17
（6）.

张世钦，2013. 论校长课程领导力的架构与建设［J］. 中小学教师培训（1）：
27-30.

郑东辉，2005. 中小学课程领导研究综述［J］. 上海教育科研（8）：7-9.

郑东辉，2006. 简析校长课程领导的角色和任务［J］. 教学月刊（2）：17-19.

郑东辉，2007. 教师课程领导的角色与任务探析［J］. 课程·教材·教法
（4）：11-15.

郑先俐，靳玉乐，2004. 论课程领导与学校角色转变［J］. 河北师范大学学报
（教育科学版）（3）：99-103.

中国大百科全书总编辑委员会《教育》编辑委员会，中国大百科全书出版社
编辑部，1985. 中国大百科全书：教育［M］. 北京：中国大百科全书出版社.

钟启泉，2006a. 从"行政权威"走向"专业权威"："课程领导"的困惑与课
题［J］. 教育发展研究（4A）：1-7.

钟启泉，2006b. 现代课程论：新版［M］. 2 版. 上海：上海教育出版社.

钟启泉，崔允漷，张华，2001. 为了中华民族的复兴　为了每位学生的发展：
《基础教育课程改革纲要（试行）》解读［M］. 上海：华东师范大学出版社.

钟启泉，汪霞，王文静，2008. 课程与教学论［M］. 上海：华东师范大学出
版社.

钟启泉，岳刚德，2006. 学校层面的课程领导：内涵、权限、责任和困境
［J］. 全球教育展望（3）：7-14.

周宗钞，张文军，2004. 课程理论的后现代转向［J］. 教育发展研究（Z1）：
21-25.

朱永新，2009. 新中国 60 年教育历程及反思［J］. 中国教育学刊（11）：
7-12.

佐藤正夫，1996. 教学论原理［M］. 钟启泉，译. 北京：人民教育出版社.

外文文献

BEACH D M, REINHARTZ J, 2000. Supervisory leadership: focus on instruction [M]. Massachusetts: Allyn & Bacon.

BENNIS W, 1989. Why leaders can't lead: the unconscious conspiracy continues [M]. San Francisco: Jossey-Bass Publishers.

DIMOCK C, LEE J C, 2000. Redesigning school-based curriculum leadership: a cross-cultural perspective [J]. Journal of curriculum and supervision, 15 (4): 332-358.

FIRESTONE W A, 1996. Leadership roles or functions? [M] //KLEITHWOOD J, CHAPMAN D, CORSON P, et al. International handbook of educational leadership and administration. Vol. 2. Boston: Kluwer Academic Publishers.

GLASSER W, 1990. The quality school [M]. New York: Harper & Row.

GLATTHORN A A, BOSCHEE F, WHITEHEAD B M, 2006. Curriculum leadership: development and implementation [M]. California: Sage Publications, Inc.

GOODLAD J L, 1979. The scope of curriculum field [M] //GOODLAD J L, et al. Curriculum inquiry: the study of curriculum practice [M]. New York: McGraw-Hall.

HALLINGER P, 1992. The evolving role of American principals: from managerial to instructional to transformational leaders [J]. Journal of educational administration, 30 (3): 35-48.

HENDERSON J G, 1999. The journey of democratic curriculum leadership: an overview [M] // HENDERSON J G, KESSON K R, et al. Understanding democratic curriculum leadership. New York: Teachers College Press.

HORD S M, HALL G E, 1987. Three images: what principals do in curriculum implementation [J]. Curriculum inquiry, 17 (1): 55-90.

HUSÉN T, 1986. The learning society revisited [M]. Oxford: Pergamon Press.

LAMBERT L, 1998. Building leadership capacity in schools [M]. Alexandria, VA: Association for Supervision and Curriculum Development.

MULLEN C A, 2007. Curriculum leadership development: a guide for aspiring school leaderships [M]. New Jersey: Lawrence Erlbaum Associates, Inc.

PICKERING D A, 1979. Developing curriculum leadership within our schools [R]. Pittsburgh: the Field-based Curriculum Leadership Training Program.

UNRUH G G, 1976. New essentials for curriculum leadership [J]. Educational leadership, 33 (8): 577-583.

后 记

　　本书是对我的博士论文做进一步拓展深化而形成的。它也是国家社会科学基金"十二五"规划 2011 年度教育学一般课题"校长课程领导的策略研究"（课题批准号：BFA110054）的重要成果。

　　在课题研究和成书过程中，裴娣娜教授给予我很多关心和指导。裴娣娜教授是我的博士生导师，在我就学期间，她对我生活上关心备至，学业上悉心教诲。导师在教育科学研究中，大力倡导并躬身实践"读懂中国变革性教育实践"的方法论。她通过主持国家重大（重点）研究项目，先后主编了"守望者的凝思：读懂学校、读懂校长"和"追梦者的探索：读懂学校的变革性实践"两大论丛，其中内含着丰富生动的原创性中国教育故事。我作为一名重要的参与者，获益良多。在此，我要向导师表示诚挚的感谢和崇高的敬意！

　　我还要感谢一些学友在课题研究和成书过程中提供的帮助和支持。他们是西南大学于泽元教授、四川师范大学李松林教授、国家教育行政学院许杰教授、山东师范大学张茂聪教授、河南大学魏宏聚教授、浙江师范大学张天雪教授、北京师范大学郑葳副教授、广州大学温小军副教授、天津职业技术师范大学赵文平副教授。

　　我要对那些在课程开发、建设中走在前列的学校表达崇高的敬意，这些学校在育人模式，亦即高品质结构化课程体系建构上的创新探索，是我研究校长课程领导这一时代课题的重要基础和学术动力。本书撷取部分案例进行了分析。这些鲜活的实践成果，是带有一定的原创性且具有本土气息的创造，蕴含着巨大的生命力和学术价值。

感谢教育科学出版社郑豪杰总编辑对本书的关心和指导，感谢学术著作编辑部刘明堂主任、方檀香编辑为本书出版付出的辛劳！

最后，我要特别感谢我的爱人任智军女士和儿子鲍方泰同学。家人的支持是我顺利完成这项研究任务的重要条件和精神动力。鲍方泰同学还承担了书中所有图表的制作任务。我能够回报给家人的，唯有永不懈怠，努力进取。

实践无止境，认识无止境，研究在路上。

鲍东明
2019 年 8 月于北京